LA SPÉCULATION

DEVANT

LES TRIBUNAUX

POISSY. — TYP. ET STÉR. DE AUG. BOURET.

ÉTUDES SUR LA FÉODALITÉ FINANCIÈRE

LA SPÉCULATION

DEVANT

LES TRIBUNAUX

PRATIQUE ET THÉORIE

DE L'AGIOTAGE

PAR

GEORGES DUCHÊNE

PARIS
LIBRAIRIE CENTRALE
24, BOULEVARD DES ITALIENS, 24

1867

INTRODUCTION

LA FÉODALITÉ FINANCIÈRE

EXPOSÉ DE LA QUESTION

La Révolution de 1848 a mis en lumière un principe économique qui, pour n'être pas complétement inédit alors, *nil novum sub sole*, n'avait jamais été formulé d'une façon précise : c'est le principe égalitaire de la MUTUALITÉ DU CRÉDIT, par opposition au principe féodal du *crédit octroyé.* L'idée de mutuellisme était en germe, et, pour ainsi dire, à l'état latent, dans quelques publications dédaignées de l'École officielle, comme entachées de socialisme et d'utopie. Quant à la pratique, le monde des affaires était foncièrement monarchique. Les savants, à l'Institut, dans les chaires du Conservatoire et du Collége de France, prêchaient ouvertement et affirmaient, comme un dogme fondamental, la subordination du travail au capital, du commerce à la Banque, des services publics aux compagnies : c'était la glorification des faits accomplis, la sanctification de la pratique et de la routine. Les protestations des opposants, insuffisamment formulées d'ailleurs, ne dépassaient pas l'enceinte d'une petite église de fidèles, souvent plus croyants qu'éclairés.

Après la Révolution de février, l'idée fit, peut-on dire, explosion. Proudhon en fut le porte-drapeau. Sous les titres de *Banque d'échange*, *Banque du peuple*, *Solution du problème du prolétariat*, *Résumé de la question sociale*, dans les brochures, dans les journaux, à la tribune, il affirma carrément, contre l'école et la routine, *l'égal échange* ou le *crédit gratuit*. Le *Représentant du peuple*, le *Peuple*, la *Voix du peuple*, trois journaux où j'eus l'honneur de travailler avec lui, popularisèrent l'idée de réforme, éclipsée depuis pendant dix ans, et plus vivace aujourd'hui que jamais, sous les noms de *coopération*, de *mutuellisme*, de *mutualité*.

Nous ne reviendrons pas sur les théories de 1848 avec les arguments d'il y a dix-huit ans. Nous avons des matériaux plus neufs, des documents plus clairs, des aspirations plus précises, plus générales. Nous rappellerons seulement en quels termes était et est encore posé le débat de part et d'autre.

Dans la donnée féodale du *crédit octroyé*, tout détenteur de capital est, en fait et en droit, maître absolu de sa chose; il peut la garder infructueuse entre ses mains, la détruire même ou l'amodier à sa convenance, s'il ne préfère l'exploiter. Que le prolétaire, à qui ce capital est nécessaire pour son travail, discute les conditions de louage, rien de mieux. En dernière analyse, il doit dîme et reconnaissance à celui qui lui procure, quelles que soient les conditions, logement, outils, matières premières et fonds de roulement. Semblable à Dieu, le propriétaire est seigneur et souverain de son domaine, et, selon la parole de l'Écriture, le vase n'a pas le droit de dire au potier : Pourquoi m'as-tu fait ainsi? Bastiat compare le capitaliste à l'inventeur de la scie et du rabot. Toute l'économie que j'apporte par ma découverte, dit-il, m'appartient en bonne justice. Si je n'exige pas le tout, c'est afin que l'intérêt commun fasse adopter mon innovation comme économique, considérations personnelles dont je suis d'ailleurs seul juge et où le locateur n'a rien à voir.

A cette argumentation l'école de l'égal échange objectait :

La société moderne, grâce à la division du travail et à la séparation des industries, est dominée par un fait économique supérieur, l'*échange*. Il n'y a rien de commun entre le capitaliste actuel et le propriétaire de l'ancienne Rome ou de l'époque barbare. Celui-ci tirait tout de son fonds : logement, vêtement, nourriture; il entretenait des esclaves de toutes spécialités, laboureurs, pâtres, cuisiniers, barbiers tisseurs; il n'avait rien ou presque rien à demander au commerce. Le capitaliste moderne n'a ou ne produit qu'un genre très-restreint d'articles de consommation. Avec ses magasins, ses celliers, ses greniers, ses granges gorgées de marchandises, *il ne trouverait pas crédit d'un dîner*. C'est à l'échange seulement que les produits ont une valeur. Or, entre les producteurs, il peut y avoir inégalité quantitative de choses échangées; il ne saurait exister de différence dans les conditions, de hiérarchie ou de subordination de la part de celui qui produit 1 envers celui qui produit 5. Nous ajoutions : La loi de solidarité, dont il nous manque d'avoir conscience, nous dit que là où les conditions entre échangistes ne sont pas égales, il se révèle ici disette et là encombrement. Le prolétaire, incapable de racheter son produit, par suite de la prélibation exercée sur son salaire au profit du capital, reste là, famélique, déguenillé, pieds nus, devant l'étalage du marchand de comestibles, du tailleur et du cordonnier, dont les boutiques regorgent de marchandises sans acheteurs, et qui marchent à la faillite aussi sûrement que l'autre à la consomption. Quant à l'inventeur de la scie et du rabot, il n'a pas, comme Dieu, créé de son cerveau et par la force de sa volonté ses nouveaux engins; d'autres avant lui avaient enseigné aux hommes à extraire le métal de sa gangue, à le façonner, à l'aciérer. Tout travail, dit l'École, suppose un travail antérieur, — et, ajoutions-nous, devient à son tour travail antérieur. *Capital* dans une filature, la machine à vapeur est *produit* pour le mécanicien. Donc CRÉDITER, C'EST ÉCHANGER.

On sait ce qui advint de la controverse. Le monde capitaliste prit peur; il ne voulut voir dans ce plan de transformation qu'une menace de spoliation: il répondit aux prosélytes par la diffamation de tous ses porte-voix, par les procès, l'amende, la prison, l'exil. La tourbe bourgeoise, casanière, routinière par excellence, ennemie du bruit avant tout, applaudit à l'exécution de ceux qu'avec un peu d'études premières, de réflexion et de sens commun, elle eût dû honorer et protéger comme ses défenseurs et ses plus chauds amis.

Bientôt, le silence fut complet, et la restauration de la bancocratie entreprise sur une vaste échelle. Les privilèges furent renouvelés, étendus, concentrés. Le monopole de la Banque fut prorogé, ainsi que celui des chemins de fer, du gaz, des mines, des omnibus; le principe des adjudications publiques fut supprimé et remplacé par les concessions directes. Cent compagnies éparses furent réunies, amalgamées, fusionnées; des industries, les plus répulsives à la commandite, furent mises en actions, et le travail libre, autonome, déclaré suspect. Depuis douze ans la haute banque a tout remué, bouleversé : comptoirs d'escomptes, assurances, sociétés de crédit, voies de communication, métallurgie, docks, ports, voiturage, marine, mines, propriété bâtie. Elle a couvert le pays de commandites et de sociétés anonymes; elle a inondé de son papier toutes les places de commerce.

Jamais le capitalisme n'a disposé de moyens plus énergiques, de faveurs plus grandes, de protection plus jalouse; on lui a sacrifié jusqu'aux associations ménagères et ouvrières, quoique constituées conformément à la loi. Depuis 1852, il règne et gouverne sans contrôle, sans contestation, sans opposition. Lui seul a la parole, et même lorsqu'il ment effrontément, à la face de la France et du monde, il peut devenir séditieux de lui répliquer.

Le système a opéré avec toute la plénitude de ses moyens; il a donné tout ce qu'il peut rendre; il est à bout d'expédients. Qu'a-t-il fait du pays et de sa fortune ? Le temps est venu de dresser son bilan. Déjà des procès entre financiers ont fait retentir les prétoires d'accusations de vol et d'escroqueries; les tribunaux correctionnels ont révélé des scandales sans précédents, des déprédations invraisemblables, à force d'énormité. Le pays, inquiet, s'émeut et veut voir clair dans ces ténèbres; des voix plus autorisées que la nôtre, des chambres de commerce, réclament une enquête sur les faits et gestes de la Banque de France, sur le taux de l'intérêt, sur les procédés des compagnies de chemins de fer. Il faut que la nation sache ce qu'il lui en a coûté pour avoir méconnu et violé sa loi économique de l'égal échange.

Entre temps les économistes du *crédit octroyé* ont changé de tactique. Laissant là les bucoliques surannées sur le propriétaire qui dispute à la parcimonie de la nature son pain et celui de ses enfants, — on ne parlait jamais du cultivateur qui dispute son champ à l'usurier, — ils se sont surtout épris d'amour pour la petite épargne, engloutie dans la grosse commandite et dans l'anonymat. Ils ont démontré que plus une nation paye, plus elle est riche, puisque le produit net, par le morcellement des titres, va un peu partout. Tel est encore le *credo* de beaucoup de gens. Aussi, ne nous le dissimulons pas, en commençant, sous le titre général de *Féodalité financière*, une série d'études économiques sur des faits contemporains, nous allons, aux yeux de bien des gens, passer pour un ami du paradoxe. Jamais, en effet, on n'a tant parlé de démocratie que depuis quinze ans. « La démocratie coule à pleins bords, » selon le mot de Royer-Collard : c'est le témoignage unanime de la presse, conservatrice ou opposante. Le chauvinisme national se console de l'ajournement de certaines libertés politiques en se drapant dans son orgueil d'égalitaire. Tous les peuples seraient en arrière de nous de cinquante et cent ans, sous ce rapport. N'avons-nous pas l'égalité devant la loi, l'admissibilité de chaque citoyen aux plus hauts emplois, l'impôt proportionnel, le suffrage universel et direct?

En économie politique, c'est mieux encore : plus de priviléges, plus de corporations, plus de monopoles. Les quelques professions fermées, comme l'imprimerie, le notariat, les charges d'avoués, d'huissiers, d'agents de change, font à peine tache dans cet admirable ensemble. Encore peut-on dire que leur cause est perdue devant l'opinion, et que leur retour au droit commun n'est qu'une question de temps, d'opportunité ou d'indemnité.

La propriété foncière s'émiette en un morcellement infinitésimal; les statistiques annoncent 7 millions de propriétaires, 12 millions de cotes et 130 millions de parcelles. Les économistes et les agronomes en prennent de l'inquiétude au point de vue du bon aménagement des cultures et de leur rendement; le mouvement, à leur avis, irait trop vite dans le sens de la division. D'après le budget de 1867, le fisc perçoit annuellement des droits de transmission sur 11 milliards de valeurs mobilières au porteur. Qui pourrait dire en combien de mains sont répartis ces titres portant intérêts et dividendes?

Dès 1846, les 250,000 actions du chemin de fer de Strasbourg étaient, au dire du rapporteur, possédées par 7,773 personnes, soit une moyenne de 32 actions par porteur. Les 400,000 actions du Nord, au 31 janvier de la même année, appartenaient à 18,000 actionnaires, soit une moyenne de 22 actions par titulaire. A l'emprunt de 250,000 millions, en 1854, 98,000 souscripteurs ont offert à l'État 467 millions; au mois de janvier 1855, pour 500 millions demandés, 177,000 souscripteurs ont offert 2 milliards 175 millions. Six mois plus tard, à l'emprunt de 750 millions, 316,864 souscripteurs ont offert 3 milliards 652, 591, 985 fr. Tout récemment, lorsque le Crédit mobilier a doublé son capital, la moyenne des titres ne dépassait pas 15 actions par souscripteur.

De tous les intérêts sociaux, disent les panégyristes du système, le plus respectable est sans contredit celui des gens qui possèdent, amassent et entassent. Sans eux les sources du travail seraient bientôt taries. Que parle-t-on de caste et de féodalité? Est-il permis de soutenir une pareille thèse devant ce morcellement de la richesse foncière et mobiliaire? Les chemins de fer, les banques, les mines, les usines, les gaz, les paquebots, les voitures appartiennent aux actionnaires, non aux directeurs. S'il était possible de compter les copartageants, petits et gros, on verrait que c'est là une féodalité dont les trois quarts de la nation font partie.

Ainsi raisonnent les littérateurs, les philosophes, les économistes de la caste; et, à première vue, les apparences sont en leur faveur. Mais dans les phénomènes sociaux, comme dans ceux de la science, il faut se défier des apparences. Qui donc, à première vue, oserait nier que le soleil tourne autour de la terre? Le fonctionnement de la société, pas plus que les lois de la mécanique céleste, ne se révèle aux observateurs superficiels. Déjà, d'ailleurs, il court dans l'air des plaintes, des protestations, des imprécations, contre la tyrannie des monopoles et l'oppression des grandes compagnies.

Puis, les porteurs de titres, peu satisfaits d'une part, ne sont pas seuls en frottement avec ce que nous nommons la féodalité; il y a encore le public, les ouvriers, les employés et salariés de tous grades, l'État et les contribuables. Avant que la clameur grossisse et prenne les proportions d'une revendication, cherchons ce qu'il y a de fondé dans la satisfaction des optimistes et dans les doléances des mécontents.

I. — LA FÉODALITÉ, LES MONOPOLES : DÉFINITIONS.

Est réputé privilége tout ce qui se trouve placé en dehors du droit commun. Il y a des monopoles de fait et des monopoles de droit. « Le monopole est dans la nature des choses, non dans la législation, » disait, à propos de la presse, M. Forcade de la Roquette dans sa réplique à M. Brame. La réponse de l'honorable vice-président du Conseil d'État n'est pas complétement juste; la loi consacre différentes sortes de priviléges.

1° Il y a d'abord les professions *réglementées*, comme celles des médecins, des pharmaciens, des ingénieurs, comme tout le corps enseignant. Le gouvernement exige des candidats certaines formalités d'inscriptions, d'examens, de diplômes; il se fait juge de leur aptitude, de leur compétence, se réservant ici un droit de contrôle que, pour l'industrie, l'agriculture, le commerce, il abandonne au public, aux clients eux-mêmes. Nous n'avons pas à juger le système, ce serait trop nous éloigner de notre sujet. Dans ces professions du moins, le nombre des praticiens n'est pas limité. L'État admet aux épreuves tous ceux qui se présentent, et délivre des certificats de capacité à tous ceux qui remplissent les conditions du programme.

2° Il y a, ainsi que nous l'avons dit au commencement, les corporations *fermées*, telles que les offices ministériels, l'imprimerie, le journalisme. Là le pouvoir, non content d'imposer des conditions aux impétrants, entend choisir les personnes. Entre mille individus réunissant les qualités requises pour être agents de change, journalistes, imprimeurs, le ministère a ses élus. On dirait que ces fonctions sont d'une nature tellement délicate, tellement élevée, qu'on ne puisse se référer pour elles ni aux lumières du public, ni à la réglementation officielle. Le gouvernement semble dire: « Entre tous gens également capables, j'investis le plus digne. » Nous n'avons pas à rechercher, quant à présent, si les choix ont toujours répondu à la pensée du pouvoir; nous y reviendrons en traitant de la moralité intrinsèque du monopole.

3° Il y a enfin les grandes entreprises, qu'à tort ou à raison l'on considère comme un démembrement du domaine national, que l'on concède à des compagnies privées, bien qu'il s'agisse d'un service public. De ce nombre sont les chemins de fer, les grandes compagnies de crédit, telles que la Banque de France, le Crédit foncier. En qualité d'entreprises particulières, ces compagnies ont un capital propre, d'une part, et d'autre part, comme annexes du domaine, elles sont soumises à un cahier des charges. C'est cette double qualité, incompatible en principe, de société commerciale et d'institution d'utilité générale, qui engendre les mécomptes sans cesse grossissants du système et le mécontentement des populations.

4° Les monopoles de fait sont le résultat des antimoines mêmes de l'économie sociale, puisqu'ils ont pour point de départ le principe opposé au privilége, à savoir la concurrence.

En 1842, il existait entre Orléans et Nantes un service régulier et quotidien de bateaux à vapeur, les *Inexplosibles.* Une compagnie rivale lança sur la même route les *Dragons.* Jamais les extravagances de la concurrence déloyale, anarchique, si vigoureusement dénoncées par la critique socialiste, n'allèrent à plus d'excès. Les prix entre Orléans et Tours descendirent de 6 francs à 2 francs, à 75 centimes. Un des concurrents annonça un jour qu'il emmènerait gratis ses voyageurs; l'autre fit mieux que la gratuité : il offrit un petit verre à ceux qui choisiraient son paquebot. De quoi s'agissait-il au fond ? d'un intérêt public? Pas le moins du monde. Les combattants ne visaient qu'à se détruire ; le survivant, une fois maître de la place, ferait payer aux voyageurs les frais de la guerre, en portant le prix des places de 6 francs à 10, 15 ou 20 fr.

C'est une triste chose que de voir les intérêts de la circulation et ceux des capitalistes livrés à l'ambition et à la cupidité de pareils casse-cou. Avant de fonder la seconde entreprise, des actionnaires avisés se seraient demandé d'abord s'il y avait du fret pour deux paquebots par jour, et ils n'auraient disputé à leurs aînés la clientèle que sur la modération des bénéfices, non sur le capital même. De l'instruction de plus, de la publicité et l'habitude des affaires éviteront aux générations futures le retour de ce ces tournois scandaleux. En attendant, les deux compagnies rivales pouvaient se ruiner, s'exterminer réciproquement. C'était la suppression d'un service de première nécessité. Celui qui nierait le droit pour l'être collectif, la société, d'intervenir en pareille occurrence, mettrait, à notre avis, sur le même pied, la liberté du travail et celle de la piraterie, théorie qu'on travaille fort à propager aujourd'hui, sous prétexte de libéralisme et d'intérêt des classes pauvres.

La Compagnie des *Mines de la Loire* avait organisé en 1847

un véritable accaparement. La houille, « ce pain de l'industrie, » était menacée d'un exhaussement de prix désastreux. Le gouvernement n'hésita pas à briser ce faisceau constitué en vue d'affamer le pays, et il fit bien. On aura beau écrire et répéter sur tous les tons : « *Liberté, liberté! liberté de l'usure, liberté d'accaparement! Accaparement* et *usure* sont deux mots qui n'ont jamais exprimé que des délits prévus et réprimés par la loi chez toutes les nations policées.

Contre les monopoles de fait, nés de la concurrence, l'intervention directe de l'État est toujours une affaire très-scabreuse, très-épineuse. Contre les monopoles légaux, le droit collectif ne peut jamais se prescrire. Point d'aliénation du domaine national sans un cahier des charges. La théorie et la pratique marchent d'accord. Les bénéficiaires du monopole, ainsi bridés, réglementés, tenus en surveillance, devraient donc rentrer dans le droit commun. Et alors pourquoi parler de féodalité? L'État n'a-t-il pas tarifé les exploits des huissiers, les actes des notaires, des avoués, les bordereaux des agents de change, les prix de transport sur les canaux et les chemins de fer? N'a-t-il pas ses commissaires de surveillance, ses inspecteurs, ses réglements, ses tribunaux?

— Parfaitement. Mais supposez maintenant que dans notre société, les bénéficiaires de monopoles soient assez forts pour se soustraire à toutes les réserves, à toutes les restrictions, à tous les devoirs spéciaux stipulés en faveur du domaine et du public. Et alors, cette coalition de monopoleurs, investie de droits extra-sociaux, ayant ses usages, sa pratique, sa jurisprudence, formant un État dans l'État, s'élève à la hauteur d'une caste; nous nous trouvons sous le joug d'une féodalité.

II. — CONSIDÉRATIONS GÉNÉRALES : QUE LE MONOPOLE EST, DE SA NATURE, INSOUCIEUX DES INTÉRÊTS QUI LUI SONT CONFIÉS.

Là où la liberté des transactions suffit, la constitution d'un privilége est au moins inutile. Le monopole doit être justifié par des considérations d'ordre public, de sécurité, ou de prix inférieurs à ceux que donnerait la concurrence. Ainsi dit la théorie; la pratique trouve beaucoup à rabattre sur la spéculation. Prenons le plus humble des officiers ministériels : l'huissier.

Les exploits dont la signification est confiée à sa diligence ont semblé au législateur d'une importance telle qu'on ne pouvait s'en référer, à leur égard, ni à la fidélité d'un commissionnaire, ni à l'exactitude de la poste, ni au zèle d'un intéressé. Aussi la formule imposée porte-t-elle : « Où étant et parlant à... » Le libellé doit être terminé sur place, lorsque le porteur de signification sait à qui il parle. Que se passe-t-il, surtout à Paris? Un clerc rédige à l'étude : « Où étant et parlant à *une femme* ou *une personne* à son service, » tout Parisien étant censé en puissance de concierge. Puis un commissionnaire passe à chaque domicile, jette chez le portier un papier plié, sans signes apparents distinctifs. Sur la fin de décembre 1864, il fut déposé de cette façon, à mon domicile, un pli qui m'assignait à la justice de paix du cinquième arrondissement pour le 6 janvier. L'exploit resta confondu avec les mille paperasses que les industriels sèment par les maisons aux alentours du premier de l'an. Il ne fut retrouvé, par hasard, que plusieurs jours après l'audience indiquée. Le même envoi, mis sous enveloppe à la poste, ne se fût pas égaré. Moyennant 20 centimes d'affranchissement, il m'eût été remis, comme lettre recommandée, ès mains et contre reçu. Le ministère d'huissier coûtait 4 fr. 80 c.; mais il était forcé. Et voilà pourquoi ce serait une excellente réforme de le remplacer par la lettre chargée, au point de vue de l'exactitude comme à celui de l'économie. Le privilége ne représente plus qu'une exaction.

Si nous avions la prétention d'englober tous les officiers ministériels dans la féodalité financière, nous serions simplement ridicules. Cependant, quand il s'agit des agents de change, l'hypothèse est déjà vraisemblable. La corporation forme le premier degré de la grande échelle de Jacob. Il est interdit à ces messieurs d'opérer pour leur compte et de préter leur ministère à des jeux de Bourse. Leur rôle se borne à servir d'intermédiaire entre un vendeur et un acheteur. Ainsi dit la loi, et l'exposé des motifs ajoute : « Si chacun avait le droit de faire le courtage des valeurs mobilières, que d'agiotage, que de brigandages, que de sinistres! » Mais la pratique, que répond-elle?

On a longtemps discuté, et l'on discute encore, si les *marchés à terme* sur les effets publics sont LÉGITIMES. La loi et la jurisprudence disent qu'ils sont du moins *légaux*, lorsqu'il est prouvé qu'à l'échéance l'acheteur avait l'argent et le vendeur les titres, objets du contrat. La morale, pas plus que la loi, n'a rien à reprendre aux deux hypothèses suivantes :

A. — Un particulier doit recevoir, sous vingt ou trente jours, une somme d'argent dont il n'a pas l'emploi immédiat. Peu soucieux de courir les *alea* d'une valeur susceptible de varier de 5 à 20 p. 100 en un mois, il arrête au passage un cours suffisamment rémunérateur à son avis. Il achète à ce taux, à terme, en faisant coïncider sa livraison avec son encaissement.

B. — Inversement, le détenteur de titres, obligé de réaliser, préférant le certain aux chances problématiques de plus-value, se décide pour un prix à sa convenance, et vend fin courant, *ferme*, autant de valeurs qu'il lui en faut pour couvrir les exigences de sa position.

Voilà deux personnes à qui le marché à terme rendrait un véritable service; mais les règlements de la chambre en ont disposé autrement : 1° la corporation des agents de change ne reconnaît que deux liquidations, au 15 et à la fin du mois; 2° elle n'admet à terme que des nombres ronds : 2,250 fr. de rente 4 1/2; 2,000 fr. de 4 p. 100; 1,500 fr. de 3 p. 100; 25 actions ou obligations, soit de la ville de Paris, soit des compagnies; en sorte que les échangistes sérieux, dont le disponible, argent ou effets, ne coïncide pas avec les coupures sacramentelles, ne peuvent profiter du marché à terme; 3° la liquidation dure quatre jours : les acheteurs et vendeurs doivent s'exécuter le 1er, quant au payement et à la livraison ; ils ne peuvent recevoir : les premiers, leurs titres avant le 5, les seconds, leur argent avant le 6; si bien que le marché à terme n'est accessible qu'aux joueurs, aux piqueurs de différences. Le monopole devait bannir l'agiotage : il le privilégie, le rend obligatoire et repousse les transactions honnêtes.

La chambre syndicale ne recule devant rien, quand il s'agit de ses aises et de celles de la caste, comme il résulte de l'arrêt suivant, rendu par le tribunal de commerce de la Seine, le 3 juin 1858 :

« La délibération de la Chambre syndicale des agents de change, qui a décidé que les reporteurs des actions de Saint-Rambert, fin janvier, auraient à livrer des actions nouvelles du Dauphiné, *nombre par nombre*, ne peut être opposée aux intéressés. L'échange des actions s'étant fait à raison de *six* du Dauphiné contre *cinq* de Saint-Rambert, c'est dans ces proportions que doivent se liquider les reports sur ces valeurs. »

Apparemment l'échange au pair, nombre par nombre, rendait la liquidation de certaines opérations de jeu plus facile ou plus fructueuse que la proportionnalité de six contre cinq ; et c'est pourquoi ni la valeur comparative des titres, ni la décision de l'assemblée générale des actionnaires, ni le décret ministériel approbatif du traité de fusion et de ses conditions, ne pouvaient balancer les considérations personnelles de la chambre syndicale.

Nous trouverons à profusion de ces coups d'État dans les mœurs féodales de la finance. Ce sont de véritables décrets rendus contre le public. Quand ils sont dénoncés à la justice, la magistrature les traite comme il convient. L'abus n'en persiste pas moins. Voici la morale de la féodalité en pareille matière : « Sur cent individus molestés, quatre-vingt-dix-neuf subiront la molestation. Le centième qui protestera obtiendra raison ; il saura seulement ce qu'il lui en aura coûté : l'exemple ne sera pas contagieux. » Et c'est pourquoi cent arrêts homogènes, identiques, sur une même question, ne font pas dévier d'un *iota* la marche des barons du trois pour cent : c'est à recommencer à chaque fois.

Le gouvernement n'obtient pas plus de respect que les particuliers. L'office ministériel, privilégié, est une mission de confiance éminemment personnelle. Le ministre, en choisissant, comme le *primus inter pares*, tel candidat entre mille compétiteurs, n'investit qu'une personne, supposée extra-honorable. Or, le sacerdoce est indivisible; il répugne que le prêtre s'adjoigne des associés. Aussi la mise en commandite d'une charge d'agent de change était-elle rigoureusement interdite. La loi est corroborée par nombre d'arrêts :

« L'exploitation d'une charge d'agent de change ne peut devenir l'objet d'une société; une telle association est contraire à l'intérêt public et à la loi. » (Tribunal civil de la Seine, 24 juin 1859.)

» Une association pour l'exploitation d'une charge d'agent de change est nulle et d'une nullité absolue. » (Arrêts du 12 juin 1861, des 6 et 16 décembre suivants.)

Malgré des textes aussi précis, de tout temps les charges ont été mises en association. Et cette fois, c'est la loi qui s'est inclinée devant la caste : un décret du 1er octobre 1862 est venu donner satisfaction à l'usage; quand on ne peut ramener les monopoleurs au respect de la loi, le mieux est d'abroger la loi, si mieux on n'aime abroger le monopole.

Nous ne sommes qu'au début de notre enquête, et déjà nous avons constaté que le privilége, de fait ou de droit, est de sa nature : onéreux par la cherté de ses services, plein de mépris pour les intérêts qu'il doit défendre, dédaigneux de la loi et des règlements qui le circonscrivent, envahisseur, usurpateur, égoïste jusqu'à l'iniquité. Et pourtant il ne s'agit encore que d'*intermédiaires !*...

En arrivant aux chefs d'emploi, nous trouverons les usurpations poussées jusqu'à l'exaction, le mépris de la loi bravant les arrêts de la justice commerciale, civile et criminelle, les fraudes s'élevant à la hauteur d'un désastre public, les réglementations de la féodalité bouleversant les positions acquises, les situations géographiques et l'équilibre du travail. Le sujet est trop vaste pour être étudié d'ensemble; nous sommes obligés de le diviser.

La nation entière, sur laquelle pèse la caste, peut être envisagée sous trois points de vue et classée en trois catégories: 1° les porteurs de titres, actions et obligations; 2° la clientèle; 3° le personnel. La clientèle des grandes compagnies, c'est tout le monde sans exception, pour des parts plus ou moins fortes; les capitalistes et les salariés englobent une partie considérable de la population. Nous ne raisonnerons donc, en aucun cas, sur des exceptions, sur des faits isolés, mais bien sur un système, sur un organisme parfait et complet. Au-dessus de tout plane l'État, qui concède les monopoles, souvent avec subventions et garanties de revenus. Les divisions de notre étude sont donc tout naturellement tracées : relations de la féodalité : 1° avec ses bailleurs de fonds; 2° avec le public qui lui fournit ses éléments de recettes et de profits, ainsi qu'avec les contribuables, dont l'État est le représentant; 3° avec ses employés, ouvriers, hommes de peine et serfs quelconques du salariat. Nous ne nous occuperons dans ce livre que du premier point de vue : relations de la féodalité financière avec ses actionnaires.

Entreprendre de démontrer que les actionnaires et obligataires des compagnies ne sont pas les associés des administrateurs et membres du conseil; que ceux-ci ne sont pas les simples mandataires élus, révocables, responsables de leurs bailleurs; que les directeurs ont des intérêts différents des simples détenteurs de titres; qu'ils peuvent s'enrichir en ruinant la société; que l'évaluation d'une fortune personnelle, d'après les cours de la Bourse et les dividendes distribués, est une mystification, c'eût été, il y a dix ans, un acte de folie; le livre eût été rejeté comme un paradoxe dangereux, subversif, attentatoire au crédit public. Aujourd'hui, l'opinion est revenue de ses principes préconçus ; il lui en a coûté cher pour s'éclairer. D'immenses désastres sont venus jeter aux gémonies les actionnaires et les prêteurs, sans ébranler la position des états-majors ; notre opinion n'a plus besoin de faire sa preuve ; chacun peut expérimentalement la toucher du doigt. Mais comment sont venues les catastrophes ? Quelles complications dans le monde financier l'ont mené aux abîmes ? sur quels principes de la science violés se sont basés les désastres ? Voilà qui est moins connu et qu'il nous incombe de démontrer.

Et d'abord, puisque, dans une même affaire, il y a eu des actionnaires ruinés et des administrateurs gorgés de millions, nous avons à nous demander : Qu'est-ce que le simple bailleur de fonds ? qu'est-ce qu'un membre du conseil ?

III. — LA PLÈBE ACTIONNAIRE.

De toutes les théories économiques, il n'en est point qui ait mieux fait son chemin et soit devenue plus populaire que la théorie de la rente. C'est la morale du catéchisme de *Simon de Nantua* et des almanachs du *Bonhomme Richard*, déjà surannés ; c'est le grand précepte de la philanthropie moderne : Épargne ! épargne ! Afin de faciliter l'accomplissement du saint et sacré commandement, l'État s'est fait le dépositaire des petites économies ; il vend, lors des emprunts, de la rente à 10 fr. le coupon. Un statisticien, membre de l'Institut et sénateur, a prouvé que l'ouvrier parisien à trente sous par jour pouvait vivre, élever sa famille et devenir capitaliste. En 1848, il a paru démocratique à M. de Lamartine de porter l'intérêt des caisses d'épargne de 3 à 5 du cent, et de faire payer à la masse des contribuables, qui n'a rien, une plus forte prime aux avisés qui possèdent, conformément à la parole de l'Évangile : « A celui qui a moins, il sera encore enlevé le peu qu'il a. » Le propriétaire ne vise qu'à augmenter ses loyers, le commerçant ses commissions, l'industriel ses bénéfices, le *garçon* ses pourboires ; l'ouvrier, dans ses trois souhaits de Noël, demande des rentes, encore des rentes, toujours des rentes!

Avec le principe du crédit octroyé, rien de plus légitime. C'est une terrible chose qu'un principe. Les matérialistes qui ne croient qu'au fait ont beau faire : les principes mènent le monde; il n'y a pas à s'en déprendre. De quoi s'agit-il dans l'espèce? Une populace de paysans, de manouvriers, d'hommes de peine, de gâcheurs, de portefaix, de goujats, racaille sans feu, ni lieu, ni avoir, demande à vivre : à vivre de quoi? De son travail, naturellement, puisqu'elle n'a pas le choix. Une nation d'élite, riche, économe, amie de l'ordre, comptant juste et comptant bien, possède la terre, les outils, les matières premières, le fonds de roulement. Elle dit à la première : travaille pour moi, et, quelque soit ton salaire, garde-toi de te plaindre; quels que soient mes profits, ne va pas récriminer; car, sans moi, pas de travail, et, partant, pas de pain. Bénéfices et bienfaisance, voilà mon lot; je donnerai sur mon produit net des primes aux plus méritants.

Mais pourquoi cette distinction de travailleurs et de capitalistes? C'est un mystère; la théorie du crédit octroyé ne permet pas qu'on le sonde; la recherche de la paternité, en matière de fortune, est interdite.

— Ceci est de l'histoire ancienne, répondent les Saint-Simoniens : nous avons changé tout cela; le crédit démocratisé a rendu l'épargne et la rente accessibles à tous; celui qui ne possède pas encore possédera demain. Encore quelques cours de morale et de saine économie, et chaque chef de famille aura de la rente, pour si peu que ce soit.

Cette unanimité d'aspirations nous remet en mémoire un apologue qui trouve ici son à-propos.

Il était une fois une petite ville industrieuse, spécialement favorisée, car elle n'avait ni riches ni pauvres, et chacun y vivait content du fruit de son labeur. La paix et la concorde y avaient élu domicile; l'envie n'y avait jamais été connue; les inclinations des fiancés n'étaient point contrariées par des considérations de fortune. Voilà qu'un jour tombe une pluie d'or sur la cité. Aussitôt les habitants de se ruer dehors, de se bousculer, de se battre pour recueillir la précieuse manne. Chacun pourtant en ramassa à bourse que veux-tu, tant l'ondée avait été abondante. Mais le lendemain, personne ne voulut plus travailler. Le boulanger, se trouvant assez riche, refusa de pétrir ; le boucher cessa d'abattre, le cordonnier de faire des chaussures ; le marchand congédia ses chalands et ferma boutique ; tant et si bien qu'au bout de quelques jours, la détresse était au comble... Enfin, ajoute le fabuliste, les citoyens, désillusionnés, revinrent à leurs occupations premières, comprenant qu'*il n'y a d'autre richesse que le travail*.

Ainsi en serait-il de nous si tout le monde avait des rentes. Mais nous sommes encore loin de l'idéal. La théorie de l'école saint-simonienne sur ce qu'elle nomme la démocratisation du crédit n'est vraie qu'à moitié. D'une part, il est certain que la fortune, mobilière et immobilière, s'est répartie, éparpillée, émiettée en un nombre infini de mains ; d'autre part il est impossible de considérer comme capitalistes, rentiers, privilégiés ces millions de petits porteurs, d'autant qu'ils ont acheté à des prix excessifs les maigres valeurs qu'ils détiennent. On a dit à satiété qu'il n'y a plus d'argent pour l'agriculture, le commerce et l'industrie. En effet, le vertigo s'en mêlant, les épargnes ont demandé des actions, rien que des actions. Des chiffons de papier, qui se cotent encore 40 fr., en attendant la liquidation finale, se sont enlevés aux prix de 600 et 800 fr. Là ou les fondateurs ne demandaient qu'un milliard, les coureurs de primes en ont offert trois. Les écumeurs ont empoché la différence, et les badauds restent là, demandant des tarifs à outrance afin de sauvegarder leurs placements, c'est-à-dire complotant leur propre ruine avec celle du public.

Concrétons bien notre pensée. Il y a, au point de vue que nous traitons, trois catégories de citoyens bien distinctes quant à leurs moyens d'existence : l'une vit exclusivement de son travail, de salaires ; l'autre vit, partie de travail, partie de revenus ; une troisième, l'élite, vit spécialement de la rente. La première ne connaît le revenu que pour le payer tout le long de l'aune; la seconde reçoit d'une main et paye de l'autre; la troisième reçoit plus qu'elle ne paye.

Que signifie donc, au fond, le crédit démocratisé du saint-simonisme? Que les dix-neuf vingtièmes des porteurs de titres sont des gens de labeur, ouvriers, industriels, commerçants, cultivateurs, qui se sont fait une petite épargne, rentiers pour dix, producteurs pour mille. Si le monde financier se menait par la majorité des intérêts et des suffrages, cette population ne tarderait pas à comprendre qu'en élevant le taux de l'intérêt, les tarifs de transports, les primes d'assurances, elle se crée des augmentations de dividendes; mais elle verrait qu'en même temps elle grève sa production, sa main-d'œuvre et ses frais généraux; qu'elle puise dans sa caisse (*compte de fabrication*) pour remettre dans sa caisse (*compte de profits*); qu'à supposer que rien ne se perde dans le transfert, c'est du moins un déplacement inutile, « la meule qui tourne à vide, » selon l'expression de J.-B. Say. Élucidons ce point de vue par des exemples.

La consolidation des dépôts de la Caisse d'épargne, en 1848, a popularisé la rente sur l'État; les coupures se sont morcelées à l'infini, et le nombre des porteurs a vingtuplé depuis cette époque. Or, tout rentier est en même temps contribuable; celui que n'atteint pas l'impôt direct ne peut échapper aux droits réunis établis sur les boissons, le sel, le sucre, le café, le tabac. Que chacun fasse une compensation entre le revenu qu'il touche et les contributions qu'il paye. Les quatre cinquièmes ne reçoivent pas ce qu'ils déboursent; en sorte qu'ils gagneraient à une abolition de la rente, compensée par une déduction analogue de leurs impositions, et tous les contribuables non inscrits au grand-livre gagneraient avec eux. — 400 millions de rente payés par 10 millions de familles, c'est 40 fr. de charge par famille. La liquidation de la dette publique équivaudrait à 40 fr. de revenu annuel pour chaque ménage, et les quatre cinquièmes des rentiers n'y perdraient rien.

Si les actionnaires d'une compagnie immobilière habitaient tous leurs immeubles, ils devraient, d'après la théorie féodale du plus fort rendement, s'imposer de gros loyers, afin de percevoir de gros dividendes et de pousser à la hausse de leurs actions. Quelle solution, si tous les favoris du crédit démocratisé avaient voix au conseil !

Un industriel, vivant de son travail et en même temps propriétaire d'actions, consomme chaque annnée de la houille, des tissus, du gaz; il paye un loyer; il voyage et fait transporter des marchandises; il supporte sa quote part des primes perçues par les industries dont il est susceptible de devenir actionnaire. En supposant la moyenne de ces primes de 10 p. 100, et sa consommation ou ses frais annuels de 10,000 fr., c'est 1,000 fr. d'agio dont son budget se trouve grevé chaque année. S'il a placé 20,000 fr. en actions ou obligations, au revenu moyen de 5 p. 100, il retrouve comme rentier ses 1,000 fr. : soit, à la balance, zéro, ou plutôt deficit de la différence entre 5 p. 100, taux de son placement, et 10 p. 100, taux de l'agio à son détriment.

Un négociant escompte dans l'année 400,000 fr. de valeurs à la Banque de France; à 5 p. 100 et à trois mois d'échéance, c'est 5,000 fr. qu'il lui en coûte. Pour qu'il se trouvât en balance, il faudrait qu'il eût 100,000 fr. de placement solide, capitalisés à 5 p. 100; et alors son capital serait complétement stérile et son revenu illusoire. Offrez-lui par contre l'escompte à 1 p. 100, c'est-à-dire la perspective de doubler le chiffre de ses affaires, et vous verrez de quel côté il se rangera.

Ces considérations mènent la société tout droit au mutuellisme : les denrées, les marchandises à prix de revient. Les services publics, les créations nouvelles sur lesquels la féodalité base ses razzias, n'ont plus, avec la mutualité, d'autre cote rationnelle que l'amortissement avec une prime aussi modérée que possible. Les emprunteurs au Crédit foncier se libèrent du capital et des intérêts de leurs emprunts par cinquante annuités à 6 p. 100 environ. Supposez toutes les compagnies basées sur ce principe. L'intérêt public, comme celui du détenteur de titres, c'est le bon marché : c'est-à-dire que la spéculation sur les fonds doit manœuvrer en vue de réduire progressivement les annuités à 40, 30 et 25 ans, ou à diminuer le taux à 5, 4, 3, 2 et 1 p. 100. Le capital, à mesure qu'il se reconstitue, se reporte vers de nouvelles créations.

Qu'avons-nous vu, au contraire, depuis soixante ans? Pour ne parler que de ces quinze dernières années, ç'a été une orgie de réclames, de charlatanisme, de promesses impudentes. Un fondateur d'entreprise quelconque n'aurait osé se produire sans garantir à ses croyants au moins 20 p. 100 de revenu. .

Le *Cheptel* promettait 25 p. 100 à ses actionnaires; il n'y avait qu'à leur faire payer le bétail, la viande de boucherie, les suifs, les cuirs 40 p. 100 plus cher que par le passé.

Les *Petites-Voitures* de Paris n'ont pas payé en moyenne 5 p. 100 de revenu; elles ont augmenté le prix des courses de 30 à 33 p. 100; grande consolation pour les actionnaires qui s'en servent.

Les *Chemins de fer départementaux* devaient constituer une fortune aux gens avisés qui voyagent et font voyager des produits, à condition de rançonner expéditeurs et voyageurs sans miséricorde par les tarifs.

Nous relevons dans un des journaux de M. Millaud la combinaison suivante, marquée au coin des plus saines doctrines :

Constituer une association foncière au capital de 6 millions; avec cette somme, acheter 12 millions d'immeubles, sur lesquels on emprunte au Crédit foncier 50 p. 100 de leur valeur, soit 6 millions, remboursables en 50 annuités à 5,60 p. 100 l'une; profiter de la gêne des entrepreneurs, constructeurs et propriétaires; acquérir leurs maisons au plus bas prix possible, de façon que les placements ne soient jamais à moins de 10 p. 100, soit, en faveur des actionnaires, 4,40 p. 100 de différence avec le taux du Crédit foncier; combiner des réserves avec un amortissement d'actions de façon à donner aux actionnaires trois capitaux pour un, à leur laisser au bout de cinquante ans un revenu de 30 p. 100 de leur capital, amorti trois fois, le tout au minimum et sans préjudice de la plus-value qu'acquièrent dans les grandes villes les propriétés bâties. L'inventeur de ce système de pompe perfectionnée ne néglige pas un détail cher aux propriétaires, terrible aux locataires :

« En outre, ainsi que nous l'avons dit, il est d'usage, surtout à Paris, d'exiger des locataires trois mois, six mois et même un an de loyer d'avance, suivant qu'il s'agit d'appartements ou de magasins. Il en résultera au profit de la Compagnie un capital permanent d'environ 700,000 fr. qui, placé, en moyenne, à 5 0/0, produira annuellement au moins 35,000 fr. d'intérêts. »

Nous nous demandons, en vérité, qui peut souscrire à un pareil plan de pacte de famine, par actions de 500 fr. Nous comprenons qu'une douzaine de Juifs placent chacun 500,000 fr. dans une entreprise de ce genre, afin de s'assurer, à eux et à leur race, une base d'exploitation à outrance : et du constructeur empêché, et du propriétaire grevé, et de l'entrepreneur obéré, d'une part; et du locataire, ouvrier ou bourgeois, fabricant ou commerçant, d'autre part. Mais il n'y a pas ici d'équivoque : l'appel, publié dans le *Journal politique hebdomadaire*, succursale du *Petit-Journal*, s'adresse aux petites épargnes; ce sont les locataires eux-mêmes que l'on appelle à se passer le licou : Dès l'origine vous toucherez au-delà de 10 p. 100, et progressivement 20 et 30 p. 100 des immeubles par vous occupés. Rien à perdre, puisque vous serez vos propres débiteurs et que vos revenus auront pour base votre loyer. N'ayez crainte de vous faire banqueroute à vous-mêmes. N'ayez crainte surtout de payer des termes chers; vos rentes grossiront d'autant.

Telle est la sagesse qui mène le monde.

Pour nos grands chemins de fer, même histoire. Les actionnaires de l'Orléans ont, sur plusieurs exercices, touché 100 fr. de revenu pour 500 fr. versés. Mais il faut le dire : les acheteurs à 500 fr. n'étaient plus là; ils avaient vendu à 1,200, 1,500 et 1,700 fr. Les 20 p. 100 pour les porteurs d'alors ne représentaient que des placements à 6, 7 et 8 p.

100. Admettons que l'Orléans eût eu la modest[illegible] se contenter de 6 p. 100, soit 30 fr. par action de 500 [illegible] c'était 70 fr. de moins par action, et sur 300,000 actions, 21 millions, dont, en rémunérant suffisamment le capital, on pouvait dégrever les tarifs de voyageurs et de marchandises : 21 millions laissés, en une seule année et par une seule compagnie, dans la poche du public! Que penseraient les actionnaires, la plèbe qui possède moins de vingt actions, si l'on réduisait des deux tiers les frais de transports par voies ferrées?

En 1866, les six grandes compagnies de chemins de fer ont payé à leurs actionnaires, savoir :

Le Lyon	48,000,000 fr.
Le Nord	37,500,000
L'Orléans	33,600,000
L'Ouest	11,250,000
Le Midi	10,000,000
L'Est	19,160,840
ENSEMBLE	159,510,840 fr.

Disons, en nombres ronds, 160,000 millions. Voilà ce qu'on appelle un élément de la fortune publique. La fortune de qui? de ceux qui, actionnaires ou non, ont payé sur les transports, en une seule année, cette jolie plus-value de 160 millions? Supposez la rémunération des actions limitée à 5 p. 100; les actionnaires des chemins de fer, dont les versements sont de 1 milliard 477 millions environ, auraient touché seulement 70 millions. On aurait laissé aux mains des voyageurs et expéditeurs 90 millions sur le seul exercice 1865 : C'est-à-dire qu'on aurait pu dégrever les tarifs DE PLUS DE MOITIÉ. — Réduction de 50 p. 100 sur les transports, avec des placements à 5 p. 100 : qu'en pense le public? qu'en penseraient les petits actionnaires eux-mêmes?

Le principe des grèves ouvrières n'est pas autre chose qu'une revendication de participation au produit net, et nécessairement il aboutit aux mêmes inconséquences. Sur le prix de main-d'œuvre, l'entrepreneur prélève, supposons-nous, 10 du cent : quand la façon vaut 100 fr., il vend 110; quand elle vaut 120 fr., il vend 132. La rente, avant la grève, ne prenait que 10; après la grève, elle prend 12. C'est d'arithmétique élémentaire. Les économistes ne se sont jamais mépris sur cet effet. Mais pourquoi, puisqu'ils sont si lucides quand il s'agit de l'ouvrier, si zélés, si éloquents dans la propagation des saines doctrines, ne généralisent-ils pas, et ne vont-ils pas dire au monde capitaliste que le principe est le même, qu'il s'agisse de journées de travail ou de revenus? Nous l'avons dit pour eux, et nous concluons sur cet incident :

L'immense majorité qui, n'en déplaise aux Saint-Simoniens, ne possède ni titres, ni actions, paye sans compensation;

Une portion considérable de rentiers ne reçoit pas en dividendes ce qu'elle a payé en primes, et reste en déficit;

Quelques-uns sont en balance;

Et les profits vont à un petit nombre de privilégiés, comme nous allons le démontrer en établissant le compte du spéculateur vivant spécialement d'agio.

M X... achète tous les cuivres à extraire dans une période de... et fixe à 20 o/o son bénéfice. Cependant il est intéressé dans un établissement métallurgique où il a pris 50,000 fr. d'actions, et qui consomme du bronze, du laiton. La perturbation causée par l'enchérissement du métal réduit les profits de l'usine de 5 o/o.

Déficit pour M. X., sur ses 50,000 fr. d'actions.......	2,500 fr.
Vente de lingots à la Compagnie, 200,000 fr. à 20 p. 100.	40,000
Bénéfice net...........	37,500 fr.

Est-ce là une hypothèse de fantaisie? Voici une note qui émane d'un homme compétent :

« Il est telles compagnies de chemins de fer dont les administrateurs sont peu disposés à se procurer de bons combustibles; ils tiennent à employer celui qui provient des mines qu'ils exploitent; encore vendent-ils les meilleures qualités à l'industrie, réservant le rebut et les qualités inférieures pour le service de la traction. Il peut en résulter un dérangement dans le service; le ralentissement de la marche d'un train, qui se laisse ainsi rattraper par le convoi suivant, peut même occasionner des accidents. Il est arrivé plus d'une fois que des machines, bourrées de coke défectueux, ont été obligées de s'arrêter en pleine voie, faute de vapeur. » (*Journal des chemins de fer.*)

MM. A, B, C sont négociants et membres du conseil d'administration d'une filature au capital de 10 millions; ils y ont chacun 100,000 fr. d'actions. Vient une hausse de 4 °/° sur les cotons bruts. Un membre du conseil propose d'élever proportionnellement le prix des produits de l'usine; les trois négociants administrateurs s'y opposent et l'emportent au scrutin. Ce sera, pour les actionnaires, un déficit de 400,000 fr., et pour MM. A, B, C, de 4,000 fr. chacun. Mais ces messieurs vendent chaque année 2 millions de calicot, uni ou imprimé. C'est une hausse de 4 °/° qu'ils se sont évitée. Bénéfice 80,000 fr.; à déduire les 4,000 fr. qu'ils sacrifient comme actionnaires, reste net à leur avoir, 76,000 fr.

Est-ce encore là de l'hypothèse? Toute la suite de ce livre prouvera qu'au contraire telle est la loi.

Cette monstrueuse opposition d'intérêts entre les gros et les petits porteurs d'actions d'une même entreprise amènerait infailliblement tôt ou tard un conflit, si la féodalité n'avait pris ses précautions pour empêcher *la vile multitude* de troubler l'ordre établi. L'assemblée générale des actionnaires de la Banque de France se compose des deux cents plus forts intéressés; mêmes conditions au Crédit mobilier. Dans les compagnies de chemins de fer, il faut être porteur de vingt à quarante actions, selon les statuts, pour assister à l'assemblée générale; chaque série de vingt ou quarante actions donne droit à une voix; le même individu peut cumuler soit cinq, soit dix suffrages, selon les compagnies. Pas une société où l'on n'ait pris la précaution d'éliminer le petit porteur d'une façon absolue; en sorte que plus les titres se divisent, plus grand devient le nombre des actionnaires, plus rares sont les individus investis du droit de dire leur avis dans leurs propres affaires; plus par conséquent la féodalité se concentre et se fortifie. Nous verrons ailleurs comment on compose une assemblée d'actionnaires. En attendant nous pouvons constater que, supposant la plus grande loyauté dans la conduite des états-majors, ils sont, de par les statuts, maîtres absolus et exclusifs de la situation.

L'idée d'appliquer le cens électoral aux sociétés par actions, quand en politique on en est au suffrage universel, est la plus monstrueuse conception de la finance moderne. Si la Cour suprême avait à se prononcer un jour sur la légalité d'une pareille clause, nous douterions fort qu'elle l'approuvât. En matière de propriété, en effet, l'interdiction de gérer ou de participer, dans une proportion légitime, à la cogestion d'une affaire où l'on a des intérêts engagés, ne peut être prononcée que par les Tribunaux, à la sollicitation des familles. Par quelle subversion de tous les principes de justice et de droit les conseils d'administration ont-ils été amenés à frapper d'interdit les trois quarts — si la thèse saint-simonienne sur le crédit démocratisé est vraie, nous devrions dire les neuf dixièmes — de leurs actionnaires? Comment le Conseil d'État a-t-il pu donner son approbation à un pareil ostracisme?

Toujours est-il que la stipulation était indispensable à la constitution d'une féodalité industrielle; aujourd'hui les actionnaires, intéressés au dégrèvement de tous les services quelconques, sont livrés pieds et poings liés à la caste. Les porteurs de vingt et quarante actions ou plus, vivant plutôt de revenus que de travail, voteront toujours le maintien des tarifs élevés. Il arrive ainsi qu'une poignée de censitaires, représentant au plus le vingtième du capital, fait la loi aux autres dix-neuf vingtièmes. Dans ces conditions, les états-majors disposent, non plus de leur quote-part de mise, mais de celle de tous les exclus, contre leur volonté et leurs intérêts. Les petits porteurs ont fourni le licou avec lequel on les étrangle.

Les places d'administrateurs sont également réservées, protégées contre l'envahissement de la plèbe. Les statuts imposent à chacun d'eux le dépôt de cinquante, cent actions, plus ou moins, en garantie de leur gestion. Rien de plus sagement prévu, à première vue. Cependant, ce n'est pas sans motifs que l'art. 31 du Code de commerce avait stipulé que « la société anonyme est administrée par des mandataires à temps, révocables, associés ou *non-associés*, salariés ou gratuits. »

La faculté de choisir les administrateurs parmi les non-associés implique qu'aux yeux du législateur la qualité de porteur d'actions n'est pas nécessairement une garantie de bonne gestion. En effet, dans la question qui nous occupe, à supposer qu'il ne se trouve dans les directions aucun cumul incompatible, il est clair que l'intérêt des petits porteurs, c'est-à-dire du plus grand nombre, est en antagonisme formel avec celui des gros capitalistes, seuls aptes, par les statuts, à faire partie du conseil; c'est par cette organisation que nous est venue la fameuse théorie du plus fort rendement, d'après laquelle plus une nation paye, plus elle est riche.

Or, si l'on considère que les conseils d'administration sont de fait maîtres absolus de l'entreprise; qu'il est inouï que jamais assemblée ait repoussé une question mise à l'ordre du jour par les directeurs; si l'on se souvient que les assemblées d'actionnaires lient et engagent : 1° ceux qui sont venus et qui ont voté *oui*; 2° ceux qui ont voté *non*; 3° ceux qui, possédant moins de vingt ou quarante actions, n'avaient le droit de dire ni *oui* ni *non*, on comprendra que les statuts, tels qu'ils sont constitués aujourd'hui, livrent le public, la plèbe actionnaire, les trois quarts, peut-être les neuf dixièmes des intéressés, à une aristocratie dont il n'existe aucun moyen légal de se déprendre. Et comme l'intérêt des petits porteurs qui travaillent est le même que celui de tout le monde, à savoir le bon marché des services, c'est la nation entière qui se trouve livrée avec eux. On voit, par ce premier aperçu, que les privilégiés en faveur desquels fonctionne le système, minorité infime parmi les porteurs de titres, se trouvent numériquement n'être qu'une fraction imperceptible dans la nation dont elle arbitre les destinées.

IV. — LES ÉTATS-MAJORS

I. — Nous disions, dans le précédent paragraphe : A mesure que les titres d'une compagnie s'éparpillent en un plus grand nombre de mains, le chiffre des actionnaires dignes de figurer à l'assemblée générale diminue, et la féodalité se concentre. Un jour viendra où, sans fraude ni interpolations, les administrateurs composeront seuls le cénacle souverain, arbitre absolu des destinées de la Société. Un fait rapporté par le journal *la Finance*, du 26 avril 1866, nous montre déjà un commencement de réalisation en ce sens.

« Le Crédit mobilier, dit-il, a reculé du 30 avril au 29 mai l'assemblée générale ordinaire de ses actionnaires. On a allégué comme prétexte le nombre insuffisant des actions déposées. Les deux cents plus forts actionnaires ne représenteraient pas *le dixième* du capital. Cela démontre, avec une clarté suffisante, ou que les membres du conseil d'administration, qui d'habitude sont les plus forts actionnaires, sont sortis de leurs actions et les ont passées au public, ou que les membres du conseil d'administration, qui d'habitude sont les plus forts actionnaires, se sont bien gardés de déposer leurs titres, souhaitant de *rendre impossible* une assemblée générale qu'ils auraient intérêt à retarder d'un mois. Il n'y a pas moyen de sortir de ce dilemme, et nous le répétons intentionnellement : ou les membres du conseil n'ont aujourd'hui conservé que le *minimum* d'actions fixé par les statuts, ou ils n'ont pas voulu déposer leurs actions à temps. Et cela n'a rien que de naturel. Grâce aux combinaisons de leurs statuts, toutes nos sociétés anonymes financières et industrielles sont en effet dans la main de leurs administrateurs. C'est une combinaison de ce genre que celle qui limite à deux cents, par exemple, le nombre des plus forts actionnaires appelés à faire partie d'une première convocation, et qui exige que ces deux cents actionnaires soient propriétaires du *dixième* de 120 millions, soit de 12 millions, soit de 24,000 actions.

» Il est assez curieux, du reste, que les administrateurs du Crédit mobilier se montrent présentement si scrupuleux à propos d'une assemblée ordinaire, dans laquelle *on doit se borner à rendre compte des faits et résultats qui se sont produits du 1er janvier 1865 au 31 décembre* 1865, alors qu'ils poussaient la distraction, à l'assemblée extraordinaire du 12 février dernier, à ce point étrange de ne pas s'apercevoir que quatre-vingt-dix actionnaires seulement (ne représentant pas *le vingtième* du capital) avaient opéré le dépôt de leurs titres. En vérité, n'est-ce pas bizarre? Et qu'on le remarque bien, à cette assemblée extraordinaire du 12 février, il ne s'agissait de rien moins que de *doubler le capital,* que de légitimer une émission, aussi singulière qu'inopinée, de 60 millions. Sans l'observation imprévue d'un membre de l'assemblée, on eût peut-être involontairement passé outre, on eût peut-être, par distraction, oublié les statuts. On était si pressé, si pressé! Aujourd'hui que les 60 millions du nouveau capital sont colloqués au public, on est moins pressé, beaucoup moins, cela se conçoit, et on a tout le loisir de songer à la forme. »

Comment se fait il que quatre-vingt-dix actionnaires seulement se soient fait inscrire à l'assemblée du 12 février 1866 ? Rien de plus naturel. Si les titres étaient *nominatifs*, *personnels,* la direction aurait à chaque instant la liste des notables du sanhédrin ; mais les actions sont au porteur ; tel qui en possède cinquante, plus ou moins, se dit: Il est impossible que, sur un chiffre de 240,000 actions, je sois un des deux cents dignitaires; et il ne donne signe de vie. La seconde assemblée, convoquée par suite d'insuffisance de la première, a pleins pouvoirs, quel que soit le chiffre du capital ; en sorte qu'elle peut, même en ne représentant qu'un cinquantième, ou moins, des intérêts en jeu, engager les quarante-neuf cinquantièmes qui se trouvent exclus, ou s'abstiennent, faute de renseignements.

Nous complétons notre citation, afin de montrer comment,

même entre financiers, de pareilles manœuvres sont appréciées :

« L'*Epoque* dit à ce sujet : « On demande toujours quelles
» sont les causes réelles qui ont fait ajourner au 29 mai l'as-
» semblée générale. On comptait sur quelques explications du
» conseil d'administration. Le conseil des douze continue à
» garder le silence : c'est vénitien; mais l'hôtel de la place
» Vendôme renferme plus d'indiscrets que le palais Saint-Marc,
» et nous pourrons, sans doute, un de ces jours, expliquer le
» cruel démenti que se donne aujourd'hui l'administration du
» Crédit mobilier. »

» A notre avis, voici le *véritable motif* de l'ajournement de l'assemblée générale : Le Crédit mobilier, institution éminemment fantaisiste, ne détermine pas la distribution de ses dividendes comme une conséquence nécessaire, absolue et mathématique d'un bilan réglé mathématiquement d'avance le 31 décembre de l'exercice précédent. On a vu le Mobilier ne rien distribuer, une année, sous prétexte de mettre 7 millions à la réserve extraordinaire. On l'a vu, l'année d'après, alors qu'il n'avait pas réalisé un centime de bénéfices nouveaux, distribuer ces mêmes 7 millions qu'il avait déclarés indispensables à garder dans le rapport de l'assemblée précédente. Il résulte de ces antécédents que, selon toute probabilité, si le Crédit mobilier ajourne son assemblée générale, il ne l'ajourne *que parce qu'il se réserve de distribuer ou de ne pas distribuer de dividende*, selon l'inspiration que lui apporteront les événements. La politique est aujourd'hui en suspens. Le problème de guerre ou de paix sera probablement résolu avant un mois. Le Crédit mobilier règlera l'*être* ou le *ne pas être* du dividende selon la tournure des événements. Si paix, distribution d'un dividende; campagne de hausse sur la valeur, pour retrouver dans les pertes de la place l'équivalent du solde à distribuer en juillet. Si guerre, pas de dividende et continuation de la campagne de baisse entreprise il y a six semaines. »

L'institution *fantaisiste* du Crédit mobilier n'est pas seule dans ce cas ; voici un service public, représentant 843 millions d'engagés, sans préjudice de l'avenir, où les choses se passent absolument de la même façon. La compagnie des chemins de fer de l'Ouest a tenu son assemblée le 31 mars 1866. La réunion était *ordinaire* pour l'approbation des comptes, *extraordinaire* pour l'acceptation de nouvelles propositions du gouvernement.

« Avant d'aborder les questions courantes de construction et d'exploitotion qui forment le sujet principal de nos rapports annuels, dit M. le rapporteur, nous vous ferons connaître tout de suite le but de l'assemblée générale *extraordinaire* à laquelle vous aviez été convoqués pour aujourd'hui, et qui ne pourra avoir lieu, *faute d'un nombre suffisant d'actions représentées*, pour que l'assemblée puisse délibérer utilement. » — Suit l'exposé de la question : une convention relative à l'exploitation du chemin de Ceinture.

L'art. 28 des statuts, § 3, porte :

« L'assemblée générale ordinaire est régulièrement constituée lorsque les actionnaires présents sont au nombre de *trente* au moins, et représentent le *vingtième* du fonds social. »

Un mot d'abord sur le *fonds social*. Le *compte de capital* de la compagnie est ainsi établi dans le rapport de 1866 :

Actions		150,000,000 fr. 00 c.
Subventions allouées	84,727,049 fr. 06 c.	
A déduire celles reçues	55,644,335 fr. 30 c.	
Reste à recevoir	29,082,713 fr. 76 c.	29,082,713 fr. 76 c.
Emprunts, total		664,808,386 fr. 72 c.
TOTAL GÉNÉRAL		843,891,100 fr. 48 c.

Sur ce capital, ni l'État ni les prêteurs n'ont rien à voir, quoi qu'on fasse de leur gage ; les actionnaires représentent seuls le *fonds social*. Sur 843 millions, ils ont fourni 150 millions, moins d'un cinquième ; il n'importe. Parmi cette élite de capitalistes, *un vingtième* soit 7,500,000 fr., — un cent douzième des fonds engagés, — constitue la première assemblée générale *ordinaire* de plein droit.

« Dans le cas où, sur une première convocation, dit l'article 29 des statuts, les actionnaires présents ne remplissent pas les conditions ci-dessus imposées pour constituer l'assemblée générale, il est procédé à une seconde convocation à huit jours d'intervalle. — Les délibérations prises dans cette seconde réunion sont valables, *quel que soit le nombre des actionnaires présents et des actions représentées.* »

En sorte que MOINS de *trente* actionnaires et MOINS de *sept millions et demi* de fonds représentés disposent souverainement d'un capital de 843 millions, quand il s'agit d'approuver les comptes ; pour les assemblées *extraordinaires*, il y en a où le fonds social doit être représenté au cinquième, soit, dans l'espèce, 30 millions ; d'autres où il suffit d'un dixième, 15 millions. Quoi que disent les journaux financiers de la négligence et de l'incurie des actionnaires, il est clair qu'il y a disette de *dignitaires* pour l'assemblée ; que les titres se sont éparpillés au point que les porteurs de vingt ou quarante actions se raréfient chaque jour. Ajoutons que les assemblées se tiennent à Paris, et que les intéressés de province n'y peuvent venir aisément chaque fois qu'il le faudrait.

Il y a des journaux dirigés par les disciples fidèles de M. Enfantin qui, tout en admirant le suffrage universel en politique, prétendent que la Societé de commerce anonyme, telle qu'elle est, est une réalisation du principe démocratique. Il serait ridicule, après de pareils chiffres, d'entrer en discussion avec eux.

II. — La concentration féodale a été accélérée par l'État. Avant 1848, il y avait, outre la Banque de France de Paris et ses comptoirs, neuf banques départementales autonomes, indépendantes, à Rouen, Nantes, Bordeaux, Lyon, Marseille, Lille, Orléans, le Havre et Toulouse. Toutes ont étés réunies, fusionnées avec la Banque de France de Paris, dont le privilége, par une loi du 9 juin 1857, a été prorogé jusqu'en 1897. Le nombre des succursales doit être avant peu d'une centaine, savoir : une au moins par département, sans préjudice des grands centres qui, comme le Havre, Mulhouse, ne sont pas chefs-lieux. L'administration se compose d'un gouverneur, deux sous-gouverneurs, quinze régents, trois censeurs, un secrétaire général : en tout *vingt-deux* personnes. Les opérations, dans l'état présent, atteignent chaque année de 7 à 8 milliards, dont 5 à 6 milliards d'escompte. Il n'y a aucun droit pour les escompteurs, qui font toute la fortune de l'établissement et sa clientèle. Les actionnaires sont représentés par les deux cents plus forts intéressés à l'assemblée générale, et n'ont aucun avis à émettre sur le taux de l'escompte et les conditions faites au public. Le crédit et la circulation de la France sont donc aux mains de vingt-deux pachas, dont plusieurs tiennent eux-mêmes, pour leur propre compte, maison d'escompte et de commandite à Paris.

En 1852, il avait été créé trois banques foncières, l'une à Paris, l'autre à Nevers, l'autre à Marseille. Les trois établissements furent réunis, en 1856 (décret du 28 juin), en un seul, sous le titre de Crédit foncier de France. Le capital actions est de 60 millions, divisé en 120,000 actions, libérées de 250 fr. seulement. Les obligations foncières s'élevaient

au 31 décembre 1865, à.	571,013,460 fr.	64 c.
Les obligations communales à. . .	215,047,571	78
ENSEMBLE.	786,061,032 fr.	42 c.

La compagnie est administrée par un gouverneur, deux sous-gouverneurs, dix-huit administrateurs et trois censeurs : ensemble *vingt-quatre* personnes. L'assemblée générale se compose des deux cents plus forts actionnaires ; elle est légalement constituée dès qu'elle réunit le dixième des actions émises, soit 6 millions.

Le Répertoire méthodique de la législation des chemins de fer, publié par le ministère des travaux publics, constate que les dernières fusions ont réuni en six faisceaux quarante-deux compagnies, qui elles-mêmes comportaient déjà des rachats et amalgamations. Donc, au lieu de cinquante conseils d'administration et plus, il nous en reste six : le Nord, vingt-cinq administrateurs; l'Est, vingt-cinq; le Lyon, trente; l'Orléans, vingt-quatre; le Midi, seize; l'Ouest, seize. En sorte que toute la circulation de la France, hommes et colis, serait aux mains de cent trente-six podestats, n'étaient les cumuls dont nous parlerons ci-après, et qui réduisent encore ce chiffre. Dans peu d'années, le capital de toutes provenances, actions, obligations, subventions, engagé dans les chemins de fer, atteindra 10 milliards. Le capital-actions parait fixé d'une façon définitive comme suit :

Nord.......	525,000	actions	210	millions.
Est........	584,000	—	292	—
Lyon.......	800,000	—	400	—
Orléans....	600,000	—	300	—
Ouest......	300,000	—	150	—
Midi.......	250,000	—	125	—
Totaux.	3,059.000	actions	1,477	millions.

Nous passons pour le moment sur les *dédoublements* d'actions, que nous apprécierons plus tard, et qui réduisent encore au-dessous de 1477 millions la part de participation des actionnaires à la création des chemins de fer comme fonds versés, et nous disons :

Les actions constituent seules le fonds social; elles représentent environ un septième des dépenses, proportion qui ira en s'amoindrissant à mesure des constructions nouvelles; un vingtième du capital de 1, 477 millions, soit 73,850,000 fr., représente légalement, à la première assemblée générale, les 10 milliards (réalisés ou à réaliser) de toutes provenances; et à la seconde assemblée, si la première ne réunit pas le minimum de capital statutaire, comme il arrive de plus en plus souvent, les décisions sont souveraines, quels que soient le nombre des assistants et le chiffre des intérêts groupés. Sommes-nous décidément en démocratie ou en féodalité?

III. — Nous avons parlé de cumuls administratifs. Ici le lecteur se croirait en plein roman si nous n'apportions des preuves; nous voudrions ne nommer personne; mais sans noms propres, il est impossible de prouver. Et puis, si la plèbe est essentiellement anonyme, s'il est vrai que des milliers de Prud'hommes ne constituent pas même une unité, en revanche, il est de l'essence des castes de procéder par clans, tribus et dynasties; chaque individu est un groupe, une collectivité. Nous empruntons nos documents à deux publications éminemment favorables aux manieurs d'argent: le *Guide financier* de M. Vitu, et le *Manuel des fonds publics* de M. Courtois, 1863- 1864 : nous n'avons pas de renseignements plus récents à l'état complet.

M. Hippolyte Biesta est, avec M. Pinard, directeur du Comptoir d'escompte de Paris, société au capital de 40 millions, faisant aujourd'hui deux milliards d'affaires par an. Une pareille fonction semblerait, à première vue, devoir suffire à l'activité la plus éclairée, la plus intelligente. Cependant nous retrouvons M. H. Biesta en qualité de censeur au Sous-Comptoir des chemins de fer, comme administrateur à la Paternelle, société d'assurances; au Crédit mobilier, au chemin de fer central suisse, à la Compagnie transatlantique, aux forges de Decazeville (tombées en faillite), à la Compagnie immobilière de Paris, au Gaz parisien, aux Salins du Midi, ensemble dix sociétés.

De neuf à dix sociétés, c'est la moyenne des cumuls; il y a plus grand et plus petit que M. Biesta, qui se trouve occuper le juste-milieu avec une vingtaine d'autres.

M. A. d'Eichtal est vice-président du conseil au Crédit mobilier, administrateur au Sous-Comptoir des chemins de fer, à la Réunion, société d'assurances, aux chemins de fer de l'Est, du Midi, de l'Autriche, au canal de l'Èbre (aujourd'hui déchu), à la Compagnie immobilière de Paris; de plus, il préside le conseil de surveillance des Salins du Midi.

M. F. Bartholony est administrateur au Crédit foncier, au Crédit agricole, au Lloyd français, aux chemins de fer d'Orléans, de Lyon à Genève, de Paris-Lyon-Méditerranée, du Sud de l'Autriche, Vénétie, Lombardie et Italie centrale, à l'Union des chemins de fer suisses, aux Quatre-Canaux, aux forges et chantiers de la Méditerranée.

Nous n'écrivons pas le livre d'or de la nouvelle noblesse; aussi ne pousserions-nous pas plus loin nos recherches s'il n'en devait résulter qu'une sèche statistique. Nous allons disposer d'une autre façon les cumuls de M. Péreire (Émile); son nom figure dans dix-neuf compagnies. Nous regrettons que nos renseignements soient vieux de trois ans, bien qu'au fond, pour la conclusion que nous en voulons tirer, la date importe peu. Donc, en 1863, M. Péreire administrait les dix-neuf compagnies suivantes :

	Actions.	Emprunts.	Total.
Crédit mobilier	60 millions.	mémoire.	60 milions.
Crédit foncier	60 —	400 millions.	460 —
Crédit agricole	20 —	—	20 —
Crédit mobilier espagnol	120 —	mémoire.	120 —
Banque ottomane	67 1/2	—	67 1/2
Sous-compt. des ch. de fer.	6 —	—	6 —
Chemins de fer : Est	292 —	500 millions.	792 —
— Ouest	150 —	450 —	600 —
— Midi	125 —	350 —	475 —
— Autrichiens	200 —	250 —	450 —
— Nord d'Espagne	100 —	120 —	220 —
— Ouest Suisse	40 —	37 —	77 —
— Central Suisse	37 —	38 —	75 —
Canal de l'Ebre	33 —	—	33 —
Compagnie transatlantique	40 —	16 —	56 —
Entrepôts et magasins généraux de Paris	12 1/2	—	12 1/2
Compagnie immobilière	24 —	48 —	72 —
Gaz parisien	84 —	24 —	108 —
Compagnie des Asphaltes	»	»	» —
		Total	3,704 millions.

Depuis 1863, M. Émile Péreire s'est retiré des compagnies de l'Est et de l'Ouest; le canal de l'Èbre a disparu de la cote; la Compagnie immobilière s'est fusionnée avec les Ports de Marseille; le Crédit mobilier de France a doublé son capital; les compagnies de chemins de fer ont émis de nouveaux emprunts; telles sont les principales mutations survenues. Ajoutons qu'à la Compagnie générale des Asphaltes, M. Péreire est simplement au conseil de surveillance. Nous disons donc qu'en 1863, M. Émile Péreire avait, à lui seul, la main sur 3 milliards 700 millions !...

Les castes marchent par clans et dynasties. En effet, il faut plus que de la camaraderie pour soutenir un aussi monstrueux monopole; il faut un lien de famille, la coalition de toute une tribu. A côté de M. Emile Péreire, son frère Isaac réunit douze places d'administrateur; son neveu Eugène est déjà à neuf; la famille Péreire est de plus alliée aux Thurneyssen; de telle sorte que de frères à neveu et à gendre, le clan Péreire-Thurneyssen a la main dans une cinquantaine de compagnies et sur près de 5 milliards.

Nous trouvons à la tribu Rothschild neuf dignitaires, répartis dans les diverses capitales de l'Europe. Ils ont qualité d'administrateurs dans trente compagnies cotées à la Bourse de Paris. Ils dirigent notre chemin de fer du Nord en famille; ils y comptent cinq places d'administrateurs : James, Nathaniel, Alphonse, Anthony et Lionel de Rothschild. Ces deux derniers résident à Londres; mais le lecteur a déjà compris que la distance et l'absence importent peu pour de pareilles fonctions.

Les clans Odier, Talabot, Mallet, Dubochet, Lehon, Darblay, Bischoffsheim, Cibiel, Bartholony, Salvador, Benoist-d'Azy, de Rainneville, etc., moins connus, moins brillants, tiennent cependant une large place dans la gestion des compagnies financières. Mirès était isolé; ç'a été sa perte. Avant tout il lui fallait faire souche, et se contenter d'une position effacée sous le patronage de quelque haut baron de la finance. Sa race serait arrivée à la génération suivante.

Depuis une dizaine d'années, il s'est manifesté une tendance, jusque-là inconnue, chez MM. les financiers. Il y en a plusieurs au Sénat. Le Corps législatif a donné entrée aux trois Péreire, à MM. Lehon, Calvet-Rogniat, d'Albuféra, Frémy, Talabot, E. André, Delebecque, Bartholony, Darblay, Calley-Saint-Paul, etc. A ce sujet d'honnêtes journaux ont soulevé une question, fort grave au fond, mais naïve dans les circonstances où elle se produisait : à savoir s'il n'y avait pas incompatibilité entre les fonctions d'administrateur d'une compagnie traitant avec l'État, et le mandat de député appelé à voter sur les conditions faites auxdites compagnies par l'État. On s'est hâté de passer à l'ordre du jour, conformément aux conclusions du journal *le Siècle*, qui a démontré que les incompatibilités sont un principe anti-démocratique. Le fait est que les fonctions publiques ne peuvent que fortifier la caste. Il s'est produit dans les discussions du Corps législatif de timides observations au sujet de certains scandales financiers. Aussitôt la troupe des administrateurs a fait corps contre l'ennemi. La vigueur avec laquelle elle a donné prouve qu'elle se sent forte de son droit, et qu'elle ne se départira d'aucun de ses priviléges.

Il y a, nécessairement et toujours, entre les grandes familles, des haines, des luttes, des combats. M. Péreire participait autrefois à l'administration du Nord avec M. de Rothschild. Tant qu'il occupa une position subalterne, il ne s'éleva pas le moindre conflit. Mais du jour où il devint une puissance, capable de contre-balancer son ancien chef de file, il dut se retirer; et à la suite de cette révolution, furent évincés les employés qui étaient entrés au service de la ligne sous son patronage. On ne leur offrit même pas de se rallier et de prêter serment au vainqueur; le nouveau seigneur crut plus prudent de faire maison neuve.

La plèbe se passionne quelquefois pour ces combats; qu'elle se rappelle la fable des *deux Taureaux et de la Grenouille*. Les grands combattent pour s'emparer du principat, et quel que soit le clan vainqueur, les petits seront toujours foulés, écrasés : serfs de celui-ci, serfs de celui-là, la position reste la même. La caste, quelles que soient ses animosités familiales, ne se détruira jamais de ses propres mains.

V. — LES CUMULS INCOMPATIBLES.

Nous ne ferons pas à nos lecteurs l'injure de leur démontrer, par *a* plus *b*, l'absurdité des cumuls dont nous venons de citer des exemples. Il est clair que la qualité d'administrateur est une *dignité*, non une *fonction*. Si multiples, si encyclopédiques que soient leurs aptitudes, les Pics de la Mirandole de la commandite, les Gargantuas de l'anonyme viennent se briser, eux et leurs prétentions, contre la violation d'une loi fondamentale de l'économie : *la division du travail*. Or, une loi scientifique violée, c'est le bouleversement, le désordre, la subversion. A première vue, et sans rien connaître de l'état des compagnies, on peut affirmer, sur ce simple détail, qu'elles vivent dans le gâchis et qu'elles courent aux abîmes. Incapable de suivre un développement normal, régulier, progressif, la féodalité est obligée d'agir par coups d'autorité. Elle a dû, pour se maintenir, importer le régime de la raison d'État dans les affaires industrielles.

La féodalité ne peut exister que par le monopole. Sous le régime de la liberté, une méchante commandite de quelques millions, bien administrée, coulerait en quelques années des principats féodaux au capital d'un demi-milliard. N'avons-nous pas vu les compagnies de chemins de fer trembler devant la batellerie et le roulage, et user, pour les abattre, de toutes les forces que la loi, le privilége, les subventions d'État mettaient en leurs mains ? Quand une société est à même de puiser au budget et de marcher à perte des années durant, en vue de ruiner ses concurrents, il n'est pas possible de lutter contre elle, puisqu'elle recouvre sur les contribuables le déficit qu'elle subit momentanément dans son trafic.

Écoutons les énergiques réclamations de M. Borde, ingénieur, en faveur du commerce de Marseille.

« Les Messageries impériales, *subventionnées et favorisées*, atteignent-elles, dans la Méditerranée, le but politique et commercial que le gouvernement avait en vue en les honorant de sa faveur et de sa haute protection? Voici les faits.

» Dans toutes les Echelles du Levant, le service des Messageries est d'une insuffisance absolue : c'est au point que 100 balles de coton restent parfois un mois dans les ports avant d'être intégralement expédiées, alors qu'il y aurait souvent de quoi charger trois bateaux à vapeur plutôt qu'un seul.

» Eh bien, dira-t-on, que d'autres compagnies s'organisent pour subvenir à cette insuffisance! — Ces compagnies existent, et en 1862-63, elles ont envoyé leurs bateaux dans le Levant. Qu'est-il arrivé? A peine paraissaient-ils en rade, que l'agent des Messageries annonçait une baisse de 75 pour cent sur le fret. En effet, d'Alexandrette, de Salonique, d'Alep (Syrie), il a été importé des cotons, des laines à 4 fr. par 100 kilos en 1862, à 8 fr. en 1863. On comprend que la concurrence *non subventionnée* ait dû baisser pavillon. Dès qu'elle a été maîtresse du terrain, la Compagnie des Messageries a ordinairement perçu, tout à son aise, un fret de 22 à 30 fr., et exceptionnellement jusqu'à 40 fr. les 100 kilos. »

Voilà comment la féodalité entend l'application des subventions d'État. Ajoutons que tous ces monopoleurs se proclament bien haut libres-échangistes!... Le même auteur, parlant des Docks de Marseille, ajoute :

« Au nom de la liberté, MM. les administrateurs des Docks dépouillent à leur profit 12,000 portefaix et travailleurs du port, ruinent tout un riche quartier de la ville qui servait d'entrepôt réel, déplacent la fortune de plus de trois cents familles, et ils demandent encore quelque chose. — Quoi donc? —Vous devez m'avoir compris, monsieur le ministre : un petit monopole, tout petit, mais enfin un monopole. On ne peut pas croire en France, dans le monde de la finance, qu'on puisse prospérer par soi-même, sans être un peu protégé, un peu favorisé, un peu mis à l'abri de la concurrence du vulgaire. On a beau avoir 20 ou 40 millions, encore faut-il les faire valoir en paix. Par conséquent, le privilége réel de l'entrepôt est accordé à la compagnie des Docks et Entrepôts de Marseille. »

Après les monopoles individuels, les coalitions de monopoleurs, les cumuls incompatibles. Laissons encore la parole à M. Borde :

« A ne considérer que le présent, les trois compagnies dont nous venons d'énumérer les priviléges (chemin de fer de Paris à Marseille, Messageries impériales, Docks) compriment, chacune dans sa sphère, l'action individuelle. Encore le mal serait-il peut-être moindre si, n'appartenant pas au même groupe financier, elles ne se prêtaient pas un mutuel appui. Mais, on le sait, elles ont des intérêts communs; elles s'empruntent les unes aux autres leurs administrateurs, et obéissent en définitive aux mêmes inspirations. C'est ainsi que les Messageries, pour obtenir la préférence des transports, offrent, au moyen d'une convention avec les Docks, de garder à Marseille, sans frais pendant un mois, les marchandises venant de Chine, à destination de l'Angleterre. — Ainsi, non contentes d'opprimer le commerce français, elles croient devoir favoriser celui des étrangers. »

Libre échange! liberté! démocratie! Que d'hypocrisies sous ces masques!

Prenons des exemples moins éclatants : c'est toujours la même chose.

Les Omnibus de Paris ont le monopole de toute la circulation d'une certaine nature dans la capitale. Les anciennes voitures, avant la fusion, avaient dix-sept places d'intérieur, à 30 centimes, soit 5 fr. 10 c. à charge complète. Les nouvelles voitures ont quatorze places à 30 centimes, et douze à 15 centimes, sur l'impériale : total 6 fr. 30 c. Tandis que l'industrie libre abaisse ses prix à mesure que s'étend son trafic, la Compagnie des Omnibus a triplé ses recettes sans jamais offrir au public un centime de rabais. Le monopole ne doit fonctionner qu'au profit du produit net. Les sergents de ville sont chargés de faire la chasse, le dimanche et les jours de fête, aux coucous, aux tapissières qui racolent sur la voie publique un piéton qui n'a pu trouver place dans les véhicules privilégiés. Les actions des Omnibus ont touché sur le dernier exercice, 60 francs 50 centimes pour 500 francs versés, un peu plus de 12 p. 100. Et le privilége juge qu'il a rempli son but.

La Compagnie parisienne d'éclairage et de chauffage par le gaz a seule, pendant cinquante ans, le droit de fournir le gaz à Paris. Elle le fait payer 30 centimes par mètre cube, quand il y aurait bénéfice à le vendre 10 centimes, puisque les produits de la distillation de la houille couvrent les frais de manipulation. La société est de plus assurée contre toute amélioration, tout progrès : inutile que les chimistes demandent à la science des procédés perfectionnés ; ils ne seraient pas acceptés, à moins que la Compagnie ne trouve le moyen de s'approprier l'invention et de grossir son produit net. Son dernier exercice a donné 105 francs par action, soit 21 p. 100. Qu'est-il besoin de se préoccuper d'autre chose que d'accroître la rente des heureux porteurs ?

A quel prix se soutiennent nos compagnies de chemins de fer ? A l'origine l'État leur a fait des subventions en travaux, en argent, sans préjudice du monopole. Grâce aux largesses budgétaires, il y a eu des revenus de 8 à 25 p. 100. Mais les écumeurs-directeurs avaient escompté l'avenir. Alors ils sont venus demander au gouvernement : des prorogations de baux, des fusions et amalgations de réseaux, des infractions au cahier des charges, comme de n'avoir pas de troisièmes classes dans certains convois et d'augmenter les tarifs le dimanche, des garanties d'intérêt, des subventions nouvelles, des garanties de dividendes. La logique du système est bien simple. Vous l'État, dit-il, vous nous avez ménagé, par vos subventions, des revenus de 8 à 25 p. 100. Ce taux est *notre propriété* : en sorte que lorsque le trafic ne suffira pas, vous nous parferez notre *quantum* de revenu sur l'impôt. Et voilà comment, en cette même année 1866, où les six grandes compagnies ont réparti à leurs actionnaires

150 millions de revenu, le Corps législatif a voté 31 millions afin de venir au secours desdites compagnies et de les aider à payer les intérêts de leurs obligations. Tarifs à outrance et supplément aux recettes sur l'impôt : voilà à quelles conditions la féodalité se soutient.

Le *Répertoire méthodique de la législation sur les chemins de fer* déclare qu'au commencement de 1864, « l'ensemble » des lois, ordonnances, décrets, arrêtés relatifs à ces voies » de communication s'élève à environ *huit cents.* » Disons huit cents remaniements en vue de bonifications nouvelles aux compagnies, au détriment du public, contribuable et client. Tels sont les voies et moyens de l'administration féodale.

Voyez-la, cette féodalité, quand elle n'est pas soutenue par les subventions à discrétion du Trésor ou par un monopole excessif. Demandez-lui ce qu'elle a fait des chemins de fer de la ligne d'Italie, des Romains, des Portugais, des Espagnols, du Turin à Savone, du Graissessac à Béziers, du Bergerac à Libourne, du canal de l'Èbre, des forges de Decazeville, etc., etc.

Ce dernier sinistre est venu se dérouler devant les tribunaux civils de Paris.

« Les administrateurs, dit un journal auquel nous empruntons ce résumé, après avoir perdu le fonds de roulement et le prêt de un million fait par l'État, ont eu recours à une circulation de papier, à des emprunts indirects, sans autorisation, à des manœuvres défendues par la loi et par les statuts. Tandis qu'ils jetaient la fortune des banquiers dans les hasards de l'entreprise, connaissant parfaitement sa position et ses dangers, ils ne se sont imposé aucun sacrifice personnel pour faire face aux échéances ; ils ont laissé croire aux prêteurs que leurs avances étaient destinées au service de la main d'œuvre, alors qu'elles n'avaient d'autre objet que d'entretenir une circulation factice.

» Le ministère public a démontré que les administrateurs avaient, par leur faute, laissé tomber une des grandes entreprises du pays, tandis qu'aujourd'hui, par des moyens simples et réguliers, le syndicat de la faillite relève cette affaire de jour en jour et lui fait produire des bons fruits.

» J'admets les intentions les meilleures de la part des dé-
» fendeurs, a dit M. le substitut Vaney; mais ce que je n'ad-
» mettrai jamais, c'est que, sous le couvert d'une société ano-
» nyme, société essentiellement de capital, il soit possible à un
» conseil d'administration d'accomplir, sans responsabilité
» aucune, les actes et les expédients que la loi interdit abso-
» lument à tous les débiteurs, et qui les exposent à des atteintes
» et dans leurs personnes et dans leurs biens. »

» Le tribunal a condamné conjointement et solidairement les administrateurs Decazes, Geffard, Cibiel, Cabrol, Mussard, de Bammeville, Biesta, Delacoste, Guizard et de Rothschild, à payer aux banquiers la somme de 850,000 fr. environ, les a condamnés en outre aux dépens. »

Jamais arrêt n'a produit une plus profonde impression dans le monde et dans le journalisme financier. N'était l'obligation de respecter la chose jugée, MM. les magistrats en auraient entendu de belles. M. Mirès, entre autres, a pris la plume dans la *Presse*; comme un pieux pèlerin qui s'agenouille aux pieds des martyrs et baise les chaînes des captifs, il a commencé par couvrir de fleurs les condamnés; puis il s'est demandé résolument où nous mènerait une jurisprudence qui traite comme de simples particuliers les plus hauts seigneurs de la finance...

Au fond, il n'y avait qu'une chose à dire à la décharge des défendeurs : c'est que M. Biesta, avec ses dix compagnies à administrer, MM. Cibiel, de Bammeville, de Rothschild et consorts, à raison de leurs cumuls, ont autre chose à faire que de s'occuper de forges, et qu'ils ont, à tout le moins, agi sans discernement. Espérons que la jurisprudence ne s'arrêtera à aucune considération, et qu'elle appliquera à outrance le principe de la responsabilité. Alors les cumuls d'administration seront remplacés par les cumuls d'arrêts exécutoires.

La violation d'une loi d'économie sociale est sans contredit le plus terrible écueil d'une entreprise industrielle. Mais ce n'est pas ce qui frappe le plus le commun des lecteurs, trop enclin encore à ne voir dans la science que des abstractions, de l'idéologie. Aussi les incompatibilités de cumuls dont nous allons parler saisiront-elles mieux les esprits.

En 1860, s'est fondée la compagnie du Crédit agricole, avec le patronage du Crédit foncier et la garantie pendant cinq ans d'un intérêt de 4 p. 100 par l'État.

« Il y avait à choisir entre deux systèmes, disent les fondateurs : dans l'un, le Crédit foncier prêterait directement à l'emprunteur et aurait à apprécier dans toute l'étendue de la France la solvabilité de ceux qui auraient recours à lui ; dans l'autre, le Crédit foncier ne donnerait l'aval de garantie qu'aux billets déjà acceptés par un intermédiaire sûr, choisi par le Crédit foncier lui-même, aurait tout intérêt à ne pas le tromper, puisqu'il serait responsable. Ce système, qui évite la création d'agents et épargne des frais considérables, offre en outre l'avantage de placer toujours en face de la Société un intermédiaire qui répond de la solvabilité de l'emprunteur. »

Nous n'aimons pas le régime administratif avec son formalisme, ses tracasseries, ses lenteurs; l'entrepreneur responsable fera toujours plus et mieux que le commis de régie; aussi donnons-nous pleine adhésion aux principes qui précèdent. Mais de la théorie à la pratique, il y a, paraît-il, un abîme. Car malgré cette stipulation d'indépendance et d'autonomie, le gouverneur, les deux sous-gouverneurs, les vingt administrateurs et les trois censeurs du Crédit foncier, sont investis des mêmes fonctions au Crédit agricole, et sur les 20,000 actions à émettre, 15,000 ont été réservées par privilége aux actionnaires du Crédit foncier. Mêmes actionnaires, même direction. Comment comprendre que le Crédit agricole, gouverné par MM. Frémy, de Soubeyran, Leviez, administré par MM. Bartholony, Benoist-d'Azy, Hély-d'Oissel, Émile Péreire, etc., puisse avoir une initiative, une personnalité, une responsabilité distinctes vis-à-vis du Crédit foncier, administré par les mêmes Émile Péreire, Hély-d'Oissel, Benoist-d'Azy, Bartholony, etc., gouverné par les mêmes Leviez, de Soubeyran et Frémy.

Il est clair qu'en dépit des déclarations et des principes, il y a là une seule affaire sous deux dénominations différentes. Que s'il y avait licitation, litige, procès entre les Compagnies et des tiers-porteurs ou créanciers, MM. Frémy, de Soubeyran, Leviez, etc., directeurs du Crédit foncier, seraient mal venus à dire devant les tribunaux : Nous ne sommes pas responsables des imprudences et des témérités de MM. Leviez, de Soubeyran, Frémy, etc., directeurs du Crédit agricole.

La compagnie des Services maritimes des Messageries impériales fait construire une forte partie de son matériel par la Société des Forges et Chantiers de la Méditerranée. Quatre administrateurs de la première font partie du conseil administratif de la seconde. Voilà un cumul que ne s'expliqueront jamais les citoyens de l'industrie libre : Comment concevoir en effet que les prix se puissent débattre rigoureusement entre MM. V, X, Y, Z, acheteurs de matériel, et les mêmes V, X, Y, Z, constructeurs dudit matériel?

Et cependant ce cumul incroyable est comme la loi de la féodalité industrielle. Dans toutes les fusions de chemins de fer il y en a eu des exemples. Des administrateurs du grand réseau, celui qui absorbe, étaient en même temps administrateurs du petit réseau, celui qui est absorbé. Des fabricants de rails, de locomotives, des marchands de houille, de traverses, des entrepreneurs de terrassements, de maçonnerie, de ballastage, traitent avec eux-mêmes, en double qualité : comme simples particuliers, ils soumissionnent; comme administrateurs, ils acceptent et sanctionnent leur propre soumission.

Que nous servirait d'insister ici? le public ne nous croirait pas, tant la chose est monstrueuse. Ce que nous avons de mieux à faire, c'est de le renvoyer aux preuves : aux réquisitoires du parquet, aux actes d'accusation, aux récriminations des parties, aux mémoires des plaidants, aux considérants des magistrats. Là les preuves seront surabondantes : faits, chiffres, noms propres, procédés, rien ne manquera.

Un mot encore avant de clore cette introduction. Quels sont donc les profits, — les profits avouables, s'entend, — de ces fonctions d'administrateurs? — Presque rien : de simples jetons de présence à ceux qui assistent au conseil, car il est stipulé dans la plupart des statuts : « Les fonctions d'admi- »nistrateur sont *essentiellement* gratuites. » Sur l'exercice 1865, les vingt-six administrateurs du chemin de fer du Nord ont touché 5,451 fr. 62 centimes; les administrateurs du Comptoir d'escompte reçoivent 10 fr. par jeton. Mais si l'on veut avoir un aperçu de ce que coûte l'administration féodale, il faut continuer la lecture de ce livre. Les faits y sont exposés avec la clarté familière aux juristes. Pour comprendre, il suffit de savoir lire.

PREMIÈRE PARTIE

LA SPÉCULATION

DEVANT

LES TRIBUNAUX

I

A bon entendeur demi-mot suffit, dit le proverbe. Pour les lecteurs qui sont au courant des mœurs de la féodalité financière, notre introduction a tout dit. Mais combien sont-ils, ces lecteurs d'élite? Le sujet est ardu, et la profusion de la *littérature malsaine* a détourné les meilleurs esprits des études sérieuses. Le moyen de nous faire comprendre, c'est de poursuivre nos investigations en employant un mode de rédaction populaire, comme l'*Histoire des causes célèbres*, par exemple.

L'économie sociale étudiée dans la *Gazette des Tribunaux*, quelle idée! — Eh! oui. N'oublions pas que le but de ce livre est de désillusionner surtout l'actionnaire, de le séparer de la féodalité, dont il est le souffre-douleur, et de le réunir, dans une même protestation, avec les clients, les salariés, les contribuables et autres serfs de l'anonymat. Or il n'y a pas d'être plus obtus, plus entêté, plus incrédule que l'actionnaire. Dès qu'on touche un mot de *son* entreprise, il est prêt à crier au voleur. Lui montrer, dans un drame ou une comédie en action, ses administrateurs aux prises entre eux ou avec M. le procureur impérial, c'est le seul moyen de lui dessiller les yeux, de l'instruire, et quelquefois de l'amuser, — quand il s'agira des autres, non de lui.

Une raison encore du motif qui nous fait choisir les débats judiciaires comme base de notre étude, c'est que nous avons traversé, de 1857 à nos jours, une phase d'impuretés sur laquelle le *pacte de mutisme* a jeté un voile trop complaisamment protecteur.

« Depuis dix-huit mois, disait M. l'avocat général Ducreux dans son réquisitoire contre Prost, plus de QUARANTE sociétés ont eu à rendre compte à votre légitime sévérité de plus de QUATRE-VINGTS MILLIONS jetés et perdus dans l'abîme de la spéculation coupable. Aujourd'hui encore vous avez à frapper un homme qui a dilapidé plus de HUIT MILLIONS et semé la ruine autour de lui. » — (*Le Droit*, septembre 1858.)

Quarante sociétés dès l'année 1858, c'était pourtant au début des exécutions judiciaires de la haute finance.

En effet, avant 1857, on ne se doutait guère au palais de ce qu'était ou pouvait être un procès de financiers. Nous trouvons dans la *Gazette des Tribunaux*, à la date des 26, 27 décembre 1855, 2 et 9 janvier 1856, une introduction à la pièce tragi-comique qui va se dérouler les années suivantes : l'Ancre-Martin, société, au capital de 5 millions, sous le patronage de la Vierge Marie, protectrice des marins : escroqueries, détournements, abus de confiance : — tribunal correctionnel de Paris, 7 et 10 juin 1856 : 18 courtiers-marrons divisés en cinq catégories : escroqueries, abus de confiance immixtion dans les fonctions d'agents de change.

L'année 1857 (25 février) s'ouvre par un procès monumental, les Docks-Napoléon ; — 3 août suivant, faillite Thurneyssen, passif 16 millions.

A partir de 1858, les événements se précipitent. — Juillet, le Cheptel : escroqueries, abus de confiance; — les mines d'Aix-la-Chapelle : escroqueries, abus de confiance; — 24 août, l'Union des gaz et verreries de France : abus de confiance, banqueroute simple; — 14 septembre, les Caisses d'Escompte : escroqueries, abus de confiance; — 27 octobre, la Société préservatrice des pertes commerciales : escroqueries, abus de confiance, banqueroute simple.

1859. — 27 janvier, 3 et 10 février, Compagnie française de navigation à vapeur, de roulage et de messagerie : banqueroute simple; — 1er et 8 février, l'Union foncière : escroquerie; — 16 février, affaire des Petites Voitures; — 13 avril, affaire la Bonninière de Beaumont-Vassy, et plus tard, affaire Sébille, suite de la précédente; — 14 mai, affaire Boucaruc; — 23 juin, procès des coulissiers; — 7 juillet, Compagnie générale des compteurs à gaz : manœuvres de Bourse, hausse factice, escroqueries, abus de confiance; — 6 septembre, la Vigilante, compagnie pour l'assurance et le recouvrement des créances : escroquerie, abus de confiance, destruction de registres, usure habituelle; — 28 décembre, les bains de Monaco : exagération de l'apport des fondateurs, manœuvres de Bourse; — mines de Rosdorff, Heilberg, Sarrebrouck et Marienthal : escroqueries, émission d'actions au porteur avant libération, simulation de souscription; — 27 décembre, l'agent de change Giblain.

1860. — 27 janvier, les commis de Giblain — 18 avril, jeu de bourse par l'agent de change Sauvage, destitution; — mai, Colomyes, agent de change à Toulouse, faux et usage de pièces fausses, 6 ans de réclusion; — 4 mai, Chemins de fer de Nassau; escroqueries, abus de confiance, banqueroute simple; — 10 mai, Mines d'asphalte et de bitume de Bastennes : escroqueries, abus de confiance; — 1er août, l'agent de change Féquant : escroqueries, abus de confiance; — 1er et 8 décembre, Comptoir général de l'Union : banqueroute simple, abus de confiance

Les années 1861 et 1862 sont remplies par les débats, devant toutes les juridictions possibles, de l'affaire Mirès. De rares accusations d'escroquerie, d'abus de confiance, viennent encore expirer au pied du prétoire de la police correctionnelle, étouffées sous les volumes de plaidoyers, mémoires, brochures, consultations, réquisitoires, arrêts, en première instance, appel, contre-appel, cassation, tribunaux de commerce, cours impériales, auxquels donnent lieu, au civil et au criminel, les nombreux procès de la liquidation Mirès.

Depuis nous avons eu la fusion des Docks et ports de Marseille, les Ports de Brest, la faillite de Decazeville, le procès Berthomé, l'affaire Lamirande, la faillite de la papeterie d'Essonnes. Le branle est donné; rien ne l'arrêtera.

Le public ne se doute ni de l'horreur ni de la grandeur de ces désastres, dont nombre d'auteurs ont reparu, plus effrontés que jamais, soit à Paris, soit en province, soit à l'étranger. Je sais bien que les panégyristes de la caste vont nous accuser de demander le succès au scandale et de frapper sur des vaincus. — D'accord, les vaincus du Code pénal, les martyrs de la police correctionnelle ne nous inspirent ni sympathie ni estime, surtout lorsqu'ils sont pris dans ce qu'on est convenu d'appeler les hautes classes, où l'escroquerie n'a pas pour excuse la misère, où le vol a pour mobile la débauche. Quant aux scandales, qu'ils soient l'expiation du passé et la sauvegarde de l'avenir ! c'est tout ce que nous cherchons.

II

Mais comment expliquer cette explosion subite de procès, dont on ne trouve presque aucune trace avant 1857? Les grandes affaires se menaient-elles plus honnêtement autrefois? — Il n'y a pas apparence. Seulement autrefois les grandes affaires étaient peu nombreuses. On croyait plus qu'aujourd'hui au *crédit personnel*. Le bailleur de fonds surveillait ses placements. Combien de maisons de commerce ne comptaient qu'un ou deux commanditaires. Les premières compagnies de gaz, de chemins de fer ont eu de la peine à se constituer. Puis, comme tout se fait chez nous par engouement, le jour où les sociétés anonymes ont pris faveur, on n'a plus voulu de l'hypothèque, ni de la commandite personnelle et directe, ni de la participation. On a demandé du papier à tous les échos de la Bourse, et alors il s'est fondé des sociétés qui n'étaient que prétexte à vendre du papier...

Nous ne sommes pas fataliste, et nous n'entendons pas attribuer à la seule force des choses les événements de ce monde. La réflexion, la sagesse, la protestation de l'honnêteté froissée ont été pour quelque chose dans ce grand mouvement de revendication contre certain banditisme financier; et il importe de rendre justice à qui de droit.

En 1854 parut un livre intitulé *Manuel du spéculateur à la Bourse*, sans nom d'auteur. C'était un travail que nous avions entrepris en quelque sorte sur commande, Proudhon et moi. Jamais jusque-là la spéculation n'avait fait l'objet d'un livre : de rares documents, épars dans des traités de jurisprudence, des articles de journaux, des comptes-rendus aux assemblées générales, quelques arrêts de doctrine, voilà tous nos éléments; rien de classé, de coordonné, de synthétique. Nous nous mîmes à l'œuvre, sans prévention ni parti pris, presque aussi ignorants de la matière que le public auquel nous étions chargés de faire la leçon. Nous pensions comme tout le monde que les croupiers de l'agiotage avaient, à défaut de scrupules, un certain mérite d'adresse, d'habileté. Les courtisans du million allaient jusqu'à prononcer le mot de *science*.

Ce fut pour nous une désillusion amère et un dégoût sans nom quand nous reconnûmes que le bagage scientifique de l'aristocratie des écus était, pour une forte part, emprunté aux procédés définis dans le Code pénal... Le public étrillé n'avait pas même de l'esprit pour son argent.

Nous en dîmes franchement notre avis, à la stupéfaction des uns, au scandale des autres. Des doutes injurieux pour notre sincérité d'écrivains s'élevèrent dans la presse : les rares faits invoqués par nous n'étaient que l'exception, et nous avions généralisé! Déjà reparaissaient les qualifications surannées d'ennemis de l'ordre, de la famille et de la religion, d'envieux impuissants, de niveleurs, de partageux.

Néanmoins notre troisième édition parut, en 1856, complétement remaniée, refondue, grosse de pièces justificatives empruntées aux journaux financiers, aux comptes-rendus des compagnies, à la *Gazette des Tribunaux*, soixante pages de documents authentiques, irréfragables, incontestables, incontestés.

Cette fois le public se mit de notre bord, et nous n'eûmes plus d'adversaires que la finance et ses organes, c'est-à-dire toute la presse périodique.

Il nous vint presque aussitôt un renfort inespéré, un livre de M. Oscar de Vallée, avocat général à la cour de Paris, les *Manieurs d'argent.*

« Si notre état social et politique, disait-il, repousse beaucoup des analogies que, par violence ou par passion, on veut trouver entre lui et l'empire romain, il est désormais certain que nous cédons sans mesure au goût effréné des richesses trop aisément acquises, et que cette maladie appelle au plus vite le médecin... Si l'on trouvait que j'exagère le mal pour le vain plaisir de le combattre, je renverrais à une publication récente (notre *Manuel*) d'un des ennemis les plus irréconciliables et les plus assidus de l'ordre social... J'avoue que ce manifeste d'un homme embusqué pour découvrir et dénoncer les vices d'une société qu'il déteste m'a ému et troublé. »

Nous ne pouvions nous attendre à des éloges de la part d'un membre du parquet : on ne nous a jamais gâtés de ce côté-là par excès d'aménité. Aussi les qualifications de M. de Vallée ne nous causèrent-elles ni étonnement ni rancune. De quoi se plaignait l'auteur après tout? Que les amis de l'ordre se fussent laissé devancer par des anarchistes. Or, dans les grands périls, nul concours n'est à dédaigner. Les sentinelles dormaient; l'ennemi, à la faveur de l'obscurité, escaladait la forteresse, quand nous avons poussé le cri d'alarme... Et maintenant Manlius, debout, allait sauver la patrie. Nous n'avions que le mérite des oies du Capitole : il suffisait à notre ambition.

L'incident d'amour-propre vidé, M. de Vallée entre au cœur du sujet. La dignité de la toge et la rigidité du rabat ne lui permettent pas de nous suivre dans l'étude terre à terre et la vulgaire pratique de la spéculation parasite. Il cherche dans l'histoire des analogies avec notre époque; il demande aux temps passés un remède à la crise qui nous étouffe. Sa plume intègre ne ménage ni les grandeurs de convention, ni les vertus attribuées par des plumes vénales aux personnages justiciables de sa férule.

« Le besoin de luxe qui agitait Louis XIV, même après ses revers, dit-il va demander aux financiers un miracle qui le conduira jusqu'aux dernières limites de l'improbité, — je devrais dire de l'*escroquerie*, si ce mot était moins récent et moins vulgaire. Desmarets ne savait où trouver les 4 millions que le roi exigeait (pour une fête à Fontainebleau). On imagina de les prélever sur la crédulité publique...

» Les laquais du contrôleur général fournissaient habituellement aux agioteurs, qui les leur payaient fort cher, les secrets qu'ils dérobaient dans le cabinet de leur maître. Desmarests, qui l'apprend, a l'idée d'en profiter pour procurer au roi les 4 millions que celui-ci exige. Il fait fabriquer pour 30 millions de billets de la caisse des emprunts, et les remet à Samuel Bernard pour qu'il les négocie; mais afin de donner à ces billets une valeur qu'ils n'auraient pas eue sans cela, il rédige un projet de loterie et laisse sur son bureau ce projet rédigé.

» Les agioteurs le connaissent aussitôt .. Leur crédulité fait monter en quelques jours de 35 à 85 pour 0/0 ces valeurs. A la faveur de cette hausse, Samuel Bernard écoule ses titres, qui ne lui ont rien coûté, et réalise pour le roi plus de 4 millions. Bientôt on connut le secret de cette opération et son caractère hautement frauduleux. Les billets baissèrent des deux tiers et furent appelés des *bernardines*. »

Après la royauté la magistrature :

« En 1625, un édit du mois de juin ordonna qu'une chambre de justice serait établie de dix en dix ans, afin que les malversations des officiers comptables et des gens d'affaires ne demeurassent jamais impunies. Mais l'influence des financiers, que Richelieu même a subie, et que Louis XIV éprouva jusqu'à se faire le courtisan de Samuel Bernard, empêcha la stricte exécution de cet édit. Il fallut la ferme intégrité de Colbert pour exiger qu'on l'exécutât en 1661...

» ...Ce qui est peut-être encore plus digne d'attention, c'est que cette corruption si intense *gagna jusqu'aux magistrats chargés de la combattre*, d'en réprimer les effets, d'en anéantir les bénéfices. Sur les sièges mêmes de cette chambre de justice (1716) l'argent fit des victimes et soumit des consciences !...

» En réalité, après beaucoup de violences et des châtiments exemplaires, on avait si peu fait contre l'usure et l'agiotage, qu'on les vit presque aussitôt recommencer, cette fois avec une incroyable fureur, leur œuvre de dégradation sociale. »

Viennent ensuite les courtisans, les poëtes et les femmes :

« Cet Écossais, qui avait parcouru l'Europe en jouant aux dés, qui avait fait d'abord un métier que nous méprisons, même aujourd'hui, puisqu'il allait tenir la banque dans une maison de jeu de la rue Dauphine, vit parmi ses flatteurs des hommes et des femmes qui avaient courtisé Louis XIV, et qui jusque-là avaient porté les plus beaux noms de France. Quelle source d'abjection ! On criait sur son passage : Vive le roi et monseigneur Law, unissant ainsi dans une solidarité flétrissante et sinistre la royauté à la spéculation...

» On lui adressa de la prose et des vers; les muses indigentes mirent à ses pieds ce genre de poésie que la richesse a toujours excitée, et qui mérite bien par son but l'aumône qu'on lui fait.

» Les femmes se disputèrent, ce qui ne peut plus nous surprendre, les faveurs de Catherine Knowel, la maîtresse de Law, et un jour, assure-t-on, il y en eut qui montèrent sur le devant du carrosse de cette concubine pour aller avec elle, et surtout pour avoir des actions...

« Ces êtres charmants, dont autrefois on n'obtenait l'amour et les regards qu'au prix de la vaillance, de mille exploits, souvent de la vie, qui avaient su faire de l'amour une religion suivie par des héros, offraient et prodiguaient à ce joueur écossais leur honneur et leurs caresses, le tout pour s'enrichir. »

La religion et le clergé ferment le cortége :

« Non-seulement on vit des prélats faire le commerce des actions, et s'enrichir par le jeu, mais il y en eut qui trouvèrent même à ce sujet des accommodements avec le ciel. Des décisions théologiques, avec cet esprit de distinctions que Pascal a mis à nu, distinguèrent de l'usure le commerce des actions, et crurent le soustraire, par ces complaisances mêlées de véritable cupidité et de fausse science, à l'anathème de l'Église.

» La religion reçut elle-même les atteintes les plus graves, et ne livra au mal que quelques combats isolés. Elle se montra sensible aux hommages intéressés que Law lui rendit. Cet homme avait dans la spéculation une telle confiance qu'il l'appliquait à tout; il spécula sur sa conversion et gagna encore à ce jeu de mensonge et d'hypocrisie. L'Église le prit comme une conquête importante et sérieuse, et le reçut à bras ouverts, bien que la cause de sa conversion n'eût rien de catholique ni surtout de désintéresé. Il communia à Saint-Roch le jour de Noël avec sa femme, qu'il avait donnée au même titre que lui à la religion catholique; il rendit le pain bénit, et fut nommé, avec un empressement peu digne des devoirs et des sentiments de l'Église de Jésus-Christ, marguillier d'honneur en remplacement du duc de Noailles. Il reconnut aussitôt cette faveur, et cimenta l'alliance avec cent mille écus qu'il donna à l'église de Saint-Roch pour achever de la bâtir. »

M. de Vallée ne va pas demander aux abominations du passé une fiche de consolation pour le présent; pareille thèse eût été indigne d'un magistrat. Sa revue rétrospective vise plus haut : la répression des méfaits de la spéculation contemporaine.

« Jusqu'ici, dit-il avec amertume, la loi a été vaincue par l'agiotage et réduite à ce rôle, le pire de ceux qu'elle puisse avoir, d'exister malgré sa défaite et de vivre sans commander... Il faut être magistrat pour savoir jusqu'où vont les abus, et combien est douloureuse et complète cette impuissance de la loi....

» Que si je me trompais et que s'il était nécessaire de supporter ces plaies pour que la richesse s'accrût et que le progrès matériel ne fût pas ralenti, je demande du moins que la loi disparaisse, et que nous ne soyons pas condamnés, nous ses ministres, à la tenir en nos mains frémissante, inappliquée et vaincue. »

Que la loi reste impuissante ou insuffisante, il n'y a point de prescription contre le droit. Telle était notre conclusion; telle est aussi celle de M. de Vallée. Il se demande : « Les » agioteurs doivent-ils restituer ce qu'ils ont gagné? » Et il répond par cette citation de d'Aguesseau :

« *C'est un bien qui n'appartient à personne, et qui, par conséquent, doit être rendu au public dans la personne du pauvre.* »

En d'autres termes, si les crimes et délits individuels se prescrivent par un certain laps de temps, contre les déprédations sociales, la revendication est éternelle. Un révolutionnaire de la bonne roche n'eût pas dit mieux.

Aussi le livre des *Manieurs d'argent* produisit-il dans la cohue des tripoteurs l'effet d'une torche sur un essaim de frélons. M. Mirès, qui depuis... mais alors il dominait en pacha au *Constitutionnel*, au *Pays*, au *Journal des chemins de fer*, M. Mirès descendit lui-même, de sa personne et de sa plume, dans l'arène : la qualité de l'adversaire nécessitait cette dérogation.

« Qu'est-ce que le livre de M. de Vallée? se demande le journaliste financier. — Un cri d'alarme, dit l'auteur. — Et ce cri d'alarme (c'est lui qui le dit encore), il l'a poussé après la lecture d'un livre signé par l'homme qui a écrit ces mots sans nom : « La propriété, c'est le vol ! » C'est parce qu'un sophiste, M. Proudhon, vaincu dans sa politique, vaincu dans ses systèmes, dénigre la société, c'est pour cela que M. de Vallée a pris la plume ! Faible excuse pour un acte si grave ! Ses craintes sont, Dieu merci! chimériques, ses rapprochements manquent de base.

» Mais à qui servirait-il de le dissimuler? Si ce courant d'idées s'accréditait, si ces accusations, qui ne sont pas fondées, pouvaient être admises par la foule, alors se développeraient tous les maux que l'on eût évités par une étude plus froide et plus réfléchie de notre organisation financière. Le livre de M. de Vallée, loin de prévenir les malheurs, serait peut-être de nature à les précipiter; car on ne peut se dissimuler que la position de l'auteur n'ajoute une grande autorité à sa parole, et que son livre ne donne un exemple sur lequel à l'avenir *les mauvaises passions* pourraient s'appuyer.

» Heureusement, rien dans notre société ne nécessitait la publication d'un livre de cette nature, et il nous est impossible de reconnaître aux *Manieurs d'argent* aucun caractère d'opportunité. Ce livre exagère les maux, peut servir de prétexte aux passions du moment, et exposer au mépris public une classe d'hommes recommandables et utiles... — La CONFISCATION! voilà donc la conclusion d'une si longue diatribe. » (MIRÈS, *Constitutionnel* du 8 septembre 1857).

En résumé, appel aux mauvaises passions, excitation au mépris et à la haine d'une classe de citoyens, attaque au principe de la propriété, telle est la conclusion de Mirès contre le magistrat publiciste. Jamais socialiste n'avait été traité plus durement ; et c'est vraiment aux manieurs d'argent à venger les ennemis de l'ordre des qualifications de M. le procureur.

M. Mirès avait flairé dans le live de M. l'avocat général un grave symptôme, et son instinct ne l'avait pas trompé. Un pareil manifeste, sorti de la plume d'un magistrat, d'un membre du parquet de Paris, en activité de service, ne pouvait être apprécié comme l'œuvre d'un penseur ordinaire, simple citoyen de la République des lettres; il y avait évidemment là autre chose qu'une protestation platonique en faveur de la vertu. Le commentaire ne se fit pas attendre...

III

En revendiquant pour deux livres, le *Manuel du spéculateur* et les *Manieurs d'argent*, l'honneur d'avoir donné le branle aux investigations judiciaires sur les faits et gestes de la spéculation, nous n'exagérons rien. Sans annonces, sans comptes-rendus dans les journaux politiques, tous inféodés à la caste, le premier ouvrage a eu cinq éditions en trois ans. Vingt-deux mille exèmplaires d'un livre financier! c'était un signe des temps. Quant au livre des *Manieurs d'argent*, la mercuriale de M. Mirès explique parfaitement à quel besoin il répondait.

Celui que nous publions aujourd'hui aura-t-il la même opportunité ? Dans une sphère plus modeste, oui, sans contredit. Le temps est aux enquêtes : enquête agricole, enquête sur la Banque, enquête sur le taux de l'argent, enquête sur les sociétés coopératives, enquête sur les corporations privilégiées. Nous apportons un fort contingent à l'instruction de toutes ces affaires; et c'est le cas de dire comment nous avons compris notre tâche.

Nous n'écrivons pas un traité de la spéculation et des lois qui y font échec. L'agioteur qui chercherait dans ce travail la limite précise entre ce qui est permis et ce qui est défendu, afin de régler sa conduite en conséquence et de côtoyer le Code pénal sans y échouer, se fourvoierait complètement. Nous n'ajoutons pas non plus un chapitre à l'*Histoire des brigands célèbres*. La criminalité des faits et des personne nous préoccupera médiocrement. Que les prévenus soient acquittés ou renvoyés des fins de la plainte; que leurs actes aient été oubliés ou définis par la loi; qu'ils ressortissent de la justice criminelle, civile ou commerciale; qu'ils soient appréciés d'une façon par le Tribunal de première instance, d'une autre façon par la Cour d'appel, là n'est pas l'important. C'est ainsi que nous trouverons dans certains litiges entre parties civiles des révélations plus surprenantes, des énormités plus choquantes que dans les procès correctionnels.

L'important, c'est que toutes les lois de l'économie sociale ayant été violées, deux surtout : la loi de la division du travail et la loi de mutualité des services, toutes les branches de l'industrie, du commerce, de l'agriculture ont été bouleversées par cette violation. Nous avons creusé des canaux, bâti des docks, établi des chemins de fer, organisé des sociétés de crédit en vue d'obtenir la vie à bon marché; et nous avons la cherté à outrance; les *Juifs* sont redevenus *rois de l'époque*, comme lorsque Toussenel lança contre eux son mémorable réquisitoire.

La moralité publique a subi le contre-coup des bouleversements économiques. Sans parler du *luxe des femmes*, de l'effronterie de la prostitution, de la littérature d'alcôve, des pièces à tableaux vivants, le monde financier s'est affirmé à l'unanimité comme caste, depuis le plus mince hobereau jusqu'aux princes. Dans cette lamentable revue de la spéculation devant la justice, nous ne verrons jamais un sentiment moral se produire chez les accusés; tous sont martyrs, victimes de l'ignorance des magistrats ou des jurés; tous déclinent la compétence de juges qui n'ont pas vécu de leur vie.

A chaque incident revient, comme une ritournelle, la même réponse : « Tout le monde des affaires en fait autant. » Mirès demande à être jugé par ses pairs, et répond dans ce

6

cas de son acquittement. Au procès Giblain, M. Coin, syndic des agents de change, soutient qu'un membre de la corporation n'est pas justiciable de la justice ordinaire, mais seulement de la chambre syndicale. Même en matière de vol brutal, comme l'affaire Carpentier, un administrateur de la compagnie du Nord vient en personne, à la Cour d'assises, réclamer en faveur du criminel le bénéfice des circonstances atténuantes. Tout ce monde qui vit en dehors de la loi et de la morale commune s'indigne d'être jugé par les tribunaux ordinaires et réclame des jurys spéciaux. Ainsi, l'assassin Poulmann, voilà déjà longtemps, avait prétendu récuser la Cour d'assises, pour la raison qu'appartenant à un monde de vagabondage, il ne pouvait être compris par des jurés bourgeois. . . . .

. . . .

Et maintenant que notre plan et notre but sont connus, laissons la parole aux événements : nous en philosopherons après.

CHAPITRE PREMIER

LE JEU ET LA JURISPRUDENCE

Le jeu simple, dépouillé de toute suspicion de tricherie, est la base de l'agiotage frauduleux. Aussi a-t-il été justement réprouvé par la morale, la loi et les tribunaux. Mais, d'autre part, le régime financier, fondé sur le principe du crédit féodal, ne peut vivre que d'*alea*, de paris, d'oscillations anormales. Nous allons citer quelques arrêts de doctrine sur la matière, moins pour établir une jurisprudence qui n'a jamais varié que pour rappeler les principes de droit; et montrer qu'entre la loi et la finance, il n'y a pas de réconciliation possible.

Presque tous ces arrêts sont rendus sur contestations civiles entre parieurs. Parfois il est arrivé que la Cour, après avoir renvoyé dos à dos les joueurs, a transmis le dossier au procureur impérial pour être statué au criminel. Nous ne retenons dans ce chapitre que les jugements de principes, et nous ne lui donnons de développements que juste ce qu'il convient à un point de départ.

— Les opérations de bourse sur la hausse et la baisse des effets publics et des valeurs industrielles, étant illicites, ne peuvent donner lieu à une action en justice. (Trib. de commerce de la Seine, 5 septembre 1855.)

— L'agent de change ne peut, en l'absence de l'autorisation de son client, ou de mise en demeure préalable, exécuter ledit client, ou, en d'autres termes, liquider l'opération à terme à lui confiée, même lorsque son client est en état de faillite. (Tribunal de commerce de la Seine, 2 janvier 1856; mêmes arrêts par le même tribunal, 14 avril et 4 mai 1856; confirmation de la même doctrine en Cour impériale, Paris, 26 avril et 10 mai 1856.)

— Les marchés à terme sont valables lorsqu'il est justifié que le vendeur avait en sa possession les valeurs vendues à l'échéance du terme, et que même sommation a été faite d'en prendre livraison. Lorsqu'il s'agit d'actions au porteur, l'identité des actions vendues avec celles offertes n'est pas nécessaire. (Cour imp. de Paris, 24 janvier 1856.)

— Les promesses qu'un agent de change s'est fait remettre pour se couvrir d'une avance faite en vue de payer une dette de jeu de Bourse, ne peuvent servir de fondement à l'exèrcice d'une action et doivent être tenues pour nulles. (Cour imp. de Lyon, 11 mars 1856.)

— Le joueur à la Bourse qui a payé volontairement ne peut exercer de répétition ; mais lorsque des billets à ordre, originairement souscrits en dehors de jeux de Bourse, ont été transmis par le joueur au profit du courtier, à titre de nantissement, par un endos en blanc qui ne constitue qu'une simple promesse, il suffit, pour autoriser l'action en répétition, que l'endosseur rétracte, avant la négociation, le mandat résultant de son endos en blanc. (Cour imp. de Paris, 14 avril 1856.)

— La remise de valeurs au porteur entre les mains d'un banquier, comme garantie des négociations de Bourse dont il s'est fait l'intermédiaire, constitue, lorsqu'elle est faite à titre de dépôt, non pas une couverture ayant les effets d'un payement anticipé, mais un simple nantissement. Par suite, le déposant reste propriétaire de ces valeurs, et le créancier n'a le droit d'en disposer qu'avec le consentement du débiteur ou l'autorisation de la justice, conformément à l'article 2078 du Code Napoléon. — Si ce nantissement a pour objet des jeux de Bourse, il est nul et de nul effet et doit être restitué. Le créancier ne peut, en pareil cas, invoquer l'art. 1967 du Code Napoléon, qui défend la répétition de ce que le perdant a volontairement payé. (Tribunal civil de la Seine, 26 juillet 1856; même jurisprudence au Trib. de commerce de Bordeaux, 26 septembre 1856.)

— Les marchés fictifs sont punis par les art. 421 et 422 du Code pénal, dont les dispositions atteignent les joueurs à la hausse et les joueurs à la baisse. — Le report, légal en soi, comme secours offert par les capitaux à la spéculation, perd son caractère, en ce qui concerne les reportés, quand il sert à donner les moyens de se borner au payement de différences à des individus qui ne veulent pas lever les titres, et à qui leur position ne permettrait pas de remplir les engagements que contracte un acheteur sérieux. — La loi pénale ne peut être éludée par un mécanisme d'opérations qui empêcherait de passer à travers le représentant pour arriver au commettant qui a enfreint ses dispositions. — Elle atteint ceux qui jouent par le ministère d'agents de change aussi bien que les joueurs à la coulisse. (Cour imp. de Toulouse, chambre criminelle, 4, 5 et 6 décembre 1856.)

— Une contestation relative à des jeux de Bourse ne peut être l'objet d'un compromis valable; la nullité du compromis doit réagir sur la sentence arbitrale et en faire prononcer la nullité. (Trib. civil de Lyon, 29 juin 1857.)

— Lorsque le jeu de Bourse est constaté, le client de l'agent de change, non plus que son créancier, ne peuvent répéter les différences et les courtages payés. — Mais ce créancier est fondé à saisir-arrêter les sommes et valeurs étant aux mains de l'agent, à titre de couverture, et dont il n'a pas encore disposé pour la liquidation des opérations. (Cour imp. de Paris, 29 novembre 1858.)

— Si le report est sérieux, il ne constitue pas un contrat de prêt, mais un contrat de vente ou d'achats d'effets publics; s'il est fictif, il tombe dans le domaine du jeu, et ne peut donner lieu à une action en justice. (Tribunal civil de la Seine, 19 et 25 juillet 1860; la somme en litige s'élevait à 1,049,421 fr.)

— L'individu qui prête à un autre de l'argent destiné à des jeux de Bourse, connaissant cette destination, et dont le but, en agissant ainsi, est de profiter des bénéfices présumés qu'il produira pour se faire rembourser, avec les sommes actuellement prêtées, une créance antérieure qu'il avait sur l'emprunteur, n'a pas d'action contre celui-ci pour obtenir payement de ces sommes; l'art. 1965 du Code Napoléon le lui refuse. (Cour de Cassation, 7 juillet 1862.)

— Les dispositions de l'article 1965 du Code Napoléon, qui refusent toute action en payement des dettes de jeu et de paris, ne sont pas applicables à l'action de l'agent de change contre le banquier, lorsque l'agent de change a dû croire qu'il recevait des ordres sérieux, en raison de la nombreuse clientèle du banquier. (Tribunal de commerce de la Seine, 12 octobre 1863.)

Après de pareils avertissements, répétés par tous les tribunaux de France, et dont nous ne donnons qu'un faible aperçu, M. Oscar de Vallée avait quelque raison de parler de « la loi frémisante, inappliquée et vaincue. » Depuis elle a pris une éclatante revanche; mais, nous le répétons, sa revendication portera plus de fruits encore par les révélations qu'elle a soulevées que par le châtiment infligé à ses violateurs.

CHAPITRE II

INTERMÉDIAIRES DE LA SPÉCULATION : AGENTS DE CHANGE, COULISSIERS, CHIFFONNIERS

Comment écarter les joueurs du marché? La solution du problème est reconnue aujourd'hui radicalement introuvable ; mais elle valait la peine d'être cherchée. Le gouvernement a cru un instant l'avoir trouvée : il a organisé en monopole les intermédiaires des transactions sur effets publics ; il les a élevés à la dignité d'officiers ministériels ; il a décrété qu'aucun échange de valeurs en Bourse ne pourrait se faire autrement que par l'entremise des agents de change.

Comment les privilégiés ont-ils répondu à cette haute mission de confiance du pouvoir ? qu'ont-ils fait pour la police du marché? que leur doit la moralité publique ?

Nous disions dans notre 5e édition du *Manuel*, en parlant de l'agent de change :

« Cet officier public, dont l'examen de conscience est préalablement fait par le pouvoir, puis par la corporation ; qui doit trouver, avant le prix de sa charge, un cautionnement de 125,000 fr.; l'agent de change, dont nous avons dit la position légale, savoir, interdiction d'agioter pour son compte, défense de prêter son ministère à des opérations de jeu, l'agent de change est le premier à spéculer contre ses clients. Il connaît à l'avance, par les ordres qu'il a reçus, quelle sera la physionomie du marché; il voit dans les cartes; il peut les bizeauter au besoin. »

Notre affirmation, bien que ne faisant doute pour personne, avait cependant paru quelque peu téméraire, malgré un commencement de preuves citées à l'appui. Or nous n'avions parlé que de jeu; voici que la justice a découvert bien autre chose.

AFFAIRE GIBLAIN

Nous commençons par le procès Giblain (décembre 1859), bien qu'il ne soit pas le premier en date, parce qu'il forme en quelque sorte une encyclopédie, un tableau de mœurs complet, sans retouche; puis encore parce que c'est là que s'est affirmée le plus carrément la solidarité de la corporation.

L'accusé est prévenu de faux en écriture publique, de banque et de commerce, tromperies sur les opérations de Bourse : 1800 faux en nombre rond, dont 180 seulement retenus par le ministère public. Giblain a acheté sa charge en septembre 1854 au prix de 1,100,000 fr.; il avait quatre copropriétaires. En une seule année, il a touché 1,200,000 fr. de courtages, soit 150,000 fr. pour sa part proportionnelle. De pareils résultats n'ont pu satisfaire son ambition, dit l'acte d'accusation; il a voulu réaliser des gains plus considérables encore, et pour atteindre ce but, il n'a pas craint de recourir aux manœuvres les plus criminelles.

« Le moyen employé par Giblain consistait à interposer entre l'agent de change et le client un intermédiaire fictif qu'il présentait comme le bénéficiaire de l'operation primitive. Par exemple, Deviane, banquier à Amiens, lui donnait ordre d'acheter 100 autrichiens. Giblain achetait les actions à 741 fr. 25 c. de son collègue Rougemont; puis, au lieu d'aviser Deviane de cette opération, il supposait que les 100 actions livrées par Rougemont avaient été achetées par un M. de Saint-Prix, lequel les avait revendues, par son ministère, à Deviane, à 742 fr. 50 c. Il s'accordait ainsi la différence de 1 fr. 25 c. par action. »

Même procédé pour les reventes : Giblain négocie 50 Midi à 770 fr., et ne les porte qu'au cours de 765.

L'accusé ne nie pas que les comptes fictifs dénoncés ne soient vraiment tels; il discute seulement les quotités de bénéfices imputés à chacun : distinction complétement étrangère à la moralité du débat. Suivant l'expert, le compte Saint-Prix aurait rapporté à Giblain 91,000 fr.; le compte Verrières, 86,240, le compte Clerbourg 46,711, etc., ensemble 11 noms fictifs, bénéficiant de 320,000 fr. en nombre rond. Naturellement ces comptes d'invention ne produisent pas de courtages.

Le principal personnage lésé, le principal témoin, par conséquent, c'est M. Deviane, banquier à Amiens. Sa déposition est trop importante, comme étude de mœurs, relations entre financiers, pour que nous nous contentions d'un simple résumé :

« J'ai été amené, dit-il, en 1855, à m'adresser à M. Giblain, agent de change à Paris. Vers 1857, j'étais très-engagé à la Bourse et dans l'impossibilité de solder de fortes différences que je devais. J'envoyai un de mes amis, M. Ménage, avoué, et je vins moi-même pour obtenir de M. Giblain un délai. Il me refusa ce délai et me renvoya à son conseil, M. Jagon, qui m'accueillit avec une bienveillance apparente, me disant : « Allons, mon enfant, j'espère vous tirer d'affaire. » Je fis valoir les bénéfices que M. Giblain avait réalisés avec moi, et je dis que s'il avait un peu de cœur, il m'accorderait du temps. Je proposai un arrangement, que M. Jagon repoussa, et je partis pour Amiens, bien décidé à *opposer*, au besoin, *l'exception de jeu*.

« De retour à Amiens, j'en conférai avec M. Petit, avocat, qui approuva la ligne de conduite que je me proposais de suivre. Plus tard, M. Petit devint l'avocat de M. Giblain. C'était adroit de la part de celui-ci, puisque M. Petit connaissait les secrets de mon cabinet. Je perdis mon procès, et je me trouvai exposé à la contrainte par corps.

» C'est vers cette époque que je sus ce qui s'était passé dans la charge de M. Giblain. *Un homme de cœur*, souffrant de me voir victime de tant de fraudes, me donna, dans une nuit, communication des livres de mon agent, et j'y relevai la preuve des fraudes nombreuses dont j'avais été victime. M. Bouillant, autre agent de change, que j'allai voir, et qui avait contre moi le droit de contrainte, me menaça d'exécuter le jugement; mais, fort des renseignements que je tenais, je lui répondis : « Si je suis demain à Clichy, vous serez après-demain à Mazas. » Je lui racontai ce que j'avais appris, et tout aussitôt il me dit qu'il arrangerait mon affaire, tant pour lui que pour M. Giblain. Il a vu ce dernier, et je l'ai vu moi-même ensuite; je lui dis ce que je savais, et il me répondit avec aisance : « Ah! il faut que je *carotte* pour soutenir ma charge. Puis il ajouta : « Quelles sont vos conditions? »

» Je pris une feuille de papier et j'écrivis : 1° restitution de mes titres; 2° annulation de la vente de 50 autrichiens; 3° paiement de 15,000 fr. de dommages-intérêts; 4° acceptation du désistement de mon appel du jugement du tribunal de commerce.

» Après une conférence entre MM. Giblain et Bentabole, son caissier, celui-ci me dit : « Tout est arrêté; nous allons signer l'arrangement. » Je reçus immédiatement les 15,000 fr. d'indemnité; et ce n'est que sur le refus d'exécuter le surplus de notre arrangement que j'ai rédigé une plainte contre M. Giblain. Avant de la déposer, je la fis communiquer à M. Giblain par mon beau-frère; on répondit que Giblain en passerait par où je voudrais, et je me rendis chez lui. Là je trouvai M. Jagon, son conseil, celui qui l'a perdu; car il ne lui a donné que des conseils méprisables. J'exigeai que cet homme se retirât, et je l'obtins.

» On se rendit chez le notaire, où l'arrangement définitif fut terminé, après quelques modifications apportées au projet préparé par M. Giblain. Je reçus là le complétement *de ce qui m'était dû (!)*, sauf quelques actions qui devaient m'être remises, et qui ne l'ont jamais été.

» Je croyais tout terminé, lorsque, à propos des procès que nous avions eus, M. Giblain me fit réclamer le paiement des frais qu'ils avaient occasionnés. Je résistai; un nouveau procès s'engagea. J'avais promis, *sur l'honneur* (!), de me taire sur ce qui s'était passé, et je ne révélai rien; il perdit : ce qui l'obligea à payer les frais des procès qu'il avait gagnés.

» Tout n'était pas fini cependant. M. Giblain a cru et croit que je suis son ennemi; *il se trompe* (!) C'est lui qui a tout réveillé en cherchant à me nuire à la Bourse. Il a su que je faisais des affaires avec un de ses cousins, et il lui a dit : « Comment faites-vous des opérations avec un homme qui a voulu me faire chanter. ? C'est par de semblables propos qu'il a tâché de ruiner mon crédit. »

Suit un long débat entre l'accusé et le témoin sur le prix auquel ce dernier a promis sa discrétion : 27,000 fr. environ. « J'aurais demandé 200,000 fr., dit Deviane, je les aurai eus : » le lendemain, à la Bourse, on disait que j'en avais reçu » 300,000. »

Deviane proteste avec énergie, et à plusieurs reprises, contre l'imputation d'avoir fait arrêter Giblain; c'est un outrage à son honneur ! il a reçu le prix de son silence, et il n'a qu'une parole !...

A un autre témoin, le président adresse cette question : « Qu'entendiez-vous par des carottages? »

« RÉPONSE : M. Giblain avait acheté pour moi quelques petites choses qu'il ne me comptait pas au cours vrai. J'en fis la réclamation, et M. Giblain me répondit à coups de pied, à coups de poing. Je ne pouvais me défendre, étant estropié. Je recours à la chambre syndicale, et je dis que si je n'obtenais pas satisfaction dans les vingt-quatre heures, je déposerais une plainte. On me renvoya à M. Dubois, et c'est alors que je reçus la lettre que vous connaissez, où Giblain rend hommage à mon honorabilité. »

Un des témoins se présente escorté de deux gendarmes, il est lui-même arrêté et détenu à Mazas, ainsi que son patron. Il était sous liquidateur chez Giblain, et il a, de complicité avec un autre employé, commis force détournements au préjudice de l'agent de change. Cette histoire vient en Cour d'assises de la Seine, à l'audience du 26 janvier 1860. — Giblain s'emporte encore, au cours des débats, contre un M. N..., son *principal voleur*, comme il l'appelle, un homme qui lui a souscrit une reconnaissance de 70,000 fr. à titre de dédommagements.

Vient ensuite la déposition de M. Coin, le syndic des agents de change de Paris. Le journal n'en rapporte que des fragments incohérents; et il n'est guère possible d'en apprécier la moralité autrement que par les répliques.

C'est d'abord M. l'avocat général Barbier, qui s'élève contre la fameuse doctrine Poulmann : être jugé par ses pairs.

« D'après l'accusé, dit-il, il aurait, lui Giblain, tout au plus contrevenu aux règlements de sa profession; il ne serait passible que des censures du syndicat des agents de change. Qu'est-ce à dire? est-ce qu'il y a maintenant deux morales, l'une vulgaire et simple, comme la vôtre, comme la nôtre, et une autre morale à l'usage des commerçants et des industriels?

Me Desmarets, avocat de la partie civile, se plaint, au nom de la morale publique, de n'avoir pas trouvé, dans les réponses faites par le syndic Coin, la preuve que les faits reprochés à Giblain sont des faits isolés. S'il est vrai que ces procédés sont généraux, il faudra qu'ils servent à constater un malheur public.

Les discussions prennent une vivacité d'allure et d'expression qui n'est pas ordinaire.

« Vous vous rappelez les exagérations de la partie civile, dit Me Lachaud; oui, des exagérations. La forme était belle sans doute; mais le fond n'en est pas devenu plus vrai pour cela. A qui fera-t-on croire que les agents de change, que les officiers préposés à la négociation des effets publics, soient des hommes sans probité et sans honneur? A qui fera-t-on croire que les membres de la chambre syndicale soient les gardiens *de ce qu'on a appelé une* CAVERNE DE VOLEURS? »

Huit cent cinquante questions furent posées au jury, qui répondit par un verdict d'acquittement sur tous les chefs. Cette décision n'a rien qui doive surprendre, en présence de révelations comme celles qui se sont produites au procès. En effet, si les tribunaux correctionnels s'attachent surtout au fait de violation de la loi, simple constatation aux débats, les jurés prennent le plus ordinairement les éléments de leur verdict dans des considérations de morale: Devant sa conscience l'accusé, quels que soient ses actes, est-il coupable? Il résulte des incidents du procès que l'inculpé n'a pas la notion du juste et de l'injuste; que le milieu où il a vécu n'a pu qu'atrophier ses vagues instincts d'équité, si tant est qu'il en ait jamais eu; qu'il n'a fait ni mieux ni pire que ses collègues. Le renard qui a étranglé tout un poulailler serait-il criminel devant sa conscience, au cas où il en aurait une? Évidemment, le renard, à supposer qu'il réfléchit, remercierait simplement la Providence de la bonne aubaine qui lui est échue. Que l'humanité se préserve de son mieux contre ses déprédations : le meurtre du coupable sera affaire de prudence et de précaution, non un acte de répression légitime. Ainsi s'expliquent certains acquittements: les faits sont flagrants, indiscutables, incontestables ; mais sur son âme et son honneur, l'incriminé se croit inattaquable, et le jury, détournant ses regards de ce spectacle, répond avec dégoût : Qu'il aille se faire pendre ailleurs!...

La logique voulait que, Giblain acquitté, ses commis, poursuivis, vingt jours plus tard, pour vol au préjudice de leur patron, le fussent également. Il semble que la conscience publique ait déclaré ici, par la bouche des jurés : Ce monde, en dehors de notre morale, est aussi en dehors de notre juridiction.

AFFAIRES DES TUREAUX, COLOMYES ET AUTRES

Les jurys de province sont cependant, en pareille occurrence, moins indulgents que celui de Paris. C'est qu'en province, tout le monde se connaît : les sinistres se répercutent sur des compatriotes, des voisins, des amis, des parents, notables, honorables, connus de tous, honnêtes et bonnes gens dont la vie est à jour et dont la déconfiture devient presque une calamité publique. A Paris, au contraire, qui connaît les victimes de Giblain, à supposer qu'elles soient intéressantes?

Henry des Tureaux (Cour d'assises du Loiret, 5 juillet 1859) a été nommé agent de change et courtier de marchandises à Orléans par décret du 15 novembre 1850. Sa charge lui valait environ 10,000 fr. nets par an. Mais le démon de la fortune et du jeu s'en mêla. Il détourna un grand nombre de titres au porteur qui ne lui avaient été confiés par ses clients qu'à la charge d'en toucher les intérêts semestriels ; il employa de même à son profit des sommes qui lui avaient été remises pour achats de valeurs. Bref, il partit une nuit, incognito ; quelques jours après, il était arrêté à Marseille et ramené à Orléans. La Cour d'assises du Loiret le condamna à cinq ans de prison.

Et pourtant il ne manquait pas de circonstances atténuantes, si nous comparons cette affaire à la précédente : l'accusé a d'abord l'honnêteté d'avouer tous les actes qu'on lui impute ; il convient de sa déloyauté et ne se réclame que de l'indulgence de ses juges ; il ne suppose pas que ses collègues, constitués en tribunal, soient capables de l'acquitter; dans sa fuite, il n'a emporté que 1000 fr., les frais à peine d'un voyage à l'étranger. La famille a rapporté à la faillite, de sa pleine initiative bien entendu, et pour sauvegarder l'honorabilité de son enfant perdu, 170,000 fr.; en sorte que le déficit des créanciers ne sera que de 50 pour 100 au plus. Décidément la province a du bon.

Colomyes (Cour d'assises de la Haute-Garonne, 25, 26, 27 et 28 mai 1860) est un des huit agents de change établis près de la Bourse de Toulouse depuis 1852; c'est le troisième de ces officiers ministériels contre lesquels la justice a été obligée de sévir: 3 sur 8, c'est toute la moralité du privilège.

L'histoire de ce faussaire ressemble à toutes les autres : faste insolent, détournements au préjudice des clients, altération d'écritures, jeux de Bourse en vue de couvrir toutes ces folies. Mais, ce qui est moins commun, condamnation à six années de réclusion.

Nous relèverons toutefois un paragraphe de l'acte d'accusation, tout à l'avantage encore de la moralité des gens de province :

« Au 15 janvier 1858, dit avec indignation le rapporteur, les opérations de jeu de l'inculpé s'élevaient à 3,668,571 fr., et au 31 du même mois, au *chiffre énorme* de 4,313,705 fr. »

Eh quoi! 4 millions et quart, un *chiffre énorme* pour un agent de change de Toulouse, la capitale du Midi! Est-ce qu'on ignorerait là-bas ce détail, entre mille, d'un procès célèbre jugé à Paris :

« Guérin, garçon de bureau au chemin de fer du Nord, 1200 fr. d'appointements, 280 fr. de loyer à la Chapelle, a fait, sous son vrai nom et son vrai domicile, pour 43 millions (nous disons *quarante-trois millions* d'opérations *en dix mois* avec son agent de change. » (Procès Carpentier).

Puisse la province garder sa naïveté jusqu'à décentralisation complète, des vices comme des vertus.

Les tribunaux correctionnels, disions-nous, condamnent le fait dès que son illégalité est constatée, que l'auteur de l'acte incriminé ait eu ou non conscience de sa criminalité. Nous trouvons en effet à la date du 18 avril 1860 un jugement du tribunal correctionnel de Paris qui condamne l'agent de change Sauvage à 3.000 fr. d'amende et à la destitution, comme atteint et convaincu de s'être livré à des jeux de Bourse. Encore un martyr de la justice ordinaire; sans contredit, jugé par ses pairs, il était acquitté avec tous les honneurs.

Le 1er août suivant, c'était l'affaire de l'agent de change Féquant : escroqueries, abus de confiance, jeux de Bourse, variations à l'infini sur le thème Giblain. La société pour l'exploitation de sa charge était au capital de 2,500,000 fr., divisé en 25 parts. Féquant en avait 9, qui se sont multipliées entre ses mains comme les pains de l'Évangile, car il les a vendues 13 fois, à 13 personnes différentes. Justement défiant de la justice de son pays, Féquant n'a pas seulement osé se présenter pour réclamer des juges naturels, ses égaux ; il est parti à l'étranger sans laisser son adresse ; et c'est depuis cette époque que les loustics de la Bourse disent d'un homme qui a levé le pied : « Il a pris la route de Fécamp. »

Nous n'insiterons pas davantage sur les naufrages constatés dans l'honorable compagnie des agents de change ; la cause de cette espèce de monopole est complétement perdue dans l'opinion. Les désastres qui ont accompagné et suivi la liquidation de juillet 1866 lui ont porté le dernier coup. Les journaux financiers évaluent à 20 ou 25 millions le déficit qui, de ce seul fait, frappe la corporation des agents de change de Paris. Comment concilier ce désastre avec l'interdiction faite aux agents de jouer pour leur compte ou de prêter leur ministère à des opérations de jeu? Encore tout un monde hors la loi.

On cherche, — et on trouvera, — des palliatifs à la position accidentellement grave que les opérations de juillet ont créée ; on ne changera pas le vice organique du monopole. Si j'avais l'honneur d'être ministre des finances, obligé par position d'investir les acquéreurs de charge qui se présentent en succession des anciens, je n'oserais franchement, devant de pareils précédents, assumer la responsabilité d'une si grave résolution. Le décret d'investiture favorise, comme exceptionnellement honnête, un candidat entre mille. Qui sait si les neuf cent quatre-vingt-dix-neuf exclus n'étaient pas les plus méritants? On parle fort aujourd'hui de responsabilité morale: les agents du pouvoir doivent saisir avec empressement toutes les occasions de dégager l'État d'immixtion dans les transactions entre citoyens.

LES COULISSIERS

Contre les prétentions et les illégalités des agents de change et de leur chambre syndicale il y avait un contrepoids : la coulisse, les courtiers marrons. Jadis, quand la pâtée était plantureuse, toute la meute vivait d'accord ; mais vint la disette, et les lévriers de race chassèrent de la gamelle les simples mâtins.

La plus ancienne revendication des officiers ministériels contre les intermédiaires libres date au plus de douze ans. Nous en trouvons l'exposé dans la *Gazette des Tribunaux* du 11 juillet 1855. Les mœurs boursières sont encore tellement entourées de mystère que le rédacteur croit devoir faire précéder le compte-rendu de la notice suivante, aujourd'hui vieille comme l'histoire de la Palisse :

« Le tribunal de Marseille vient de consacrer plusieurs audiences aux débats d'une affaire qui soulevait les plus graves intérêts : il s'agissait de la répression de paris sur la hausse et la baisse des effets publics, de ce qu'on est convenu d'appeler des jeux de Bourse, et de poursuites contre une société d'agents de change marrons, fonctionnant, sous le titre de *coulisse*, à côté du parquet officiel.

» Les lois qui régissent ces questions spéciales sont déjà bien anciennes; le jugement que nous allons publier est cependant un des premiers jugements de jurisprudence, le premier peut-être, qui se rattache à cette matière importante. Il est appelé, sous plus d'un rapport, à fixer l'attention. »

Suit une condamnation des délinquants à l'amende.

Au mois de mai 1859, autre plainte des agents de change d'Aix contre les courtiers marrons de la ville; les inculpés sont renvoyés faute de preuves.

Enfin, le 23 juin 1859, vient le fameux jugement des coulissiers de Paris. Ils sont vingt-six inculpés, non de vulgaires bohêmes, comme on pourrait le croire à première vue, mais des banquiers, des financiers, ni pires ni moins mauvais que les autres. Ils sont simplement accusés d'immixtion dans les fonctions d'agents de change, et condamnés chacun à 10,500 fr. d'amende applicables aux enfants abandonnés : question de légalité à propos de laquelle les avocats des parties se livrent à des récriminations assez édifiantes et à des théories fort intéressantes sur les avantages ou les inconvénients du monopole ou dela liberté.

Au point de vue de la criminalité, nous trouverions des procès de coulissiers plus ou moins semblables aux affaires Giblain, Colomyes, des Tureaux et consorts : afin de ne pas tomber dans des redites fastidieuses, nous passerons outre, et nous aborderons immédiatement une autre catégorie :

LES CHIFFONNIERS

Ce titre, bien entendu, n'a rien d'officiel : c'est une figure de notre crû, suffisamment explicite à son simple énoncé.

On va voir si les fonctions correspondent à l'appellation. Il s'agit d'un procès correctionnel, à Paris, en date des 7 et 10 juin 1856; ils sont dix-huit accusés, divisés en cinq catégories, tous prévenus d'immixtion dans les fonctions d'agents de change; quelques-uns, en plus, d'escroquerie et d'abus de confiance. Nous prenons quelques citations au courant de la lecture.

« Le témoin Husson : M. Vermond me fit appeler au café de la Bourse; il me vanta ses actions de la Banque du petit commerce; il me dit que les titres ne valaient en ce moment que 55 à 60 fr. le cent, et qu'ils monteraient bientôt à 150 fr. la pièce.

» M. le président : Comment! vous achetiez des actions qui ne valaient que 60 centimes l'une?

» Husson : Oui, monsieur, et je croyais bénéficier, car M. Vermond, en me les vendant, me fit un engagement qui l'obligeait à me les reprendre à 50 centimes de bénéfice; j'en ai acheté de lui 5,000, et 5,000 autres de divers courtiers; j'ai payé, 5,250 fr.

» M. le président : Il y a eu bien de la légéreté à vous de croire que des gens de Bourse qui vous vendaient des actions 60 centimes vous les reprendraient, quinze jours après, avec un bénéfice pour vous de 50 céntimes, c'est-à-dire près de 100 pour 100.

» Husson : J'ai été dupe de ma bonne foi. » (L'honnête homme!)

« M. le président *à un autre* : Pour combien avez-vous remis d'actions à Vermond? — Réponse : Pour 105,000 fr., à 100 fr. l'action.

» Demande : Et il les a vendues? — Réponse : A 15 fr. le cent.

» M. le président : C'est-à-dire qu'il a vendu 3 sous ce que vous évaluiez 100 fr., et, cela fait, il a disparu. »

« Demande *à l'accusé Paris* : Vous saviez que Vermond était un homme taré? — Réponse : je l'ignorais; à la Bourse, on fait des affaires avec une foule de gens dont on ignore les antécédents.

» DEMANDE : A quel prix avez-vous vendu les 5,000 actions qui vous ont été remises? — RÉPONSE : A 50 fr. le cent.

» M. LE PRÉSIDENT : C'est-à-dire 50 centimes l'action qui représentait 100 fr.; le tribunal appréciera ce fait inouï. »

« M. LE PRÉSIDENT *au témoin Hurel* : Quelle somme a-t-on réalisée par la vente des actions de la *Lignéenne* (société pour fabriquer du papier avec du bois)? — HUREL : Environ 23 à 24,000 francs.

» DEMANDE : Quel emploi a-t-on fait de cette somme? — RÉPONSE : On en a acheté des meubles et monté des bureaux; le reste a été dissipé en voyages, frais de publicité, que sais-je?

» DEMANDE : Et l'on n'a rien fabriqué? — RÉPONSE : Une seule feuille de papier carton, sur mes renseignements. »

« M. LE PRÉSIDENT *au témoin Paujol* : Combien avez-vous acheté vos actions? — RÉPONSE : 8 francs pièce; aujourd'hui on les vend 12 francs le cent à la porte de la Bourse; car il est défendu de les négocier à l'intérieur. »

« DEMANDE *au témoin Bernard* : Quels motifs vous avaient engagé à prendre des actions de la *Lignéenne*. — RÉPONSE : Tous les journaux en avaient parlé. Defricourt avait 10,000 actions. L'acte de société stipulait que les huit plus forts actionnaires seraient de droit membres du conseil. Comme Defricourt avait un grand nombre d'actions, il les prêtait à ses amis et avait ainsi la majorité dans toutes les délibérations; en sorte que nous ne pouvions avoir de comptes.

» HUCHETTE, rentier, 75 ans : Moi comme les autres, on m'a dit d'aller à l'assemblée générale; on m'a mis de la surveillance; pourquoi ni comment? je n'en sais pas davantage; apparemment que ça leur a convenu comme ça.

» M. RENAUD, fabricant de bretelles : J'ai été amené à l'assemblée par un petit blond, que je ne connais pas autrement; il m'a dit d'y venir; moi j'y suis allé. Du moment que j'ai été nommé membre du conseil de surveillance, moi qui ne m'y attendais pas, ça m'a saisi, je n'ai plus entendu ce qui se disait; les oreilles me bourdonnaient. »

« M. LE PRÉSIDENT *à l'accusé Legendre* : Il y a longtemps que vous fréquentez la Bourse? — LEGENDRE : Deux ans.

» DEMANDE : Et que vous y tripotez des affaires? — RÉPONSE : Il y en a trois mille qui font ce que je fais; je me suis lié avec des courtiers qui font par an 5 à 600,000 fr. d'affaires; j'ai cru qu'ils avaient le droit d'opérer, et j'ai opéré comme eux.

» M. LE PRÉSIDENT : Vous faites un métier défendu. — RÉPONSE : Comme tout le monde. »

« PRESSON, *emballeur*, *témoin* : J'ai acheté au comptant de M. Beaugrand pour 180 fr. d'actions de la société la *Commandite*; il s'était engagé à me les racheter à 300 fr. à la fin du mois. Il n'a pas tenu sa parole, et j'ai appris que M. le commissaire de la Bourse avait défendu qu'on côtât ces actions.

» MONNIER, *témoin* : J'ai vendu à M. Beaugrand pour 900 fr. d'actions de la Chaudronnerie, à prime. A la liquidation, il m'a payé en actions de sa commandite, que je n'ai pu négocier à aucun prix. Plus tard, sur mes réclamations, il m'a donné d'autres promesses d'actions qui ont été confisquées entre mes mains par M. le commissaire de la Bourse. Plus tard, Beaugrand m'a désintéressé. »

Quand les cours de 12 fr. le cent, ou 12 centimes par action, ne trouvent même plus de preneurs, le rôle des chiffonniers et de leurs défuntes valeurs n'est pas pour cela fini.

« Vous êtes-vous jamais demandé, disait le *Messager de la Bourse* du 10 octobre 1857, ce que devenaient les titres de tant d'affaires discréditées, qui, après avoir joui, pendant un certain temps, des faveurs de la spéculation, sont maintenant l'objet de ses dédains et ont presque complétement disparu du marché?..

» Vous voyez des courtiers sans nom demander ces valeurs discréditées, rechercher ces titres sur lesquels toute opération semble impossible. Ils ne tardent pas à rencontrer, déterrer serait mieux le mot, quelques-unes de ces valeurs mortes; car la Bourse compte un nombre considérable de ces épaves, et les eaux profondes de la spéculation en charrient constamment. Il se fait un cours posthume de ces titres squelettes, mais à quel taux! On cote 50 centimes, 1 fr., 2 fr., des valeurs qui ont donné, quelques mois ou quelques années auparavant, 100 fr., 200 fr. et plus de différence au-dessus de leur prix d'émission. Celles qui ont gardé un souffle de vie peuvent se payer jusqu'à 5, 10, 20 et 30 fr....

» Où sont allées ces valeurs ainsi crochetées au coin de la borne où les avait laissées la spéculation? Quelle prime a récompensé ces courtiers de valeurs défuntes, d'actions sans cours?...

» Les pirates du commerce et de l'industrie préparent leur faillite en achetant à vil prix ces valeurs et ces titres, dont ils inscrivent sur leurs livres, en l'antidatant, l'acquisition au taux d'émission, et même au cours le plus élevé qui ait été atteint. Ils ont ainsi un capital nominal balançant avec avantage le déficit présenté par le compte de marchandises ou d'opération. On ne peut leur reprocher qu'une imprudence dans le choix des placements ou dans l'immobilisation de leurs capitaux et de leur fonds de roulement. La friponnerie ou l'imprévoyance primitive qui ont compromis la valeur des titres représentant leur actif abrite leur faillite contre l'accusation de fraude. Le tour est joué, et l'homme habile, réhabilité aux yeux de la justice et de ses victimes, est considéré comme un honnête homme que les entraînements du jour ont poussé à se charger imprudemment de valeurs que tout le monde aurait crues excellentes.

» Bien plus, si l'aventurier est réellement fort, il dépose entre les mains du syndic une liasse des mêmes titres représentant une somme énorme, comme la garantie personnelle et la preuve que sa fortune propre, celle de sa femme et de ses enfants, étaient engagées dans les mêmes opérations, tant il avait de confiance dans les résultats. Comment ne pas croire après de telles preuves? comment ne pas être désarmé? »

CHAPITRE III

LES ÉPAVES DE LA SPÉCULATION FRAUDULEUSE

Dans notre précédent chapitre, nous sommes parti des sommités sociales, l'agent de change, pour arriver, par une série de dégradations insensibles, jusqu'aux plus bas fonds, aux chiffonniers. Tout se lie et s'enchaîne à merveille dans ce monde d'intermédiaires. Seulement, arrivé au dernier échelon, nous trouvons mélangées les fonctions les plus diverses, les attributions les plus hétéroclites. Le chiffonnier est à la fois : fondateur, administrateur, courtier, vendeur et acheteur, artisan de hausse et de baisse, jusqu'à ce qu'une catastrophe finale liquide radicalement l'affaire. Entre ces agioteurs et les créateurs de Sociétés que nous reléguons parmi les épaves de la spéculation frauduleuse, la nuance est imperceptible. Nous nous y arrêterons quelques instants, et après, remontant l'échelle, nous reviendrons aux grandes affaires, aux sommités financières.

L'Ancre-Martin, *procès criminel*. — Par ordre de date et d'initiation, nous devons la première place à l'aventure qu'on va lire :

La Société pour l'exploitation de l'Ancre-Martin est venue

rendre ses comptes à la 8e chambre de police correctionnelle de Paris, audience des 26 et 27 décembre 1855, 2 et 9 janvier 1856. — Trois accusés : Durand, dit de la Bathières, condamné à un an de prison et 50 fr. d'amende, directeur de la compagnie ; Ferdinand Martin, inventeur de l'ancre portant son nom, contrôleur général, trois ans de prison, réduits à deux en appel, 50 fr. d'amende ; Rettig, sous-directeur, acquitté en 1re instance, condamné à un an en appel ; tous les trois condamnés solidairement à restituer aux parties civiles 50,000 fr., indûment prélevés ; cinq ans de contrainte par corps. La valeur de l'invention, bien entendu, n'est pas en jeu ; il ne s'agit que des manœuvres.

La commandite, placée sous le patronage de la Vierge Marie, protectrice des marins, était constituée au capital de 5 millions, 10,000 actions de 500 fr. Martin apportait son brevet français au prix de 1,000 actions libérées, soit 500,000 fr. ; il recevait 12,000 fr. d'appointements comme contrôleur, Durand 10.000, et Rettig 6,000.

La Société ne pouvait être constituée qu'après la souscription de 1,000 actions autres que celles attribuées à l'inventeur. Le 9 février 1854, les gérants déclarèrent la compagnie en règle, bien qu'il n'y eût d'actions souscrites que par des complaisants insolvables. Les prospectus annonçaient des commandes considérables, des cessions de brevet à l'étranger ; on prêtait à Martin une fortune personnelle d'un million et demi. On citait comme payée comptant l'usine de Bouc, achetée 130,000 fr., et sur laquelle on n'avait pas versé un sou.

Afin d'enlever les souscriptions, Martin était à Marseille et Durand à Paris. Un jour, le premier dictait à son complice une dépêche télégraphique :

« Suspendez toute émission ; envoyez de suite toutes vos souscriptions ; seront nulles celles non reçues par cet envoi. »

Durand s'empressait de répéter de Paris à Marseille la ford'hommes massaliotes, les pressait d'antidater leurs demandes d'actions, afin qu'elles ne fussent pas périmées par la fatale dépêche. Durand répétait les mêmes manœuvres à Paris. Les détournements ainsi obtenus s'élèvent à 150,000 fr. environ.

Un plaignant, M. Honnorat, ancien tanneur à Marseille, complète les renseignements sur cette affaire.

« Je n'ai connu M. Martin qu'à l'époque où je suis devenu actionnaire. J'avais lu sur les journaux le compte rendu de l'Ancre dont il était inventeur. M. D..., chanoine à Marseille, que je connaissais, me parla de cette invention d'une manière très-favorable et m'engagea à prendre des actions. Sur sa recommandation, je consentis à en prendre vingt, qu'il me remit lui-même, après quoi je me rendis chez M. Martin pour signer mon engagement. Ceci se passait vers le 10 janvier 1854. Ce même jour, je souscrivis 30 autres actions, dont je payai le cinquième, soit 3,000 fr. J'avais déjà remis à M. le chanoine D... 2,000 fr. sur les 20 actions que je tenais de ses mains. Lorsque je fus abouché avec M. Martin, il employa, en vue de me décider à souscrire des sommes considérables, toutes les ressources de son imagination. Il me montra un certificat de Mgr l'évêque de Marseille, attestant qu'il était de bonne moralité et qu'il professait des principes religieux; il me dit qu'il était décoré de plusieurs ordres et comte romain. Il m'offrit, si je prenais 40 actions, 27 p. 100 de remise, savoir 12 p. 100 en espèces et 15 p. 100 en actions. Il me parla aussi du ministre de la marine et d'une conversation que ce dignitaire avait eue avec l'empereur au sujet de son invention. « Ces jours derniers, » me dit M. Martin, M. Ducos, ministre de la marine, était » dans son cabinet, admirant un petit modèle en cuivre de » mon ancre, que je lui avais fait parvenir. Tout à coup l'em» pereur entre sans se faire annoncer, et dit à son ministre : — » Que fais-tu donc là, Ducos? Tu t'amuses avec un joujou? — » Sire, répondit le ministre, ce joujou est l'Ancre Martin, qui » fera la gloire et le bonheur de votre marine. » — En résumé j'ai souscrit 90 actions et payé 25,000 francs. »

D'après les certificats produits par la défense, l'invention de Martin aurait une valeur sérieuse ; mais dès que les financiers s'emparent d'une entreprise, le fond importe peu. Le premier soin, c'est de se stipuler réciproquement, entre directeurs et sans contrôle, des conditions de vente léonines, des appointements, des frais de représentation, puis d'engluer le public par des recommandations de chanoines, des certificats d'évêques, des propos apocryphes attribués à l'empereur et aux dignitaires de l'État.

Cette affaire, au surplus, est l'enfance de l'art. Cette bénite période 1856-1866 est marquée au sceau de la prédestination. Il a surgi de toutes parts des Moïses financiers ; toutes les bourses, grosses et petites, sont cernées, assiégées, forcées. Au-dessous de la haute finance, ce qu'on pourrait appeler l'*Institut*, grouille une fourmilière de génies moins éclatants. A côté des compagnies au capital de 50 à 500 millions, éclosent comme vermine les commandites à quelques millions. Ce sont partout des promesses de bénéfices à 25 et 50 0/0. Nous avons expliqué dans l'Introduction le mécanisme de ce genre de chantage, de cette théorie du plus fort rendement, du plus gros produit net, dont le journalisme politico-financier en masse s'est fait l'apôtre. Nous avons démontré que le succès de conceptions aussi insensées ne pouvait aboutir qu'à une condition : celle de mettre sur la paille consommateurs et producteurs. Plus cher vous payerez vos achats et services, plus gros seront vos revenus. Ainsi parlent les nouveaux croisés. Exemples :

Le Cheptel. — Le capital social était de 6 millions; actions de 100 fr., 500 fr. et 1.000 fr. Il s'agissait de confier des bestiaux aux cultivateurs et d'en partager le croît avec eux. Le prospectus disait :

« La société, en révélant seulement son existence, a vu affluer, en quantité et de toutes parts, les demandes de bétail ; elle a senti que ce n'était pas pour 6 millions quelle pouvait être appelée à en fournir, mais pour 400 millions. La moyenne des bénéfices en la diminuant en vue de toutes les causes qui peuvent l'affaiblir, est de 25 du cent pour le propriétaire du bétail, même en pratiquant le cheptel comme on le fait presque partout, c'est-à-dire routinièrement; mais cette moyenne s'élève bien au delà lorsque le cheptel est pratiqué comme l'entend la compagnie, avec savoir et méthode. 100 millions employés par la compagnie lui assureraient plus de 25 millions de bénéfices. »

En premier lieu, étrangler le cultivateur preneur à cheptel, au profit de la commandite; en second lieu, juguler le consommateur par la cherté du bétail et de la viande, le tout pour enrichir de 25 0/0 des actionnaires qui ne pouvaient être pris que parmi les consommateurs de viande et les agriculteurs : voilà la profondeur et la malice de la combinaison.

Heureusement pour tout le monde, les fondateurs de compagnies ont autre chose à faire que de poursuivre la réalisation d'une entreprise. Les gérants commencèrent par s'attribuer 6,000 fr. de traitement, puis 10,000; ils établirent des directeurs, des sous-directeurs départementaux, des inspecteurs généraux et particuliers; ils firent pour 227,203 fr. 85 c. d'annonces; ils achetèrent quatre immeubles au prix de 181,386 fr. 50 c., payables en actions; ils vendirent, sous prétexte de cautionnement, des places d'inspecteurs et de directeurs à de bons provinciaux, moyennant des souscriptions de 30, à 40,000 fr. d'actions; enfin, ils achetèrent pour 179,267 fr. de bétail, achat qui, d'après le compte-rendu de l'assemblée de 1855, donnait un bénéfice de 87,819 fr. 71 c., ou 49 0/0.

A l'assemblée du 20 février 1856, le gérant est obligé d'avouer un déficit de 770,689 fr.; mais, en vue de diminuer l'effet de cette communication, il annonce que le croît des animaux peut être évalué à 275,000 fr. : ce qui réduit le déficit à 495,689 fr. Il propose d'élever le capital à 30 millions, de porter la durée de la société à 30 ans, de répartir sur ces trente années les frais généraux faits jusque-là, et de distribuer, sur les fonds restant disponibles par cette combinaison,

10 et demi 0/0 aux actions. L'assemblée vote d'enthousiasme ces diverses propositions, par considération surtout pour la dernière, et l'on aboutit finalement à la police correctionnelle. (7e Chambre, audiences des 6, 7 et 9 juillet 1858.)

Que les âmes sensibles, sur cet exposé, plaignent les misérables, victimes de leur cupidité, qui ont englouti leurs économies sur une promesse de 25 % de bénéfice minimum. Nous ne pouvons, nous, jugeant au point de vue de la collectivité, qu'applaudir à la déconfiture d'entreprises qui, si elles n'étaient absurdes au point de vue des lois et de la pratique de l'économie, baseraient leurs bénéfices sur les horreurs d'un pacte de famine.

Les Mines d'Aix-la-Chapelle. — Elles produisent des minerais de cuivre, de plomb, de zinc, de fer, ainsi que de la houille. Elles doivent donner un bénéfice immédiat de 25 à 50 du cent. Pourvu que les compagnies de transport bénéficient aussi de 15 à 20 pour cent, que les entrepositaires, les marchands en gros, les détaillants réclament aussi 25 à 30 du cent, quelle industrie pourra se procurer des métaux et du combustible ? Heureusement il s'agit encore simplement d'une *affaire*, de l'argent des autres, comme dit l'auteur d'une comédie contemporaine.

Les fondateurs annoncent que leurs mines sont en pleine activité, quand le fer seul a donné des résultats ; ils s'attribuent un conseil de surveillance composé de métallurgistes, de capitalistes, de savants qui n'ont seulement jamais été avertis de cet honneur, et qu'on y maintient malgré leurs réclamations, leurs protestations; on les affuble même de titres qu'ils n'ont jamais eus, afin de les grandir aux yeux des badauds; on simule des souscriptions d'actions. Enfin, au lieu d'extraire du minerai du sol, on enlève 1 million et plus de métal tout travaillé et monnayé à de pauvres hères qui auraient été heureux de toucher 25 à 50 du cent de leurs capitaux, c'est-à-dire de payer ou de faire payer à tous au double le prix du combustible.

— Conclusion : 1 an et 5 ans de prison, amende et restitution aux parties civiles. (Chambre de police correctionnelle de Paris, 13 et 14 juillet 1858.)

L'Union des gaz et des verreries de France (*Tribunal de police correctionnelle et Cour d'assises.*) — Ces deux sociétés réunissent un capital de 15 millions; elles se présentent avec toutes les conditions d'un succès normal. Aux mains de l'industrie, ce serait une bonne affaire. Mais l'industrie a peine à donner 6 %, et les financiers ne promettent jamais moins de 15; donc vivent les financiers!

Salmon, gérant de l'Union des gaz, contre son apport social, s'attribue : pour 2,400,000 fr. d'actions, 20,000 fr. de traitement, 25 % dans les bénéfices. On charge Valette d'émettre les actions. Celui-ci les prend toutes au pair, les vend à prime, se fait ouvrir un compte courant à la société, et se trouve, au bout de quelque temps, débiteur de 1,223,211 fr., dont il n'a jamais payé un sou. En octobre 1856, Salmon vend à la société, représentée par lui Salmon, 3,500 actions de son apport, et se fait créditer de 900,000 fr. Plus tard, il reprend ces mêmes 3,500 actions à la société, qu'il crédite de 773,230 fr., réalisant ainsi à son profit une différence de 126,000 fr. Baron et Rouillier enlèvent à la société, dont le premier est gérant, une valeur de 145,000 fr. en actions, distribuent des dividendes fictifs et arrivent à la banqueroute. Avant cette conclusion, Baron s'est fait décerner par une assemblée d'actionnaires une médaille d'or de 600 fr. en reconnaissance de ses bons et loyaux services.

Affaire Prost.— C'est dans cette affaire que M. l'avocat général Ducreux a constaté que plus de 40 sociétés avaient déjà eu, depuis 1857, à rendre leurs comptes à la justice. Ceux de Prost s'élèvent à 10 millions de gaspillage. (6e chambre de police correctionnelle de Paris, audience du 15 septembre 1858.)

La Société préservatrice des pertes commerciales. — Sous ce titre si honnête, si alléchant, l'accusé Plomée, d'après le tribunal de police correctionnelle, 27 octobre 1858, faisait le commerce des billets de complaisance; il en avait créé pour 450,000 fr. De plus, il vendait, sous prétexte de cautionnement, des emplois aux gens qui avaient quelques mille francs de disponibles, et qui n'en voyaient plus trace, ni sous forme d'appointements ni à titre de restitution.

Les chemins de fer départementaux. — Il n'est pas possible de doter chaque canton d'une voie ferrée, desservie par des agents de locomotion qui *sifflent et qui fument*, selon la pétition des habitants de Carpentras. Aussi, en vue de relier les grandes artères à tous les centres de production, des ingénieurs ont eu l'idée d'établir des voies moins coûteuses, à traction de chevaux, comportant des rampes et des courbes incompatibles avec la locomotive. — Économie sur les frais de transport par chariots et tombereaux, et bénéfice de célérité, c'est-à-dire pas plus de produit net que sur les routes et les chemins vicinaux, telle est l'idée économique; — 25 à 50 p. 100 de dividende, telle est la conception financière, et les tombereaux, chariots et pataches de prospérer de plus belle.

Deux *initiateurs du crédit*, comme parlent les Saint-Simoniens, se sont signalés dans cette affaire, Mancel, dit de Valdouer, et Laurent, dit de Blois.

Ce dernier a eu l'honneur d'une *initiative*, en fait de réclame, digne d'être rapportée *in extenso*; la voici :

« Paris, le 23 avril 1857.

» Monsieur le Curé,

» Notre Compagnie fait en ce moment une émission d'actions dont le produit est destiné à fournir aux dépenses d'établissement d'exploitations nouvelles.

» Jusqu'à ce jour la rémunération des soins donnés à cette sorte d'opération a été exclusivement réservée aux banquiers; mais, dans un moment où la misère a si grand besoin d'être soulagée, nous avons pensé à faire — de la rémunération dont nous parlons — un objet de bonnes œuvres; nous avons voulu dans cette grande entreprise faire la part du pauvre, et personne mieux que vous, monsieur le curé, ne peut nous aider à mettre cette pensée à exécution.

» Placé comme vous l'êtes au milieu de toutes les misères, c'est à vous naturellement qu'est réservée toute mission de charité, et nous ne doutons pas que vous ne consentiez dans cette circonstance à nous prêter votre bon concours.

» Nos actions sont de 500 fr., dont 125 fr. seulement payables comptant, conformément au prospectus que nous vous avons adressé. Nous vous engageons à chercher, à trouver des souscripteurs; ce sera en même temps pour eux un bon emploi de leurs fonds, et pour vous, monsieur le curé, une bonne occasion de faire du bien autour de vous.

» Nous vous attribuerons 25 francs par chaque action dont vous obtiendrez la souscription. Ces 25 francs vous seront remis en espèces, et vous les appliquerez, à votre choix, aux besoins de votre église ou au soulagement des pauvres de votre paroisse. Cette attribution pourrait vous offrir des ressources assez considérables, puisque 20 actions souscrites donneraient pour vous un produit de *cinq cents francs*, et si vous parveniez à réunir une souscription de cent actions, votre droit serait de 2,500 francs.

» Vous savez, monsieur le curé, de quelle utilité sont les chemins de fer que nous construisons; tous les conseils généraux les approuvent parce que leur établissement donne du travail aux ouvriers, et accroît la prospérité de leur département.

» Nous vous remercions d'avance, monsieur le curé, de votre charitable concours, et nous vous prions de nous faire passer les fonds des souscriptions que vous recueillerez, de la manière indiquée à notre prospectus, sous la déduction de 25 fr. que vous retiendrez par chaque action.

» Veuillez agréer nos sentiments bien dévoués.

» A. LAURENT DE BLOIS ET Cie. »

Nous ne savons quels fruits a portés cette circulaire franchement cynique. Nous passons brusquement et sans transition au réquisitoire de M. l'avocat impérial Ducreux; il résume trop bien la moralité de l'affaire pour que nous songions à y substituer notre analyse :

« L'escroquerie, quelle que soit sa forme, quelle que soit l'habileté de ses auteurs, se réduit toujours à deux points: remise de fonds et manœuvres pour se les approprier. Or qu'ont fait les deux accusés? Ils ont lancé dans le public une chimère, l'ombre d'une proie; l'ombre a été le lot des actionnaires; la proie, c'est-à-dire l'argent a été pour eux. En moins de quinze mois d'administration, Mancel a causé à la société un préjudice de plus de 400,000 fr. Quant à Laurent, voici le résultat de son administration, moins longue que celle de Mancel. Il a pris la société des Chemins de fer départementaux pour la fondre dans la sienne, avec un capital de 900,000 fr.; après la fusion, il a grevé la société de 5 millions, et cela pour se procurer à peine 80,000 fr., c'est-à-dire, — chose monstrueuse à constater, — qu'il donnait 80 fr. pour recevoir 1 fr. 63 centimes.

» Tels sont les faits préliminaires qui ont amené les poursuites dirigées contre ces deux hommes. Et maintenant, cherchons à les connaître.

» Mancel est né de parents sans fortune, dans un village du département de la Manche; il a été d'abord clerc d'huissier; puis, sans transition connue, il est devenu industriel, et, à ce titre, on retrouve son nom dans une multitu .e d'affaires correctionnelles. C'est ainsi qu'on l'a vu figurer dans le Crédit algérien et la Sécurité commerciale. Mêlé à beaucoup d'escroqueries, il reparaît encore dans l'affaire des décorations. A une certaine époque, il va à Rome, y achète un brevet de l'Éperon d'Or et prend le titre de comte. Revenu à Paris, se parant de ce titre, sur la simple invitation de M. le préfet de police, il est découronné; ce qui ne l'empêchait pas, dans le monde qu'il hantait, de reprendre le titre de comte et d'étaler un faste insolent.

» Voilà donc, lancé dans l'industrie, un homme condamné

deux fois par défaut, condamnations infirmées plus tard, il est vrai ; mais condamné encore une troisième fois, avec confirmation du jugement. Nous le retrouvons encore dans la dernière affaire des décorations, où il était témoin de Viala. Tel est l'homme qui, sans capitaux, avec un passé compromis, se mettait à la tête d'une vaste entreprise et y appelait le public pour le tromper. » (Tribunal correctionnel de Paris, 6e chambre, 17 novembre 1858).

Compagnie française de navigation à vapeur, de roulage et de messagerie (*7e chambre de police correctionnelle, audiences des 27 janvier, 3 et 10 février 1859*). — Guillier, dit Galland, gérant de la Société, est seul poursuivi correctionnellement. Les membres du conseil de surveillance, vicomte de Suleau, sénateur, de Saulcy, membre de l'Institut, Belmontet, député, J. J. Bonjour et P. A. Bonjour sont actionnés par les parties civiles comme responsables. L'acte d'accusation constate les méfaits suivants :

Galland s'allouait 1,600,000 fr. à prendre en 3,200 actions, 15,000 fr. de traitement, 10 p. 100 dans les bénéfices. Mancel (de Valdouer), déjà cité, se chargeait de lancer l'affaire moyennant : 1o une commission, 2o 200 actions à prendre sur le fonds du gérant ; Mancel remit 40 de ces actions à Mercier, courtier d'annonces, et à Léo Lespès, journaliste ; plus tard, ceux-ci demandèrent à recevoir leur part en argent (bonne précaution), et Galland reprit leurs titres moyennant 20,000 fr. espèces. Les prospectus annonçaient de 32 à 46 p. 100 de bénéfice. Malgré un déficit avoué de 150,000 fr., et réel de 400,000, on distribue un dividende en 1858. Afin de faciliter le vote de l'assemblée générale, l'inculpé avoue qu'il y a fourré de faux actionnaires, de simples claqueurs, mais pas plus de cinq ou six. — Déficit total, 2 millions et demi.

Au commencement des débats, M. le vicomte de Suleau, sénateur, sur les conclusions conformes de M. Roussel, avocat impérial, a été mis hors de cause, attendu qu'en vertu du sénatus-consulte du 4 juin 1858, les dignitaires de l'empire ne sont pas justiciables des tribunaux ordinaires. Ce n'est pas toujours un avantage d'être protégé par des lois spéciales, et M. le vicomte de Suleau a dû se plaindre, en cette occasion, *de sa grandeur qui l'attachait au rivage*. Combien il eût préféré venir, devant la justice, confirmer, par une déclaration publique et solennelle, la déposition de son collègue en surveillance, M. de Saulcy, à laquelle il ne lui a été donné de s'associer que de cœur.

Aux termes des statuts, chaque membre du conseil de surveillance devait posséder au moins 25 actions, d'un prix nominal de 12,500 fr. Afin d'aider à l'enfantement dudit conseil, Galland offrait aux notabilités dont il tenait à s'entourer des actions libérées, prélevées sur sa part de fondateur. C'est ainsi que le premier conseil lui coûta 255,000 fr., et le second 160,000. En revanche, les surveillants n'y regardaient pas de près. Rien de plus naïf et de plus instructif que la déposition de M. de Saulcy à ce sujet :

« J'ai reçu, comme membre du conseil de surveillance, 80 actions que je n'ai pas gardées. J'allais prendre ma retraite du service militaire lorsque M. Cauvain, avocat, me proposa d'entrer dans cette affaire. Je lui dis que je ne pouvais fournir des espèces; il me répondit : Cela n'est pas nécessaire; on vous remettra des actions libérées : si l'affaire réussit, vos actions seront valables; si elle échoue, elles deviendront des feuilles de chou. C'était en 1856. Depuis, je fis un voyage avec le prince Napoléon ; à mon retour, je sus qu'on m'avait compris dans le conseil de surveillance et qu'on m'avait attribué 80 actions.

» Néanmoins je refusai de siéger avec MM. Michaut et Colasson ; le conseil fut renouvelé. Je tombai malade peu de temps après; lorsque je vis le désordre des écritures, je reportai les actions et offris ma démission. En fin de compte, j'ai rendu les actions, et je n'ai pas touché un centime, j'ai donné 300 fr. de ma poche, et cependant je suis ici. »

Il est clair que le témoin avait été surveillant malgré lui. Ce fut l'avis du tribunal.

L'Union foncière, société pour l'achat en gros des immeubles et leur revente en détail ; commandite de 600,000 fr. (*Tribunal correctionnel de Paris*, 6e *chambre*, audiences des 1er et 8 février 1859.) Sont en cause : Mancel (de Valdouer), déjà cité, Gaspard Petit, failli, Pierre Marle, condamné contradictoirement, en 1851, à cinq ans de prison pour escroquerie, tous trois fondateurs, directeurs ou gérants de la société. Le monde des affaires n'y regarde pas de près.

Affaire de Beaumont-Vassy (6e *chambre de police correctionnelle* de Paris, audience du 13 avril 1859). — Voici un nouveau genre de personnage financier, le courtier d'influences. M. Édouard de la Bonninière de Beaumont-Vassy a exercé les fonctions de préfet, de maître des requêtes; il est officier de la Légion d'honneur. Un sieur de Sébille se trouve propriétaire d'un brevet d'invention pour obtenir le salpêtre sans raffinage. La découverte paraît sérieuse, avantageuse, économique; le brevet a été acheté 500,000 fr.; on voudrait le vendre au ministère de la guerre 3,500,000 fr. M. de Beaumont se fait fort, à raison de ses relations administratives, de manigancer l'affaire. La prévention parle d'une reconnaissance de 800,000 fr. et d'une commission de 100,000 fr. comme prix de cette intervention; mais sur cette somme, M. de Beaumont devra acheter, à ses risques et périls, les consciences administratives dont dépend l'opération. L'accusation discute les chiffres, qui nous importent peu. La moralité de la chose se trouve dans une lettre écrite de Laon à Sébille par M. de Beaumont-Vassy, le 1er octobre 1857, et dont M. le président fait le résumé suivant :

« Vous dites qu'il est indispensable que Sébille vous écrive une lettre énumérant les demandes à faire au ministère de la guerre; qu'il sera utile *de graisser la patte* à des employés, subalternes ou non, pour enlever le succès; qu'il faut aller de l'avant; vous fixez, pour le moment, la somme à vous envoyer au chiffre de 3 à 4000 fr. Vous ajoutez qu'il serait possible qu'on dépensât moins; que peut-être il suffirait de donner quelques dîners aux *gros bonnets.* »

Rien ne manque à l'affaire, pas même le style et la couleur locale. M. de Beaumont-Vassy fut condamné à deux ans de prison, 3,000 fr. d'amende et dix ans d'interdiction des droits mentionnés en l'article 42 du Code pénal.

L'histoire eut une suite en Cour d'assises peu de temps après. Pendant que l'ex-fonctionnaire *enlevait les gros bonnets*, Sébille *enlevait les actionnaires* en produisant de fausses lettres du général Fleury, du maréchal Vaillant; il alla même un jour jusqu'à se déguiser en général. La comédie finit, pour lui, par six ans de réclusion.

Le Chemin de fer de Graissessac à Béziers. — C'est d'une plaidoirie entre co-licitants, devant le tribunal de commerce de la Seine, que nous viennent les premières révélations sur ce scandale. (*Le Droit*, 27 avril 1858.) Me Tournadre, agréé, expose les faits suivants :

« La ligne de Graissessac à Béziers a été concédée le 27 mars 1852. Les concessionnaires ont fait semblant d'apporter leur concession gratuitement; mais ils n'ont rien perdu pour cela. Deux d'entre eux, MM. Orsi et Delfosse, avaient un marché à forfait pour exécuter la ligne, moyennant 16 millions. Ils ont sous-traité avec MM. Daviau, Brian et Labrousse, moyennant 14 millions, soit à 2 millions de bénéfice. Ceux-ci à leur tour ont sous-traité avec M. Gandell à 12 millions : second bénéfice de 2 millions : ensemble 4 millions d'enlevés aux pauvres actionnaires. »

L'agréé cite les chiffres en nombre rond; le procès correctionnel (*Gazette des tribunaux*, 7e chambre, audience du 14 mai 1859) spécifie 4,432,000 fr. En résumé, les dépenses, évaluées primitivement à 11 millions, portées ensuite à 18, s'élevèrent à 31,525,517 fr. 22 centimes.

L'arrêt, rendu le 18 mai 1859, résume suffisamment la cause :

« ... Attendu, en fait, qu'Isidore Boucaruc a, sans exiger aucun cautionnement, fait concéder à Eugène Boucaruc, son frère, sous le nom de Soubaigné, son ami, tous deux simples commis dans des maisons de commerce d'étoffes à Paris, n'ayant absolument aucune capacité et notoirement sans fortune...

» Que sur ces concessions, il a été prélevé, au détriment de la compagnie, des bénéfices frauduleux qui se sont élevés à 10, 15, 25 et jusqu'à 200 pour cent; que ces sommes, censées payées à Soubaigné, qui ne servait que de prête-nom, étaient versées entre les mains d'Eugène Boucaruc, dont il était l'agent; qu'il est évident que les concessions, faites en apparence à Soubaigné, l'étaient en réalité à Isidore Boucaruc lui-même, qui réunissait ainsi en sa personne, malgré leur antagonisme, les deux qualités de directeur et d'entrepreneur général....

» Condamne Isidore Boucaruc à cinq ans de prison et 3,000 fr. d'amende; Eugène Boucaruc à trois ans de prison et 50 fr. d'amende, Soubaigné à deux ans de prison et 50 fr. d'amende. »

L'arrêt fut frappé d'appel, et l'affaire revint en cour impériale les 23, 25 et 26 août 1859. Sur la plaidoirie de Me Jules Favre, les prévenus furent acquittés, sans que les faits établis dans la plaidoirie de Me Tournadre devant le tribunal de commerce eussent été infirmés.

Un jugement du tribunal de commerce, du 21 février 1861, déclara la faillite de la compagnie. Le passif, selon l'appréciation du syndic, s'élève à la somme de 14,909,015 fr.

Puisque l'arrêt parle de fonctions et qualités incompatibles, nous nous permettrons d'ouvrir ici une parenthèse à l'adresse de Me Jules Favre.

En 1859, le Corps législatif fut saisi d'un projet de loi qui remaniait complétement les conditions faites aux compagnies de chemins de fer, projet dont nous apprécierons un jour l'économie. La loi fut votée, mais non sans contestation. Trois des *cinq* opposèrent au projet l'indignité des compagnies; ils citèrent à l'appui de leur opinion quelques-uns des scandales que nous relevons dans ce livre, entre autres le marché relatif au Graissessac. M. Baroche répliqua et dit en substance : « C'est nous (le gouvernement) qui avons déféré l'affaire aux tribunaux ; et elle y sera défendue, par qui contre nous ? — par une parole qui vous est chère. »

La chère parole de Me Jules Favre obtint en effet l'acquittement des inculpés. Or voilà précisément l'incompatibilité : justifier en police correctionnelle ce que l'on a combattu ou laissé combattre par ses amis au Corps législatif, c'est un cumul dont ne pourrait se scandaliser aucun financier, mais que réprouve la démocratie. Soyez avocat à outrance et renoncez à la politique, si tel le veulent vos intérêts; autrement, le respect du drapeau avant tout.

Compagnie générale des compteurs à gaz. — Pourquoi une société ? La fabrication des compteurs est œuvre de précision, comme l'horlogerie, la petite mécanique, l'optique; elle répugne à la manufacture, aux grandes agglomérations et à la division infinitésimale du travail. Dès lors une simple commandite de 50 à 100,000 fr., à un ouvrier habile dans la partie, suffisent pour créer une maison modèle. MM. Dumon, Delasalle et Beaugrand ne sont pas de cet avis : ils forment une société au capital de 4 millions. Dumon, propriétaire d'un brevet, évalue son apport à 650,000 fr., et le même Dumon, gérant, s'empresse de souscrire à de si belles conditions; 8,000 fr. de traitement par an, 20 o/o dans les bénéfices. Il sait les affaires : il a été condamné, le 19 avril 1839, à quatre mois de prison comme escroc. Beaugrand, chauffeur de primes en Bourse, emploie les manœuvres si connues :

Il répand sur la place et dans la coulisse les promesses d'actions qui lui ont été confiées; il les rachète à prime, les remet en vente, les reprend à une prime plus forte, et finit par les colloquer définitivement aux gobe-mouches moyennant 15 ou 20 francs de plus-value. Dans l'impossibilité d'enlever sa place sur la cote officielle, il conquiert à l'amiable sa mention aux bulletins de Bourse de la *Presse* et de la *Patrie.* » (7e chambre de police correctionnelle de Paris, 7 juillet 1859.

La Vigilante, compagnie pour l'assurance et le recouvrement des créances. (*Tribunal de police correctionnelle*, 6 et 7 septembre 1859). — Voici comment *veille* l'accusé Gauthier :

« Je prête de l'argent aux maisons gênées, dont le crédit est tombé au point que leur signature n'a plus cours. Je donne très-peu d'argent sur les valeurs dont on me fait remise; puis, à l'échéance, je poursuis rigoureusment mes débiteurs; je les force à me donner des à-compte raisonnables; si la faillite survient, j'ai si peu avancé d'argent qu'en produisant la totalité des valeurs dont je suis porteur, les dividendes que j'obtiens me font bien *gagner ma vie.* »

Mines Sorbier-Beuclas. — Voici un procès de province, cette fois; il a occupé les audiences du tribunal correctionnel de Lyon, les 31 juillet, 1er, 7, 8 et 21 août 1861. Rien d'original, comme le constate le réquisitoire de M. Royer-Belliard, avocat impérial.

« Peut-on croire à l'honnêteté de gens qui, ayant acheté les mines de Sorbier-Beuclas 460,000 fr., les mettent en actions au prix de 900,000 fr.? Étaient-ils probes lorsqu'ils mettaient en actions au prix de 2 millions le Grand-Rouzy et la Baraillère, qui leur avaient coûté moins d'un million? Et les mines de Moncel et Ricamarie? elles ne valent rien; et ils les estimaient 740,000 fr. Ils ont semé la ruine dans des centaines de familles et de petits ménages. »

Faillite Thurneyssen. — Les Thurneyssen forment une tribu : Charles, Auguste, Georges, etc. En mai 1857, Charles fait une de ces faillites monumentales qui viennent de temps à autre épouvanter le commerce parisien.

« Le 19 mai 1857, dit Me Tournadre devant le tribunal de commerce de la Seine, audience du 3 août, sur l'avis du ministere public annonçant la disparition de M. Charles Thurneyssen, le tribunal prononçait la faillite de ce banquier. M. Charles Thurneyssen avait préparé sa fuite avec habileté : le 14 mai, il avait demandé à M. de Rumpff, ministre des Villes Anséatiques, un passeport qui lui permît de dissimuler son départ à la Préfecture de police; il avait effectué à la Banque le payement de billets qui venaient à échéance ce jour-là et donné à plusieurs clients des rendez-vous pour le surlendemain. Le soir même il partait pour Londres avec deux de ses fils, à l'insu de sa femme et de ses employés; de là il s'embarquait pour New-York, et bientôt les journaux de cette ville annonçaient son arrivée en Amérique.

» Dès les premières investigations, le désastre apparut immense. Un désordre affreux régnait dans les écritures. Peu à peu la lumière se fit, et l'on put mesurer la profondeur du gouffre. Le passif déjà connu est de 16 millions; l'actif, très-problématique, atteint 14 ou 1500 mille francs à peine. Depuis dix ans, les fraudes les plus coupables étaient employées pour dissimuler la situation; depuis dix ans M. Thurneyssen était en faillite : des violations de dépôts remontant à sept années et s'élevant à un chiffre de plusieurs millions, des écritures fausses : voilà ce qui apparut. On sut alors qu'il n'avait été tenu ni journal ni grand-livre depuis trois ans. Le livre unique, le brouillard, était couvert de grattages et de surcharges; des bandes avaient été collées sur de certaines mentions pour en substituer d'autres après coup; depuis dix ans, il n'avait pas été fait un seul inventaire. Enfin, le premier examen fournit la preuve d'allocations annuelles de bénéfices considérables à deux associés. Tout contribuait à mettre le syndic sur la trace de l'association dont nous espérons démontrer l'existence au tribunal. La rumeur publique, le cri unanime des créanciers, le témoignage des écritures donnent pour associés à M. Charles Thurneyssen, M. Auguste Thurneyssen, son oncle, et M. Georges Thurneyssen, son cousin. Je viens aujourd'hui soutenir la demande formée par le syndic pour que la faillite de Charles Thurneyssen soit déclarée commune à MM. Auguste et Georges. »

Voilà comment des administrateurs de grandes compagnies mènent leurs propres affaires. Quant à la demande du syndic, admise devant le tribunal de commerce, elle fut définitivement repoussée en appel. M. Auguste Thurneyssen fut considéré comme bailleur de fonds et M. Georges comme simple commis. .

Comptoir général de l'Union. — En 1857, le journal politique l'*Union*, à l'exemple des journaux financiers, eut l'idée de fonder une institution banquière, une commandite d'affaires, à laquelle était annexée une caisse commune de reports. Deux rédacteurs, Spinelli, Fontaine, et le caissier Levinot furent placés à la tête de l'entreprise ; le capital, primitivement fixé à 200,000 francs, fut successivement élevé à 600,000, puis à 1 million. Le journal l'*Union*, parfaitement posé dans le monde des légitimistes et des ultramontains, n'était pas embarrassé de trouver des capitaux ; il était plus difficile d'en tirer parti.

Et d'abord quelles *affaires* devait-on entreprendre? Des affaires en général : l'argent des autres. 100,000 francs furent prêtés à une compagnie marbrière ; peu après Spinelli, « agissant plus par vanité que par nécessité, dans l'espoir » d'obtenir une certaine décoration, prêtait 40,000 francs » au prince Godoï. » Les gérants, jouant à la Bourse, perdaient en une liquidation de quinzaine 183,000 francs ; au 1er avril 1858, les pertes s'élevaient à 565,000 francs. Les accusés Spinelli et Fontaine prévinrent, par une fuite prudente, la reddition des comptes, et la 6e chambre correctionnelle, audiences des 1er et 8 décembre 1860, ne trouva que des comparses.

Affaire Serres (7e *chambre de police correctionnelle*, audiences des 28 et 30 mai 1862, banqueroute d'un million environ). — Ce procès est surtout intéressant en ce qu'il nous révèle *la moralité* du journalisme contemporain. *Tout le monde*, comme disent les chroniqueurs, — c'est-à-dire un millier de personnes en France, — *tout le monde sait* que les bulletins financiers des journaux sont aux mains de certains faiseurs d'affaires; nous venons de voir l'*Union* fondant une caisse de spéculation à son compte; mais *tout le monde* n'a pas le moyen de s'établir; aussi allons-nous trouver d'autres procédés en ce genre.

Mais d'abord, qu'est-ce que M. Serres?

« L'information le montre, à partir de 1840, tour à tour homme de lettres, négociant en province, fermier d'annonces, entrepreneur d'affichage, marchand de salaisons, représentant de compagnies minières étrangères, cherchant à fonder des sociétés pour l'exploitation de certains brevets; en 1854, coulissier à la Bourse de Paris. En 1858, il est atteint par la mesure générale qui interdit la coulisse.

» Sans ressources à cette époque, poursuivi, jusqu'à la saisie, pour le paiement de dettes aussi minimes que 140 fr., prix d'une pièce de vin, il loue, rue d'Amsterdam, 3, un local de 3,600 fr., où il installe des bureaux et un mobilier d'un certain luxe; il loue pour son habitation un appartement de 4,600 fr., prend la qualité de banquier et se livre à une énorme publicité (300,000 fr. en trois ans neuf mois), pour attirer des mises d'argent et de valeurs. »

M. Serres visait aux bourses légitimistes et catholiques; aussi avait-il pour signataire de sa correspondance un M. DE Mesnard; il avait tenté d'un emprunt pour le pape, d'un autre pour le roi de Naples (déchu); et enfin, il avait acheté de François II, ex-roi, au prix de 400,000 francs, deux frégates revendiquées plus tard par Victor-Emmanuel. Le procès, jugé à Marseille, a fait du bruit à l'époque.

Le plus énergique levier pour forcer les coffres-forts des cagots, c'est un journal de confiance, la *Gazette de France*, le *Journal des Villes et des Campagnes*, l'*Ami de la religion*, l'*Union*, si elle n'eût eu déjà sa caisse Fontaine-Spinelli. Les lecteurs de ces journaux croient encore au *sacerdoce* de la presse; les annonces mêmes leur paraissent affaire de parti et de principe. Ce fut le génie de M. Serres de flairer cet engin, et d'affermer le bulletin de Bourse et la revue financière des trois premiers de ces journaux. Il y prônait ses affaires à souhait, sans conteste ni contrôle, et l'argent affluait à sa caisse, comme par la grâce de Dieu.

Le bulletin de la *Gazette de France* lui était loué pour treize années, au prix minimum de 24,000 francs par an. La pièce, signée Lourdoueix, est au procès.

« Par suite de ce qui a été convenu verbalement entre nous, je consens à ce que la position qui vous est faite à la *Gazette*, par notre traité du... vous serve à fonder une maison de placement de capitaux et de banque, et je consens de plus à recommander directement et personnellement cette maison, dont vous serez le gérant, à mes abonnés et à mes amis.

» Il demeure entendu que les conditions pécuniaires garanties à la *Gazette* par vous et par cette maison sont celles-ci :

» 1° 25 0/0 dans les bénéfices de l'entreprise ;

» 2° La somme annuelle de 24,000 fr., que vous devez lui payer par douzièmes, sera comprise dans cette part de bénéfice et en formera le *minimum*. Quel que soit l'état des affaires de cette société, la somme de 24,000 fr. sera toujours due intégralement chaque année, payée par douzième et d'avance, etc. »

» *Signé :* H. DE LOURDOUEIX.

» Paris, le 8 janvier 1858. »

Le traité avec *l'Ami de la Religion* est également cité en partie :

« M. l'abbé Sisson confie à M. Serres, qui l'accepte, la rédaction de la chronique financière quotidienne et d'une revue hebdomadaire de la Bourse. M. Serres aura de plus la faculté de publier dans le journal divers articles sur des matières financières et autres sujets d'utilité publique au point de vue de l'intérêt général.

» En échange du *bénéfice moral* (bon Tartufe!) et de la publicité qu'il retire des attributions et droits à lui concédés ci-dessus, M. Serres s'engage à verser dans la caisse du journal, tous les mois et d'avance, la somme de 2000 fr., soit 24,000 fr. par an.

» La durée du présent traité est fixée à cinq années à dater du 1er mars 1860. »

Le *Journal des Villes et des Campagnes* avait traité pour dix ans, à 10,000 fr. par an.

Guetté derrière le bulletin de bourse de l'*Union* par la caisse Spinelli-Fontaine, derrière les revues financières de la *Gazette de France*, de l'*Ami de la Religion*, du *Journal des Villes et des Campagnes* par la banque Serres, obsédé par les réclames onctueusement chrétiennes du juif Mirès en faveur des chemins de fer romains, le monde catholico-légitimiste, qui répugnait, dit-on, aux tripotages de bourse, a dû subir aussi sa saignée proportionnelle.

Nous avouons, quant à nous, qu'il nous eût paru regrettable qu'un parti politique, puissant par la fortune, eût échappé à la razzia; il eût rejeté les déprédations de la juiverie sur Voltaire, Rousseau et la Révolution, et les Prud'hommes l'auraient écouté.

Qui sait? Ce *terrain commun*, rêve des politiques de toute nuance, sera peut-être justement celui que nous proposons : l'honnêteté avant tout, même dans les grandes entreprises et dans la publicité des journaux.

Commerce de messes. — Puisque nous en sommes sur le monde catholique et légitimiste, citons, à titre d'épisode, un trait de mœurs aussi peu connu qu'instructif. Il s'agit d'un prêtre interdit, faisant banqueroute aux âmes du purgatoire de 24,000 messes environ. Qui eût jamais pensé que le culte des morts, la croyance à une autre vie, le rachat des péchés, la délivrance des âmes, pussent devenir matière à spéculation? Voici, dans toute sa naïveté, l'exposé du trafic, d'après le défenseur :

« Il existe à Paris plusieurs maisons de librairie dont les chefs ont joint à leur commerce de livres une industrie qui vient en aide à l'écoulement de ces livres; cette industrie consiste, pour les libraires en question, à se faire l'intermédiaire des prêtres dépositaires de sommes d'argent à eux remises comme paiement anticipé de messes à dire.

» Une personne, par exemple, laisse en mourant au curé de sa paroisse 100, 200, 500 messes, plus ou moins, que l'ecclésiastique devra dire pour le repos de l'âme du défunt; ou bien c'est un parent pieux qui dépose la somme; peu importe. Le prix de chaque messe est de 1 fr., soit, 100, 200, 500 fr., déposés par avance aux mains du curé.

» A la rigueur un prêtre pourrait, dans un délai assez court, dire 500 messes; mais d'abord il y a des personnes qui en demandent jusqu'à 4,000 et au delà; puis il arrive que le même prêtre reçoit pareille mission de 40, 50, 100 personnes. Il arrive ainsi à contracter l'obligation de dire des messes en tel nombre que sa vie n'y suffirait pas; d'où l'obligation de partager avec d'autres prêtres.

» C'est la difficulté de ce partage qui a donné lieu à l'industrie dont nous parlons. Un libraire sait, par exemple, que tel ecclésiastique est chargé d'un nombre considérable de messes; il va le trouver et lui dit : Il vous est impossible de dire ces messes; vous avez reçu 1,000, 2,000, 3,000 fr., plus ou moins; donnez-moi cette somme; je me charge de faire exécuter ces intentions de messes par des prêtres sans ouvrage, et je vous accorderai une prime de 50, 100, 300 fr., selon l'importance du marché, en articles de librairie.

» Le traité conclu, le libraire livre la prime convenue. Puis il écrit à tous les prêtres des villes et des campagnes; il leur offre de dire un certain nombre de messes pour le repos de l'âme de tel ou tel défunt, messes payables à raison du prix courant de 1 fr. l'une, mais en articles de librairie.

» On voit tout de suite la combinaison lucrative du libraire, qui, au lieu d'argent, donne des livres sur lesquels il gagne 40, 50 et 75 p. 100. Quant au prêtre, il trouve là l'occasion de

monter sa bibliothèque sans bourse délier. » (Tribunal correctionnel de Paris, audience du 24 août 1861.)

Nous ne voulons tirer qu'une moralité de ces derniers faits : c'est que la loi de solidarité sociale est inéluctable ; elle s'impose fatalement à toutes les classes, qu'elles en aient ou non conscience. Le sens moral moyen est faible, et la vertu dans tous les partis est l'apanage des âmes d'élite. Il eût suffi peut-être d'une collectivité ayant foi à quelque chose de plus qu'aux intérêts matériels immédiats, pour arrêter, par l'exemple, par la protestation, ou simplement par l'abstention, ce débordement d'agiotage et de fraude. Mais la société tout entière a trempé dans l'iniquité : athées et croyants, impies et dévots, idéalistes et positivistes, absolutistes et libéraux, réactionnaires et progressistes, les uns hypocritement, les autres avec cynisme. Puisse notre *confiteor* être suivi de contrition et de résipiscence !

CHAPITRE IV

LES GRANDES AFFAIRES. — LES FONDATEURS; LES ENTRAINEURS.

Devant les faits qui vont se dérouler dans ce chapitre, ceux du chapitre précédent ne sont que broutilles, et n'ont d'importance que par leur multiplicité. Cette fourmilière de petites commandites, qui viennent se liquider en cour d'assises ou en police correctionnelle, n'atteint pas encore les grands engins de l'industrie nationale. La fortune privée est seule écornée; la richesse publique, les conditions essentielles de la société économique française ne sont qu'effleurées.

La revue des grandes affaires va nous donner des résultats bien autrement sinistres quant à leur portée. Aussi serait-il superflu de chercher ici le degré de criminalité des personnages. Qu'importe, en présence de l'immensité des désastres, une répression pénale? Les lois de l'économie violées, les conséquences étaient marquées, fatales, inévitables. Les notabilités financières, les plus grandes de l'Europe, eussent-elles possédé toutes les vertus civiles et civiques, publiques et privées, ne pouvaient se soustraire à l'arrêt du destin.

Aussi, les renseignements judiciaires les plus intéressants de ce chapitre ne sont-ils pas empruntés à la justice criminelle. Les débats des tribunaux de commerce et des chambres civiles, même lorsqu'il y a eu poursuites du procureur impérial, sont d'une bien plus haute gravité que les réquisitoires du ministère public, lequel est souvent embarrassé de conclure devant l'énormité des réclamations respectives des parties.

Un fait ressortira surtout de ce chapitre. Nombre de lecteurs s'imaginent peut-être que les mots de *féodalité industrielle* sont une figure de rhétorique, une hyperbole plus ou moins ampoulée. Qu'ils lisent ces simples récits, et ils toucheront du doigt la preuve que les bénéficiaires du régime féodal contemporain ne sont nullement des entités ontologiques, des êtres de raison. Que les actionnaires surtout n'oublient pas notre point de départ, à savoir que, dans l'organisme capitaliste actuel, ils sont, non les participants, mais les vaches à lait des états-majors. Les preuves au surplus seront surabondantes.

LES MINES D'AUBIN

(Procès civil.)

Cette histoire, plus instructive qu'un procès criminel, s'est déroulée devant la cour impériale de Paris, audiences des 3, 10, 17 et 19 janvier 1866.

Les mines d'Aubin, dont l'acquisition apparente avait été faite par un sieur Dubochet, appartenaient en réalité à MM. de Pourtalès et de Séraincourt, affirme Me Berryer. Des dépenses considérables y avaient été faites sans les améliorer beaucoup, et surtout sans leur ouvrir une exploitation plus facile et plus fructueuse. C'est pourquoi, en 1852, MM. Peters et Barrande, ingénieurs, furent chargés par MM. de Pourtalès et de Séraincourt d'étudier un projet de chemin de fer de Clermont-Ferrand à Montauban, passant par les mines d'Aubin. Les auteurs du projet, en grand crédit, affirme encore Me Berryer, eurent celui de mettre à la disposition de leurs ingénieurs les cartes de l'état-major et celles des ponts-et-chaussées, voire même les dessinateurs de l'état-major.

Sur l'avant-projet rédigé, M. de Pourtalès forma une compagnie en vue d'obtenir la concession de ce chemin de fer de Clermont à Montauban, qui donnait un débouché à ses mines; mais il voulait que l'État lui fournît des subventions et des garanties d'intérêt. Le gouvernement s'y refusa, et le projet n'eut pas de suite.

Ce fut alors, dit Me Rivière, que M. de Séraincourt présenta à M. le comte de Morny un plan complétement nouveau, qui consistait à faire hardiment 300 kilomètres, sans garantie d'intérêts ni subvention, moyennant promesse éventuelle par le gouvernement d'accorder en cinq ans 600 autres kilomètres dans les conditions de la loi de 1842, c'est-à-dire les terrains, les terrassements et les travaux d'art à la charge du budget. Après une première tentative inutile, MM. de Morny et de Séraincourt réussirent à former une compagnie anglo-française pour la concession et l'exploitation du réseau appelé le Grand-Central. Le premier s'était réservé la nomination des administrateurs; sur la demande de M. de Séraincourt, il consentit à désigner M. de Pourtalès, qui reparut ainsi dans la nouvelle combinaison.

M. de Pourtalès, entré au conseil du Grand-Central avec M. de Séraincourt, se hâta de vendre ses études et avant-projet de la ligne de Clermont à Montauban à la nouvelle société, — de simples études, entendons-le bien, un travail pour lequel il offre à ses ingénieurs, Peters et Barrande, 12,000 fr. pas l'ombre d'une concession, d'une prise de possession ou d'un semblant de propriété; de simples tracés graphiques, selon l'expression du défenseur; or, l'article 2 du traité, cité au procès, porte :

« La nouvelle compagnie, se mettant au lieu et place de la société Pourtalès, et se trouvant substituée à tous ses droits, (quels droits?) lui payera, à titre de remboursement, de frais divers et d'études faites jusqu'à ce jour, une indemnité à forfait de 150,000 fr. — De plus, MM. Pourtalès et Cie auront la faculté de souscrire au pair une quantité de 6,000 actions du Grand-Central, qui leur seront réservées et prises par moitié dans les deux partis, anglais et français. »

Les actions du Grand-Central, sitôt émises, avant qu'on eût planté un jalon, primèrent de 70 à 80 fr., de par la simple autorité des fondateurs ; ce qui permettait à MM. Pourtalès et Cie de réaliser, sur les 6,000 actions au pair de leur traité, un bénéfice immédiat de 420 à 480,000 fr.

MM. Peters et Barrande, qu'on voulait maintenir à la portion congrue de 12,000 fr., réclamèrent moitié du bénéfice de l'opération Pourtalès, c'est-à-dire le partage dans les 150.000 fr. espèces et dans la négociation à prime des 6,000 actions, prix de la fusion. De là le procès et les révélations que nous pouvons offrir à nos lecteurs.

Que devenaient les mines d'Aubin pendant ce temps, cet atome, point de départ de si grands mouvements?

« En novembre 1851, dit encore Me Berryer, les mines et usines d'Aubin ont été adjugées publiquement moyennant la somme de 500.000 fr. Peu de mois après, MM. de Séraincourt et autres sont entrés secrètement en copropriété avec l'adjudicataire. Le 7 juillet 1852, lorsque se produisait le chemin de fer d'Aubin à Montauban, ces mêmes usines étaient, par acte notarié, mises sous le nom de M. de Pourtalès au prix de 1,500,000 fr. Le 10 du même mois, elles étaient présentées pour constituer une société anonyme, sur une évaluation de 3,200 000 fr. Depuis, la concession du Grand-Central étant faite et la société définitivement constituée, il a été stipulé en faveur des établissements d'Aubin une avance de 5 millions. Enfin, ces mêmes usines sont sur le point d'être acquises par les actionnaires du Grand-Central moyennant un prix *énormément supérieur* à toutes les évaluations successives. »

Ce prix *énormément supérieur* est inscrit au long dans le rapport aux actionnaires du Grand-Central du 3 mai 1856 : 41,200 obligations, remboursables en 99 ans à 500 fr., et produisant 3 0/0 ou 15 fr. d'intérêt annuel, c'est-à-dire : pour la compagnie acquéreur 22,100,000 fr. de capital à rembourser, plus l'intérêt à 3 0/0; et pour la compagnie venderesse, en tenant compte du cours des obligations 3 0/0 qui se cotent entre 285 et 305 fr. de capital, une faculté de réaliser 12 à 13 millions immédiatement, au cours de la Bourse.

Lorsque ces faits furent révélés à la chambre des députés, en 1859, M. Calvet-Rogniat, qui fut aussi administrateur du Grand-Central, démontra que jamais traité plus favorable n'avait été conclu entre compagnies. Depuis, il nous est revenu des documents moins laudatifs sur cette transaction. A la suite d'une série d'affaires de ce genre, le Grand-Central fut démembré et partagé entre les compagnies de Lyon et d'Orléans. Cette dernière eut le lot des mines d'Aubin, et voici les appréciations des derniers rapports :

1861. « Les charges annuelles que la régie d'Aubin imposera à l'ancien réseau seront évidemment plus importantes qu'elles ne paraissaient devoir l'être.

1862. « La capitalisation des intérêts, l'entretien, l'approvisionnement, l'amélioration ont augmenté de près de 8 millions le capital d'Aubin. L'insuffisance à combler sur les produits de l'année est de 455,389 fr.

1863. « On a détaché du groupe d'Aubin des concessions pour une somme de 567,263 fr. 67 c. L'excédant des recettes pour le compte de capital est de 1,733,000 fr. 79 c. L'exploitation en 1862 laisse une insuffisance à combler de 482,292 fr. 75 c.

1864. « Le capital dont nous avons à servir les intérêts est aujourd'hui de 18 millions, en nombre rond, déduction faite des immeubles vendus. Dans ce chiffre, les intérêts immobilisés pendant les premières années de notre gestion figurent encore pour 1,318,000 fr. Nous avons dit que nous avions prélevé sur les produits de l'exercice une somme de 578,000 fr. destinée à l'amortissement partiel de cette charge. Il nous reste de plus deux usines et des immeubles à vendre. Si le reste des intérêts immobilisés était amorti ultérieurement et les immeubles vendus, le capital se trouverait réduit au-dessous de 16 millions, et les charges, dans ce cas, n'excéderaient pas 860,000 fr. Dans ces conditions, l'insuffisance des produits, par rapport aux charges, pourrait diminuer et peut-être disparaître dans les exercices futurs par le fait du développement de la vente des charbons.

1865. « L'insuffisance du revenu net est en réalité de 202,667 fr. 66 centimes.... Le capital s'élève aujourd'hui à 17,633,794 fr. 22 c., y compris 740,000 fr. provenant des intérêts immobilisés pendant la période de construction de l'usine. Nous vous proposons d'amortir cette dernière somme au moyen d'un prélèvement égal sur les produits de l'exercice.

1866. « Vente de l'usine de Bruniquel; affermage des établissements de Fumel. Un décret du 6 août 1865 a autorisé l'extension du périmètre des concessions métalliques. Le compte de capital se trouve réduit à 16,862,974 fr. 47 cent. »

Le sort de la revendication Peters-Barrande contre MM. de Pourtalès et de Séraincourt importe peu à notre sujet : ce que nous avons voulu signaler, ce n'est pas l'inégalité de répartition entre les contractants, mais bien l'énormité de disproportion des chiffres, à la vente et à l'achat. M. l'avocat impérial Metzinger lui-même n'a pas envisagé l'affaire autrement. Il a saisi l'occasion de prononcer de bonnes paroles, et nous sommes heureux de les reproduire :

« Pour apprécier cette partie de la cause, il faut descendre dans ce monde de spéculateurs, s'animer par la pensée des passions qui s'y agitent, des ardeurs qui y dévorent. On demande le partage d'une somme de 6 à 800,000 francs! Quel chiffre effrayant! Mais qu'ont donc fait ces ingénieurs pour prétendre ces monceaux d'or? C'est là, messieurs, l'objection, l'objection unique; mais elle disparaît devant l'étude recueillie de la cause. Assurément pour des hommes tels que vous, indifférents aux faveurs de la fortune, qui placent le bonheur et l'honneur de la vie dans la modération, dans le religieux accomplissement des devoirs et dans la considération qui s'y attache, les faits de la cause présentent un étrange spectacle. Au milieu d'une société vouée au travail, y cherchant courageusement et n'y trouvant pas toujours la satisfaction suffisante des besoins de la vie, deux hommes, n'ayant de mérite que leur audace de joueurs heureux, réalisent d'un trait de plume ou d'un coup de dé des gains capables d'enrichir vingt familles. Quelle démoralisation possible dans un tel contraste, et quels découragements à craindre si l'éclat de certains procès n'était pas fait pour étouffer toute tentation et pour affermir les courages! C'est là, messieurs, l'enseignement moral qui ressort de la cause. Mais que les mouvements soulevés dans vos cœurs en présence de pareils débats n'aillent pas jusqu'à égarer vos consciences. Les chiffres ici sont énormes; mais vous avez à juger des hommes vivant au milieu d'un monde où tout se change en or; et si le gain réclamé par les ingénieurs est excessif, que direz-vous des millions enlevés en quelques mois par MM. de Pourtalès et de Séraincourt. »

Sur une aussi digne péroraison, il ne nous reste qu'à résumer l'affaire.

Deux propriétaires de mines ont besoin de créer à leurs établissements un débouché. Au lieu d'un chemin de fer industriel, de quelques kilomètres, aboutissant à un canal, une rivière navigable ou une grande ligne, ils imaginent de se faire concéder une artère de cinquante lieues. L'entreprise, présentée sous le couvert du bien public, leur vaudra, espèrent-ils, subventions et garanties de l'État. Déçus dans leurs conceptions, ils combinent un projet gigantesque, une concession de 1,000 à 1,500 kilomètres, font agir les conseils municipaux, les conseils généraux, assiégent les antichambres ministérielles, enlèvent des personnages politiques, emportent leur concession, bâclent une société et s'en font nommer administrateurs. A peine installés, ils s'empressent de s'acheter à eux-mêmes des études avortées, des projets sans valeur; ils s'achètent encore leurs mines, 13 millions, les mêmes qui, cinq ans auparavant, à l'adjudication publique, avaient été estimés 500,000 fr. Et après, advienne que pourra. Sous le coup de marchés désastreux, la compagnie du Grand-Central est obligée de se démembrer, de placer sous la sauvegarde de deux compagnies riches les intérêts de ses actionnaires et porteurs d'obligations. Qu'importe aux écumeurs? Chez eux, toutes les notions de droit sont bouleversées : le poids de la responsabilité portera sur dix ou quinze mille actionnaires, dont les quatre-vingt-dix-neuf centièmes n'auront seulement jamais eu connaissance de l'*incident*.

Aujourd'hui (1866), il n'y a rien de changé encore dans la conscience de MM. les administrateurs en matière de responsabilité. Le 25 septembre dernier, la Cour d'assises du département de la Seine a condamné Berthomé à cinq ans de prison, et Dupray de la Mahérie à sept années de travaux forcés, pour détournement de 3,293,167 fr. au préjudice du Sous-Comptoir des Chemins de fer. Nous recueillons, au courant des débats, les détails suivants :

« A l'ouverture de l'audience, un de MM. les jurés demande à poser un certain nombre de questions de fait, dit-il, et très-courtes. M. le président l'y autorise.

» Le juré pose cette question : Berthomé avait-il un cautionnement, et quel était l'importance de ce cautionnement, s'il existait?

» M. Ernoux : Berthomé n'avait pas de cautionnement.

» Deuxième question. — Le directeur du Sous-Comptoir est-il pécuniairement et personnellement responsable des détournements commis?

» M. Ernoux : Non, monsieur le président; le directeur n'est aucunement responsable de ces détournements.

» Troisième question. — Sur qui doit peser la perte subie?

» M. Ernoux : Ce sont les actionnaires qui doivent la supporter. »

Le Sous-Comptoir n'a pas, à proprement parler, d'actionnaires; le fonds de garantie, 6 millions, a été fait par les grandes compagnies de chemins de fer. Puisqu'il est entendu que MM. les directeurs et administrateurs ne répondent de rien, le déficit Berthomé, 3 millions, se répartira, en dernière analyse, sur les actionnaires de chemins de fer mêmes. Ainsi va le monde financier.

Pourtant, dans la faillite des forges de Decazeville, le Tribunal a déclaré les administrateurs responsables et les a condamnés à 850,000 fr. de restitution. Si la question de responsabilité au sujet du Sous-Comptoir était posée en justice, peut-être la doctrine de M. Ernoux recevrait-elle un démenti. C'est une jurisprudence toute nouvelle.

Dans tous les cas, voici des éléments qui feront juger de la moralité des grandes affaires en général et de celle-ci en particulier :

Le Sous-Comptoir était gouverné par vingt-huit administrateurs et par cinq délégués du Comptoir d'escompte. Parmi ces administrateurs et délégués, se trouvaient les cumulards dont nous avons parlé à l'Introduction, des gens qui gouvernent de dix à vingt compagnies. Les Viboux, les Berthomé, les Lamirande, les Carpentier ont beau jeu avec de pareils surveillants. Et cependant voici une circonstance encore plus grave.

Lors de la révélation du sinistre du Sous-Comptoir, un journal financier, le *Messager de Paris*, donna de cette catastrophe l'explication suivante :

« Le Sous-Comptoir avait pour directeur M. Lanyer, que sa santé avait obligé depuis plusieurs années *à abandonner ses fonctions*, mais qu'on n'avait pas remplacé *par un sentiment de délicatesse !*... Son rôle était rempli par M. Berthomé, l'auteur du crime; mais, depuis deux mois, M. Ernoux avait été nommé directeur, et M. Berthomé s'est trouvé dans l'impossibilité de continuer les manœuvres à l'aide desquelles il pouvait dissimuler plus longtemps sa situation. »

Que vous semble *de la délicatesse?* — il n'importe, le nouveau directeur l'a déclaré : les actionnaires seront seuls responsables, c'est-à-dire les actionnaires des chemins de fer, dont les neuf dixièmes encore ignoraient jusqu'à l'existence du Sous-Comptoir.

Citons un digne pendant à l'histoire d'Aubin :

« En 1857, le domaine de Cerneck, en Esclavonie, fut vendu par M. Muller à MM. Silberschmitz et Grutschreiber, au prix d'UN *million*. Les acquéreurs apportèrent cet immeuble à la compagnie Pinot de Moira pour la somme de SEPT *millions*. — Actes des 31 août, 24 et 28 novembre 1857. Le tribunal de commerce de la Seine a annulé la convention comme entachée de fraude. » (*Droit* du 8 mars 1858.)

Nous allons rencontrer presque partout ce cumul, monstrueux aux yeux de la morale et des affaires régulières, de la qualité d'acheteur et de vendeur réunie dans la même personne. Mais qu'on ne s'en scandalise pas : nous sommes sous le régime du *crédit octroyé*, et le souverain n'a pas d'explications à fournir. Qu'importe d'ailleurs? Les actions du Grand-Central ont primé de 70 fr. à l'émission. Les fondateurs avaient dignement rempli leur mandat. Tant pis pour les derniers porteurs.

LES DOCKS NAPOLÉON

(Procès criminel, 25 février 1857 ; procès civils.)

Il y a quelques années, les voyageurs partant de Paris par la gare de Saint-Lazare pouvaient remarquer à droite, avant d'entrer sous le tunnel de la place d'Europe, une profonde échancrure de quelques ares, creusée au niveau de la voie. C'était un *témoin*, selon une expression des travaux publics, de la folie des Docks. Nous disions un jour à ce sujet :

Il serait bon que les gens de sens commun, les amateurs de pièces historiques, fissent une souscription, afin d'acheter ce lopin de terre déblayé, profond de 10 à 12 mètres, et qu'ils y missent cette inscription : « Ici, des financiers eurent l'idée d'établir des docks, 1852-1855. » Lorsque nos petits-neveux sauront lire et compter, ils ne pourront vraiment croire, si nous ne leur léguons des preuves matérielles du genre de celle dont nous parlons, à tant d'audace de la part des financiers, ni à tant d'imbécillité chez la plèbe actionnaire.

L'Angleterre avait des docks modèles dans tous ses ports maritimes; donc, il nous fallait des docks semblables en France, et, comme conséquence de l'idée de centralisation, au lieu de creuser des bassins et de construire des hangars dans les ports de Marseille, Cette, Bayonne, Bordeaux, la Rochelle, Nantes et Saint-Nazaire, le Havre, Dunkerque, c'est à Paris qu'il importait d'établir le premier chef-d'œuvre. A défaut de navigation, Paris n'était-il pas la tête de ligne de tous les chemins de fer français, reliés par un chemin de ceinture.

Le patriotisme, le chauvinisme, une ombre de raison aidant, commandaient une pareille expérience. La France était assez riche pour faire les frais de la tentative. En vain les gens timorés objectaient :

— La capitale a déjà, pour ses denrées encombrantes d'approvisionnement, la Halle aux vins, le Grenier d'abondance, la Halle aux blés, la Douane du canal Saint-Martin, les caves de Bercy, les chantiers d'Ivry, de la Râpée, les entrepôts de la Villette. Que feront des docks de plus et de mieux, quand ils auront enlevé au capital national une centaine de millions au moins? Avec les chemins de fer, les colis vont directement à destination sans avoir besoin de s'entreposer. Reste donc le magasinage des articles de Paris, sur lesquels on créera des warrants. L'article Paris ! Se figure-t-on des fleurs artificielles, des modes, des rubans, des lustres, des bronzes, des meubles, des jouets d'enfants, de la bijouterie, de l'horlogerie entreposés et warrantés par un magasin général ?

— Au diable les raisons et les raisonneurs! Nous voulons des docks à Paris, et nous les aurons, coûte que coûte.

— Soit! Puisqu'il le faut, nous choisirons un terrain sur un point qui ne soit pas déjà encombré, un sol à niveau du chemin de ceinture, ici ou là, peu importe, pourvu que l'emplacement ne coûte pas cher, et qu'on évite les frais de nivellement.

— Eh bien! non, c'est dans la gare même de Saint-Lazare qu'on s'installera.

De la gare de Saint-Lazare partent les convois de banlieue, savoir : sur Versailles, d'heure en heure, aller et retour, deux convois par heure; sur Saint-Germain, mêmes conditions; sur Argenteuil, encore la même chose; sur Auteuil, trois convois à l'aller, trois au retour, ou six convois par heure, soit, pour le service de la banlieue, un mouvement de douze trains par heure, un chaque cinq minutes. Après cela, les services à longs parcours : ligne du Havre, ligne de Cherbourg, trains directs, semi-directs, express, omnibus, convois de marchandises, convois de voyageurs : encore un mouvement d'une quarantaine de convois, aller et retour, par vingt-quatre heures. C'est précisément au milieu de ce tohu-bohu qu'on installera les docks. — Pourquoi? — C'est que des financiers ont là, non ailleurs, des terrains à vendre, délaissés depuis plus d'une génération, et d'un placement difficile.

L'avantage de ces terrains? — Ils surplombent les rails de treize à quatorze mètres. Il faudra les creuser à niveau de la voie de fer. En se contentant de dix hectares de superficie, maigre emplacement pour une entreprise aussi grandiose, ce sera, pour les marchands de terrains, cent mille mètres de placés, et pour les actionnaires un million et demi de mètres cubes à enlever avant de songer à creuser des fondations. Puis, lorsque le nivellement avec les rails sera opéré, il restera à créer des rampes, afin de raccorder les magasins avec les rues environnantes, afin d'ouvrir accès aux camions et fourgons quand on aura frayé la route aux locomotives.

Un ingénieur aurait proposé une pareille folie, on l'eût conduit net à Charenton, à moins pourtant qu'il n'eût été en même temps un financier influent, propriétaire de terrains, tourmenté du besoin de les vendre.

Tous les directeurs, initiateurs, fauteurs ou patrons de sociétés par actions n'ont pas de la terre à placer, et, comme il faut que chacun vive, nous allons assister à des extravagances on ne peut plus variées.

Sont en cause : Cusin, Legendre, Duchesne de Vère, Orsi, fondateurs ou administrateurs des Docks; Berryer, commissaire nommé par le gouvernement près de la compagnie.

Le 17 septembre 1852, un décret autorisait Cusin, Legendre et Duchesne de Vère à établir des docks à Paris. Le capital social était fixé à 50 millions; actions de 250 fr., premier versement, 125 fr. La société ne pouvait être constituée que par la souscription intégrale des 200,000 actions. Dès le 31 octobre, les fondateurs accusent des demandes de 276,915 actions. On place au conseil de surveillance le prince Murat, le général Morin, M. Dolfus; en janvier 1853, M. Émile Péreire, sur l'invitation de M. le ministre de l'intérieur, entre dans l'affaire comme conseil, sans engager en rien sa responsabilité. Quelque temps après, ces personnages se détachent de l'affaire. La révélation d'un antécédent judiciaire désobligeant, arrivé en Belgique à Duchesne de Vère (vingt ans de travaux forcés par contumace pour faux), paraît être le principal motif de cette retraite.

1° **Affaire des terrains.** — M. le conseiller Perrot de Chezelles, dans son rapport devant la Cour impériale, audience du 23 avril 1857, résume ainsi cet incident :

« M. Riant, ancien notaire, qui a longtemps rendu des services dans le conseil général de la Seine, était propriétaire de terrains d'une grande etendue et d'une importante valeur sur la place d'Europe. Il avait, depuis plusieurs années, conçu la pensée que ces terrains pourraient, utilement pour lui et pour la chose publique, être consacrés à la formation de docks commerciaux. En 1848, des pétitions avaient été présentées à l'Assemblee nationale, désignant pour cet emploi les terrains de

M. Riant. Le sieur Horeau, architecte, avait dressé des plans pour l'élévation de vastes docks sur ces terrains.

» Horeau, étudiant à Londres les docks anglais, y avait rencontré Duchesne de Vère, s'occupant de leur organisation et de projets de création de docks en France. Horeau mit Duchesne de Vère en relations avec Riant. Une prime de 60 à 80,000 fr. fut promise à Duchesne de Vère au cas où les terrains de Riant seraient, par son entremise, utilisés, prime qui depuis lui a été soldée.

» Les projets de Duchesne de Vère ayant été agréés par Riant, celui-ci mit Duchesne de Vère en rapport avec MM. Cusin et Legendre, desquels, à raison de l'emprunt municipal de 1847, il avait conservé un souvenir honorable, et dont il jugea que l'intervention comme capitalistes serait utile à la formation des docks.

» Dès le mois de juin 1852, Duchesne de Vère, Cusin et Legendre achetèrent conditionnellement à Riant ses terrains, 77,467 mètres, au prix de 118 fr. 75 c. le mètre, moyennant 9,199,220 fr. 50 c. Ainsi, le rapprochement fortuit de MM. Riant, Duchesne de Vère, Cusin et Legendre détermina la demande et l'obtention des docks par les trois derniers, et la société des concessionnaires. Dès l'origine pesa sur ceux-ci un défaut de liberté peut-être regrettable : rapprochés, aidés par M. Riant, ils furent entraînés à prendre ses terrains, qui, *éloignés des voies d'eau, enclavés, très-étendus et devant donner lieu à des déblais considérables*, n'étaient peut-être pas dans les meilleures conditions pour l'établissement de docks.

» L'acquisition des terrains de Riant, avec des délais pour le payement, devait, dès l'origine, mettre à la charge de la société des docks un intérêt bien lourd de 1,300 fr. par jour. »

Là s'arrêtent les révélations du procès criminel sur l'épisode des terrains; mais une licitation entre parties civiles va compléter l'histoire.

M. Péreire dit, au cours de sa déposition :

« On n'avait pas songé qu'en achetant les terrains de M. Riant, il fallait plus tard acquérir ceux de M. Hagermann, d'une valeur de plus de 4 millions. »

Alors, pendant son court passage dans cette affaire, M. Péreire « fit réduire de moitié, par une résiliation partielle, l'acquisition trop considérable faite à Riant; puis il vendit lui-même aux docks des terrains appartenant au chemin de fer de Saint-Germain, devant donner des issues aux terrains enclavés de M. Riant; enfin il négocia conditionnellement une acquisition de terrains à Clichy, permettant l'arrivée directe, par bateaux et par la voie d'eau, des marchandises amenées à Paris par l'Oise et la Seine. Enfin, il se retira le 14 juillet 1853. » (Rapport de M. Perrot de Chezelles.)

M. Riant digéra difficilement, paraît-il, la rétrocession imaginée par M. Péreire, et voici la vengeance qu'il en tira. Il y eut un jour licitation sur tout un ensemble d'opérations entre M. Péreire, la compagnie de Saint-Germain, puis la compagnie de l'Ouest, d'une part, et MM. Riant, Hagermann et les héritiers Mignon, d'autre part. Les réclamations furent portées au conseil de préfecture en 1856, et plus tard au Conseil d'État. On se lança des brochures à la tête. Celle que nous tenons a pour titre : *Réponse des héritiers Mignon aux publications de M. E. Péreire.* (Pourquoi publier de pareilles choses : entre grands seigneurs, mieux vaudrait transiger?) Elle est datée d'octobre 1858; signée Riant, A., Th. et Ed. Mignon, Piet, ancien avocat au Conseil d'État et à la cour de cassation, imprimée à Paris chez A. Guyot, rue Neuve-des-Mathurins, 18. Nous en extrayons le chapitre intitulé : Épisode des Docks.

« Nous n'en aurions pas dit un mot, parce qu'il n'a pas le moindre trait aux réclamations soumises au conseil de préfecture et au conseil d'Etat, dit le Mémoire, si M. Péreire n'en eût pas parlé; mais nous ne sommes pas fâchés qu'on nous ait fourni l'occasion de l'expliquer, à la charge de qui de droit.

» Comme ne l'ont que trop appris de tristes débats, la maison Legendre et Cusin, fort honorable jusqu'alors, avait demandé l'autorisation d'établir des docks dans le quartier de l'Europe, auprès de la tranchée du chemin de fer, entre la place d'Europe et le chemin de ronde. Elle devait, pour obtenir le decret qu'elle sollicitait, s'assurer d'avance des terrains convenables à cet établissement.

» Les héritiers Hagermann et Mignon, qui en possédaient, lui en vendirent, au prix debattu et sans pression possible, de 118 fr. 75 c. le mètre. Le contrat des héritiers Hagermann, comme celui des heritiers Mignon, était subordonne à l'autorisation des Docks et à la constitution de la société. De plus, les héritiers Hagermann avaient stipulé que si l'autorisation n'était pas obtenue et la société constituée avant le 20 octobre 1852, leur vente serait nulle de plein droit. Et ce fut ce qui arriva.

» Le contrat des héritiers Mignon ne fixait pas de délai; mais il restait à l'état de simple projet, comme l'a dit M. Cusin, jusqu'à la constitution de la compagnie. Il ne fut effectivement realisé qu'après cette constitution, le 21 novembre 1852.

» Les actions des Docks avaient d'abord profité de l'engouement que toute entreprise nouvelle produisait alors; mais bientôt elles se discréditèrent par des circonstances qui ont retenti devant la police correctionnelle. Le ministre, voyant péricliter un établissement auquel se rattachait un intérêt public réel, s'en émut, et désira que M. Péreire vînt à son secours. Le grand financier y consentit.

» Présenté, accueilli comme un *sauveur*, il eut immédiatement l'omnipotence de fait, mais ne prit pas de suite un titre officiel, qui l'aurait gêné pour certains actes qu'il entrevoyait. Il se récria tout d'abord sur la quantité des terrains achetés des héritiers Hagermann et Mignon. Il se fait aujourd'hui un mérite d'avoir resilié le traité des heritiers Hagermann, mérite assurément bien mince, car la caducité de ce traité, pour inaccomplissement de conditions, rendait la tâche bien facile.

» La vente des héritiers Mignon, librement consentie, loyalement, légalement realisée, présentait plus de difficultés; il fallait absolument, pour la reduire, le consentement exprès des vendeurs. On dut négocier pour l'obtenir, et il est très-vrai que l'opération fut laborieuse, comme dit M. Péreire; mais en quel sens?

» M. Riant consentit de suite à la rétrocession; seulement il la voulait pour le tout, par une sorte d'intuition que l'avenir a trop justifiée. Cela ne rentrait pas dans les vues de M. Pereire.

» Les Docks devenaient impossibles, au lieu où le décret fixait leur établissement, sans une partie des terrains des héritiers Mignon, dont le décret supposait les impétrants propriétaires; M. Péreire avait besoin que les Docks subsistassent, au moins pendant quelque temps. Il tenait conséquemment à ce que la rétrocession ne fût que partielle : c'était là seulement ce qui rendait l'opération laborieuse, par la résistance de M. Riant.

» Enfin M. E. Pereire triompha de cette résistance par des paroles qui ne lui coûtent guère, à ce qu'il paraît : *il promit de rester à la tête des Docks.* Sous la foi de cette promesse, qui, avec la capacité financière de M. Pereire, semblait garantir au quartier de l'Europe un avenir prospère, M. Riant et les héritiers Mignon consentirent à ne reprendre qu'une partie de leurs terrains et à laisser l'autre aux Docks.

» Ils firent plus : outre la rétrocession de M. Pereire, ils accordèrent un terme de trois années pour la moitié du prix, avec remise d'intérêts pendant ce délai, parce qu'il fallait, disait-on, trois ans pour constituer les Docks. Ainsi le prix ne ressortit plus, par le fait, pour cette moitié, qu'à 103 fr. le mètre, et en moyenne, pour tous les terrains laissés aux Docks, qu'à 111 fr. Mais comme gage de sa parole, sur la demande formelle de M. Riant, *M. Péreire dut signer l'acte de rétrocession*, et il y apposa sa signature, qui ne peut s'expliquer autrement. »

Ici nous ouvrons une parenthèse : que valait dans cette affaire la signature de M. Péreire, simple conseil, protecteur, sauveur de la société, mais sans titre pour acheter et vendre? En finance, on ne s'arrête pas à des questions de légalité, paraît il.

« M. Riant avait la simplicité de croire que M. Péreire ne demandait les concessions dont nous venons de parler que dans l'intérêt des Docks, à la prospérité desquels il s'intéressait vivement lui-même. Mais il ne tarda pas à *reconnaître que M. Péreire ne tendait, par la rétrocession, qu'à substituer les terrains de sa compagnie de Saint-Germain à ceux des héritiers Mignon, et, par le terme, qu'à retenir dans la caisse des Docks, pour les opérations qu'il avait en vue, l'argent qui s'y trouvait encore.*

» Le prix de 111 ou même de 118 fr. n'avait rien d'exagéré, comme on le verra bientôt. A la vérité, M. Riant acheta, peu de temps après, dans le même quartier, des terrains à un taux inférieur; mais ce fut sur expropriation forcée; et qui ne connaît la différence entre un prix livré forcément aux chances des enchères et la valeur réelle.

» Du reste, M. Péreire n'avait garde de parler alors d'expropriation : on va voir pourquoi. Devant le tribunal de police correctionnelle, il disait :

» Qu'avant d'ouvrir des magasins pour faire des entrepôts
» et d'espérer un succès semblable à celui des docks de Lon-
» dres, le premier soin devait être de faire disparaître les en-
» traves à la faculté d'entreposer; — qu'il fallait une législa-
» tion et des moyens commerciaux semblables à ceux de
» l'Angleterre : — qu'il ne voulait s'immiscer en rien dans les
» affaires des Docks jusqu'à ce que les conditions dans les-
» quelles il croyait l'affaire bonne fussent accordées par le
» gouvernement. »

» Rien de plus sage assurément; aussi M. Péreire provoquait-il auprès du ministre, du conseil d'État, du Corps législatif, les modifications qu'il fallait attendre. La conséquence logique était qu'on devait surseoir à toute dépense pour ménager au moins les fonds des actionnaires, jusqu'à ce que ces modifications, sans lesquelles il n'y avait rien d'utile pour les Docks, eussent été obtenues.

» Mais M. E. Péreire avait des terrains qui embarrassaient la compagnie du chemin de fer de Saint-Germain, et il avait besoin d'une grande quantité de terres pour le remblai de ses gares, des Batignolles au pont d'Asnières. La position de *protecteur* des Docks offrait une occasion bien séduisante pour placer les terrains et se procurer les terres de remblai. M. Émile Péreire n'hésita pas à sacrifier la logique à son intérêt.

» Lui, qui avait trouvé que les Docks avaient trop de terrains, s'empressa de substituer les terrains de sa compagnie à ceux qu'il avait fait reprendre par les héritiers Mignon.

» Lui, qui parle aujourd'hui de l'exagération du prix de 111 ou 118 fr., exigeait des Docks le prix de 160 fr. par mètre, comme le constate l'acte de vente passé devant Mᵉ Dufour, notaire de la compagnie, le 10 février 1853.

» Et cependant, lui, qui oppose à M. Riant le taux auquel il a acheté sur expropriation, a aussi acquis, comme il le déclare, sur la même expropriation, des terrains à 31 fr. le mètre, dans le même quartier.

» La vente faite aux Docks comprenait, il est vrai, des terrains à un prix moindre de 160 fr. *Mais c'étaient les talus du chemin de fer,* APPARTENANT A L'ÉTAT, non à la compagnie, et que devait un jour reprendre l'État.

» Cette première opération coûta aux actionnaires des Docks 1,169,425 fr., payés moitié comptant, moitié le 26 février 1854.

» Ici se présente un dilemme assez embarrassant, même pour un financier de la force de M. Péreire : — ou le prix de 111 fr. était plutôt inférieur que supérieur à la valeur réelle, — ou M. Péreire aurait singulièrement abusé de la *protection* qu'il daignait accorder aux Docks, en leur imposant le prix de 160 fr. — Combien l'abus eût-il été monstrueux si les terrains vendus à ce prix n'eussent valu que 25 ou 30 fr., comme le prétend aujourd'hui M. Péreire !

» On vient de voir avec quel avantage, profitant de la pression que son protectorat lui permettait d'exercer sur les Docks, M. Péreire avait placé les terrains de sa compagnie. Voici maintenant ce qui fut fait pour les terres dont il avait besoin pour ses gares des Batignolles.

» Dès le 31 janvier 1853, un marché avait été passé entre la compagnie des Docks et celle de Saint-Germain pour le déblai des terrains des Docks. Le prix du tarif était celui des travaux publics, mais sans le rabais, souvent considérable, qu'amène toujours la concurrence.

» Comme il n'y avait pas un moment à perdre pour profiter du peu de temps que pouvaient avoir à vivre les Docks, et des fonds qui restaient encore dans leur caisse, on se mit aussitôt à l'œuvre, qui fut poursuivie avec la plus grande activité et le plus grand développement. »

Nous nous souvenons qu'en effet les journaux de l'époque firent grand bruit de phares électriques très-puissants, qui permettaient de travailler de nuit comme de jour, phares appliqués, vu l'urgence, au déblaiement des docks ; cette nouveauté scientifique nous parut mériter un voyage, d'un pôle à l'autre de Paris. Nous vîmes en effet dans les chantiers une fourmilière de terrassiers travaillant avec l'activité des riverains de la Loire ou du Rhône, quand il s'agit de consolider les levées du fleuve contre l'inondation. Escouade de jour, escouade de nuit, rien ne coûtait. Sous le coup de fouet de cette réclame, les actions primèrent à un taux insensé ; tant il est vrai qu'une extravagance ruineuse ou frauduleuse met bien plus sûrement en rut la plèbe actionnaire que des procédés administratifs frappés au vulgaire coin du sens commun. Continuons :

« M. Péreire parvint ainsi à se procurer, non-seulement sans bourse délier, mais avec un grand bénéfice, les terres de remblai de ses gares, qu'autrement il aurait achetées assez cher.

» Cette deuxième opération, plus prématurée encore que la première, coûta aux actionnaires des docks 1,211,000 fr., fort exactement payés à fur et mesure des travaux.

» D'après des renseignements que nous avons tout lieu de croire exacts, le déblai serait revenu à 98 centimes par mètre à la compagnie de Saint-Germain, y compris le transport aux gares des Batignolles et l'achat des wagons employés à ce transport, wagons revendus ensuite à la compagnie du Midi, que *protégeait* aussi M. Péreire, un peu plus qu'ils n'avaient coûté, à raison d'une augmentation survenue dans le prix des fers. — M. Péreire ne néglige jamais rien. — Le prix, d'après le tarif des travaux publics sans rabais, étant de 2 fr. 50 c., le bénéfice ne se serait pas élevé à moins de 155 pour 100.

» A ce profit énorme sont venus se joindre d'autres avantages.

» Par leur excavation, les terrains ont été livrés à la discrétion des voies ferrées, auxquelles seules ils peuvent convenir maintenant, si les Docks ne se relèvent pas ; car avec un creusement de 11 mètres, en beaucoup d'endroits, ils ne peuvent plus guère recevoir des constructions ordinaires; ces terrains, mis au niveau des chemins de fer, sont préparés, aux frais des Docks, à recevoir les rails ou les gares, le cas échéant, comme le prouve l'usage qu'en fait déjà la compagnie de l'Ouest, ainsi qu'on peut s'en convaincre sur les lieux. On a créé, au milieu du quartier de l'Europe, des fosses, des mares, une espèce de désert qui, avec les ignobles clôtures dont on a dû les entourer, déprécient de plus en plus les terrains de ce quartier, conformément aux vues qu'a toujours eues M. Pereire.

» Enfin, tout en faisant grandement son bien, M. Péreire a fait le mal d'autrui, avantage que ne dédaignent pas certaines personnes; il a nui considérablement aux héritiers Mignon et à M. Riant, en dégradant leur quartier, et en les mettant dans l'impossibilité de reprendre les terrains, rendus invendables.

» Jusqu'à ce qu'il eût consommé les deux opérations dont nous venons de parler, M. Péreire n'avait pas pu prendre qualité dans la compagnie des Docks; car il était difficile que M. Péreire, directeur titulaire des Docks, traitât avec M. Péreire, directeur de la compagnie de Saint-Germain. Cela aurait paru trop fort et n'eût pas d'ailleurs été plus légal que loyal. »

Il ne faut voir dans ce dernier alinéa qu'une mordante ironie : les auteurs du mémoire sont trop au courant des affaires pour ne pas savoir que le cumul y signalé forme justement la base de ce qu'on nomme si pompeusement la *science financière*, cumul dont nous venons de voir l'application dans l'affaire d'Aubin et que nous retrouverons partout.

» Quand rien ne le gêna plus, M. Péreire pensa à convertir

son omnipotence de fait en une omnipotence de droit qui pouvait lui devenir très-profitable, si, par les modifications demandées dans la législation commerciale, les Docks regagnaient la faveur publique. Dans cette vue fut signé le traité qui porte la date du 18 mars 1853, mais que M. Cusin a dit, devant le tribunal, avoir été post-daté. Par ce traité :

» 1° M. Péreire était nommé directeur suprême;

» 2° Il réservait pour lui et sa clientèle 83,000 actions syndiquées au Crédit mobilier, dans la caisse duquel devaient être aussi versés les fonds de la compagnie des Docks, et dans lequel *on prétend* que M. Péreire a un assez grand intérêt.

» Si la prévision se réalisait, les actions, qui avaient obtenu une prime de 55 fr. à la seule annonce de l'arrivée de M. Péreire, en janvier 1853, devaient s'élever à un cours bien supérieur par l'avènement officiel du puissant financier à la direction. Mais à supposer, contre toute évidence, que la prime ne dût être que de 55 fr., 83,000 actions devaient encore donner 4,565,000 fr., dont M. Péreire aurait profité au détriment de la compagnie qu'il patronait. Si la prévision ne se réalisait pas, les actions restaient aux Docks. Ainsi le bénéfice devait être pour M. Péreire, la perte pour les Docks. »

Sur cette histoire d'actions, le Mémoire n'est pas complétement d'accord avec M. Péreire, dont voici la déposition en justice :

« J'ai mis en syndicat les 111,000 actions non souscrites. On m'a reproché cet acte, et je m'en applaudis; l'affaire des Docks était embarrassée, et je prévoyais qu'elle ne marcherait pas. Cependant, à cette époque, les actions faisaient encore une prime de 50 fr. On m'a reproché de n'avoir pas vendu; mais j'en aurais été bien fâché : je prévoyais que la prime ne se maintiendrait pas, et je ne voulais pas bénéficier en faisant perdre tout le monde. »

Rien de plus moral ni de plus généreux; reste alors une toute *petite affaire* d'actions.

« Me HENRI CELLIEZ, *avocat des parties civiles* : Je désirerais que M. Péreire s'expliquât sur un achat de 3,000 actions, fait de compte à tiers entre lui, M. Rougemont et MM. Cusin et Legendre.

» M. E. PÉREIRE : Oui, je me rappelle; il s'agissait de racheter 3,000 actions a la Bourse. C'est M. Rougemont qui m'en parla et me demanda si je voulais faire les fonds. J'y consentis; les actions furent achetées à la Bourse, puis revendues plus tard. J'ignorais que MM. Cusin et Legendre fussent dans *cette petite affaire*; j'ai cru qu'il n'y avait que M. Rougemont et moi. »

Le mémoire Riant-Mignon continue :

« Cette combinaison, tant soit peu léonine, n'a pas eu le succès qu'en attendait M. Péreire : avec son assurance habituelle, il s'était persuadé que ministres, conseil d'État, Corps législatif s'empresseraient de déférer à ses volontés. Mais les modifications ne furent pas accordées de suite; on eut le tort de vouloir y réfléchir et de les soumettre à un examen approfondi. On eut le tort aussi de ne pas accueillir les autres demandes de M. Péreire, notamment celle du monopole des Docks en France.

» M. Péreire, croyant alors avoir tiré des Docks tout ce qu'ils pouvaient rendre, donna brusquement sa démission (juillet 1853), au mépris de la promesse par laquelle il avait obtenu des héritiers Mignon les concessions dont nous avons parlé. Tel est l'épisode des Docks. »

Suivent encore cinquante pages, fort intéressantes sans contredit, mais étrangères à notre sujet.

Les marchés à construire. — Après les tripotages de terrains, les marchés de construction et fournitures : c'est devant le Tribunal de commerce de la Seine, les 17 novembre et 1er décembre 1856, que les faits suivants, reproduits au procès criminel plus tard, ont été révélés la première fois.

« Le 14 février 1854, MM. Cusin, Legendre et Duchesne de Vère ont fait avec MM. Fox, Henderson et Compagnie un traité à forfait pour la construction complète des Docks, au prix de 24 millions. Les adjudicataires s'engageaient à recevoir en payement une somme de 4 millions en actions, et, à cet effet, ils se sont inscrits comme souscripteurs de 32,000 actions, qui devaient leur être remises, libérées de 125 fr. Mais comme on craignait que le conseil d'État ne refusât d'admettre cette souscription et ce payement en actions, MM. Cusin et Legendre ont fait avec MM. Fox et Henderson un traité secret par lequel ces derniers s'engageaient à se porter souscripteurs purs et simples des 32,000 actions, tandis que MM. Cusin et Legendre, de leur côté, prenaient l'incroyable engagement d'arranger leur comptabilité de telle manière que MM. Fox et Henderson ne seraient pas obligés d'effectuer le versement de ces actions. Cette coupable connivence n'était pas gratuite : MM. Cusin et Legendre n'ont pas craint d'exiger une remise de 1,800,000 fr. sur les 4 millions dont ils faisaient abandon à MM. Fox et Henderson.

» Nous ne nous permettrions pas d'avancer de pareils faits si la preuve n'en était fournie par le traité secret saisi par M. le juge d'instruction, et nous ne savons de quoi le plus nous étonner, de la malversation commise par les gérants des Docks, ou de la naïveté avec laquelle ils l'ont consignée dans un traité; car il est rare de trouver la preuve écrite de pareilles fraudes. »

Incidents divers. — Les deux histoires, de terrains et de traité, que nous venons de rapporter ne figurent au procès qu'à titre de renseignements généraux. Cependant les faits incriminés sont, à beaucoup près, moins intéressants. En voici le résumé, d'après le rapport de M. Perrot de Chezelles.

Après trois années, la concession des Docks, du 17 septembre 1852, a dû être révoquée par un décret du 19 décembre 1855, sans que les concessionnaires, qui ont reçu plus de 15,500,000 francs, aient fait aucune construction et rendu aucun service au commerce, le résultat de leur gestion étant d'avoir creusé pour les actionnaires une perte que Cusin reconnaît ne pas être inférieure à 4 millions, que l'expert porte à plus de 6 millions, et que l'inspecteur des finances estime à une somme beaucoup plus élevée, perte dont le chiffre ne pourra être définitivement fixé que par les éventualités de la liquidation.

Cusin et Legendre sont directeurs d'une maison de banque ; ils ont des intérêts dans les usines de Pont-Rémy et de Javel. Or la caisse des Docks devient commune à toutes ces entreprises ; les fondateurs se font délivrer encore près d'un million d'avances. Afin de pousser à la hausse, ils accusent un chiffre de souscriptions supérieur au nombre même des actions ; on refuse des demandes de titres bien qu'on en ait encore les deux tiers à placer. Les écritures sont conduites comme les affaires. Quant à Berryer, nommé par le gouvernement commissaire près de la compagnie des Docks pour en surveiller les opérations, en réprimer les écarts, il n'a rien trouvé de mieux que de s'associer à ses surveillés.

Au cours des débats, nous trouvons quelques traits de mœurs qui méritent d'être relevés :

« La commission de 78,000 fr. que j'ai touchée de M. Riant, pour la vente de ses terrains, n'était pas destinée à moi seul : elle a été attribuée à beaucoup d'intermédiaires, *à des journalistes en grand nombre.* » (Interrogatoire de Duchesne de Vère).

« Toutes les affaires du monde seraient arrêtées, dit Cusin, s'il fallait répondre aux plaintes et aux exigences des actionnaires. »

Il a été égaré 17,500 actions ; personne ne peut dire quand, comment et par qui elles ont été prises.

« M. Duchos dépose : Je suis entré dans l'affaire des Docks à la création. En ce moment on se préoccupait à la Bourse de l'émission d'actions, qui, bien que fraîchement détachées de la souche, étaient toutes froissées, comme si elles avaient déjà passé dans un grand nombre de mains. — Et que s'était-il passé dans les bureaux à ce sujet? demande M. le président. — Après avoir détaché les actions de la souche, on les a jetées par terre, remuées, poussées avec un balai. »

« Si dans les affaires qui passent pour les plus légales, dit Me Nogent de Saint-Laurent, il fallait rechercher tous ceux qui ont reçu des primes, des pots-de-vin ou des commissions, on n'en finirait pas. »

Telles sont, en somme, les révélations les plus intéressantes en justice de l'histoire des Docks. Avions-nous tort de dire que la criminalité des personnes importait peu devant la grandeur des désastres? Est-il possible de donner satisfaction à la vindicte publique par des condamnations correctionnelles? Est-il vrai que chez ce monde de traitants, il n'existe aucun élément de sens moral? Quoi! voilà des marchands de terrains, des propriétaires qui viennent laver leur linge sale en public, se lancer à la tête des revendications, sans se douter que sous leurs révélations, il y a de quoi faire condamner au bagne demandeurs et défenseurs!...

Et les actionnaires, sont-ils maintenant édifiés sur l'intérêt que les états-majors prennent à leurs capitaux?

Ce qu'il y a de plus triste au fond de cette histoire, c'est que jamais les fondateurs n'ont cru à la création de Docks dans ces conditions d'emplacement. Ils savaient, comme l'a dit M. Perrot de Chezelles, que la place d'Europe n'était en relation avec aucune voie de fer ou d'eau, et que, pour l'approprier, il ne fallait pas moins que trancher la butte des Batignolles au niveau de Saint-Ouen. De quoi s'agissait-il donc en réalité? — De brasser *des affaires*, de provoquer de la hausse, de la baisse, d'encaisser des différences, de réaliser des millions; puis d'abandonner l'entreprise à la garde de Dieu. Cette fois, les fondateurs se sont trompés: ils sont tombés sous la garde de la justice. L'exemple n'a pas découragé les imitateurs.

Six ans plus tard, en octobre 1863, un sieur Hougron fondait la Société des Ports de Brest, commandite au capital de 12 millions. Hougron commença par s'adjoindre un banquier interlope, Dautrevaux. On fit une première émission de 16,000 actions de 500 francs, soit 8 millions, dont 4,500,000 francs réservés aux fondateurs, et 3,500,000 francs à la souscription publique. On répandit des prospectus, on obtint des articles de journaux.

« La société est fière du concours de la municipalité de Brest, écrivait Hougron ; les sympathies de la population lui sont acquises aussi bien que les sympathies municipales. C'est à ce double appui qu'elle doit de compter sur la faveur qu'une subvention donne aux entreprises de cette nature. »

Les autorités locales envoyèrent aux journaux, complaisants ou complices, le communiqué suivant :

« L'administration supérieure est complètement étrangère à la Société des Ports de Brest ; elle n'a eu aucune espèce de relations, ni verbales, ni écrites, avec le gérant ; elle ne lui a donné ni son adhésion ni son concours ».

Hougron n'en continua pas moins d'insérer dans ses prospectus :

« Les terrains de la Société constituent la portion la plus avantageuse du territoire récemment annexé à la ville de Brest. Ils sont à la fois bordés par le port de commerce et par le chemin de fer. Ainsi s'explique que la Societé, en s'engageant à donner à la ville le terrain des voies et places publiques, obtienne en échange l'aménagement de ces voies et de ces places et la construction des édifices nécessaires à une ville nouvelle. »

Qu'était-ce que ces terrains ? — Comme ceux des Docks de Paris, des épaves. Les terrains apportés par Hougron, disent les considérants, *ne joignent point le port;* ceux qui touchent à la mer la surplombent d'une vingtaine de mètres : il faudrait des frais immenses pour les mettre de niveau avec la rade. Ils sont de plus grevés de servitudes militaires, et défense est faite par le génie d'y faire aucuns travaux d'aménagement ou d'appropriation.

De quoi s'agissait-il encore ici? — D'une *affaire*. Dès que Hongron eût réalisé 165,000 francs, il donna sa démission de gérant et présenta un successeur. La police correctionnelle l'arrêta à mi-chemin.

COMPAGNIE IMPÉRIALE DES PETITES-VOITURES DE PARIS

(Procès correctionnel).

Jusqu'à cet endroit de notre étude, les conceptions financières, si insensées qu'elles fussent, s'adossaient à des vraisemblances plus ou moins sérieuses et pouvaient se justifier, — abstraction faite des malversations, — par des considérations économiques. Voici cette fois le dévergondage, l'effronterie, la pillerie d'une part; l'imbécillité, l'idiotisme de l'autre, sans rime ni raison. C'est du mois de mars au mois d'août 1855, l'année de l'exposition universelle à Paris, alors que les lyriques du progrès nous brisaient le tympan de leurs dithyrambes et de leurs hosannas, c'est dans la capitale des arts, des lumières, de la civilisation, que fut conçue, enfantée et développée la monstruosité que nous allons décrire.

Tout le monde, même en province, sait ce que c'est qu'une voiture de louage : un véhicule peu élégant, peu commode, accablé d'une foule de dénominations méprisantes trop méritées, — sapin, coucou, brouette, — traîné par des chevaux qui font là une dernière station avant d'arriver chez l'écorcheur. Demandez à n'importe quel individu : Combien donneriez-vous de l'équipage? S'il va à deux mille francs, ce sera beaucoup. Eh bien, en 1855, année de l'exposition universelle, apogée du progrès moderne, à Paris, métropole de l'intelligence, il s'est trouvé des financiers assez déhontés pour mettre ces véhicules en vente sur la mise à prix de 20,000 francs par voiture, et des Athéniens de Lutèce, inqualifiables en vérité, pour pousser l'enchère au-dessus de 40,000 francs. — Répétons en lettres, car le lecteur se défierait de quelque erreur typographique : *vingt mille francs* de mise à prix par voiture, *quarante mille francs* et au delà à l'adjudication.

Comment cela ? qui a jamais entendu parler de pareilles folies ? Est-ce que les journaux, le *Siècle*, la *Presse*, l'*Opinion*, les *Débats*, le *Constitutionnel*, le *Moniteur* auraient laissé passer une histoire aussi charivarique sans en prévenir leurs lecteurs, soit pour les tenir en garde, avant, soit pour les réjouir, après ? Ici nous invitons simplement les gens qui savent l'arithmétique, jusqu'à la division inclusivement, à vérifier eux-mêmes,

Le capital était de 400,000 actions de 100 francs, total 40 millions. — Et le matériel? D'après le compte rendu du 23 avril 1856, l'exploitation avait porté en 1855 sur 848 voitures ; mais la Compagnie en avait, à l'époque de l'assemblée générale, 1896. Elle avait réuni tous les numéros, à l'exception de 79. A la fin de 1856, la Compagnie Impériale n'avait donc que 1896 voitures ; mettons 2,000 en nombre rond, et répétons *deux mille* en toutes lettres. Or, divisant 40 millions par 2,000, le quotient ressortit à 20,000 fr. C'est ce que confirme le témoin Delamarre :

« Chaque numéro de voiture, dit-il, était chargé de plus de 20,000 fr. Comment espérer des bénéfices avec un pareil capital à amortir. »

20,000 francs, remarquons-le bien, c'est lorsque les actions sont au pair, à 100 francs. Mais voilà qu'en Bourse, elles ont monté d'un bond jusqu'à 215 et 220 francs, à plus du double, alors que le nombre des voitures n'était encore que de 848, avec la perspective d'arriver à 2,000, on ne savait quand : 400,000 actions à 220 francs font 88 millions : — soit, pour 2,000 voitures *en espérance*, 44,000 francs par attelage, — et pour les 848 qui seules ont fonctionné en cette bienheureuse année de prime, 103,773 fr. 58 c. par fiacre.

Ce n'est pas ici, comme dans une foule d'histoires, un tripotage de banquier, rachetant d'une main en Bourse, entre une heure et trois, à 20 francs de prime, les titres qu'il a délivrés de l'autre main, le matin, à son bureau, au pair, et simulant une plus-value afin d'amorcer les badauds. Cette fois, les actions, libérées avant l'émission, se vendaient *ferme*, argent comptant. Tous les journaux aimés du peuple criaient au prodige : le chiffre de 100 francs au pair était une conception philanthropique, démocratique. La prime allait tomber dans les plus petites bourses et féconder les plus mesquines épargnes. On augmenterait de 30 à 35 du cent le prix des courses de voitures, afin de faire des rentes à ceux qui s'en servent.

Quant aux journaux, en effet, sentinelles vigilantes de la sécurité et de l'honnêteté publiques, voici une partie de leur lot :

« M. L'AVOCAT IMPÉRIAL : Que savez-vous d'une remise d'actions à M. Ber? — M. DUCOUX : On avait pensé qu'il fallait *encourager* les journalistes, afin d'empêcher le discrédit de la compagnie. On a donné à cet effet une valeur de 25,000 fr. d'actions, qui ont dû être distribuées entre divers journaux. »

Voici les usages en pareil cas : On dit aux journalistes : Nous vous donnons des actions, au pair (100 francs dans l'espèce); poussez à la hausse, et le surplus sera pour vous. D'après le témoignage précité, on aurait fait plus cette fois : les actions auraient été délivrées libérées sans versement.

« M. LE PRÉSIDENT : On avait donc attaqué la compagnie? — M. DUCOUX : Eh ! oui. Nous avions cru bon de nous ménager quelques sympathies; malheureusement, il en est souvent ainsi... — M. L'AVOCAT IMPÉRIAL : Quels ont été les moyens employés pour amener les actionnaires *sérieux?* — M. Ducoux : On a eu recours à la voie des journaux : il y a eu cinq ou six publications. »

Dire ce qu'il y eut de portiers, de laquais, de servantes, de frotteurs, d'hommes de peine, de petits rentiers jugulés dans cette affaire, serait impossible. Revenons toutefois à des infortunes plus sérieuses.

Et d'abord, économiquement parlant, pourquoi réunir en société des voitures de louage? Quelle nécessité d'exploitation peut justifier une pareille fantaisie? Si Paris s'était bâti à l'improviste, en six mois ou un an, avec son périmètre de 8 lieues, avec ses traversées de 10 à 12 kilomètres, il y aurait eu nécessité sans contredit de pourvoir au plus vite, et par l'association, à des moyens de locomotion proportionnés à la population et aux distances. Mais Paris s'est développé comme toutes les créations humaines, progressivement, successivement; il a élargi dix ou douze fois ses enceintes, et les voitures, les omnibus se sont créés à fur et mesure des besoins. Il n'y avait qu'à laisser marcher les choses en 1855 comme avant, sans vendre les fiacres déjà existants de 20 à 103,000 fr. à des imbéciles, pour arriver à leur escroquer leur argent, et faire payer au public une augmentation de tarif d'un tiers.

Quelle nécessité d'exploitation y avait-il encore de grouper sous une même férule tout le personnel de ce service? L'idéal d'une organisation de voitures de louage serait que chaque conducteur ou cocher fût propriétaire de son véhicule, sans privilége, sous la loi de la liberté et de la concurrence. Il n'y a aucune solidarité, quant au travail, entre un cocher et un autre cocher; tout au plus comprendrait-on entre eux une sorte de société en participation pour l'approvisionnement des grains et fourrages, la location des écuries et remises, les réparations. Dans de pareilles données, chaque propriétaire représente *à lui seul son personnel* : pas de salariat, ni par conséquent de surveillance, d'inspection, de contrôle, de paperasserie, de bureaucratie, de mise à pied, de retenues, de molestations quelconques. Tous les frais d'administration en moins.

C'est bien ainsi que se passaient les choses à l'époque de la barbarie, c'est-à-dire avant 1855 : nombre de cochers étaient propriétaires de leur équipage; on comptait les entrepreneurs qui avaient au-dessus de trente voitures: ceux-ci traitaient le plus souvent avec les conducteurs à forfait, à tant par jour, la chance de la recette restant au fermier. Le rêve du salarié était d'acquérir son outil; ses épargnes avaient un but et un placement immédiat, sûr; c'était enfin l'indépendance, l'autonomie, le travail libre. Une seule réforme restait à faire : supprimer le privilége, car la police parisienne avait assimilé cette industrie aux charges d'avoués, de notaires, d'agents de change; le nombre des numéros était limité; ils se vendaient au prix courant de 5 à 7,000 fr. l'un; capital stérile à fournir par le voiturier, intérêt à payer par le public. De plus, chaque mutation de propriété devait être soumise à l'administration; le vendeur devait faire accepter le nouveau titulaire à la police, comme pour les offices ministériels. On verra plus loin le parti que tira la compagnie de ces dispositions.

Ainsi disait le sens commun; mais le vertigo avait envahi toutes les cervelles; personne n'avait publié le décompte que nous venons de faire; et ce ne sont pas pour sûr les preneurs d'actions qui sont capables de compter. Et puis toutes les puissances de la terre conspiraient la réussite de la société.

C'est la première fois que nous trouvons la main d'une administration publique dans une affaire financière. En toute autre circonstance, le rôle du pouvoir s'arrête à la concession, l'organisation de l'entreprise restant à la diligence des concessionnaires. Ici se manifeste une pression que nous ne qualifierons pas, mais dont nous devons relever les conséquences.

C'est d'abord l'acte d'accusation qui dit :

« La Compagnie impériale des Petites-Voitures a été créée sous la *protection* de l'administration. Elle a été fondée dans les mois de mars et d'avril 1855. Les traités passés avec l'administration municipale et M. le préfet de police sont du mois de mars. L'acte de société lui-même est du mois d'avril. Le 16 août de la même année intervenait un décret impérial portant homologation des actes administratifs, et le 18 du même mois, l'acte de société, dont l'existence était subordonnée à l'homologation, était définitivement approuvé par ses auteurs ».

Lorsqu'il fut connu dans le public voiturier que l'administration tenait à grouper en une seule société les petites voitures, il se présenta plusieurs demandes de concession. Le mieux, puisqu'on voulait absolument changer les conditions d'exploitation de cette industrie, eût été d'adjuger la fusion à ceux qui offraient les prix les plus réduits à la population parisienne. Personne n'y songea. Les élus étaient au choix de l'administration, et afin de pousser à la fusion, on employa les moyens suivants, révélés par les témoins :

« M. Duquenelle, ancien loueur, avenue des Ternes, 101 : J'ai vendu mes voitures à la Compagnie malgré moi, car je voulais les céder à mon fils. Mais à la préfecture, on m'a refusé le transfert. Des amis m'ont engagé à vendre à la Compagnie; j'ai nommé deux experts, la Compagnie aussi. Ça été tout seul. Mais pour toucher mes actions, il y a eu une difficulté. On m'a dit : Nous n'avons plus d'actions. Je tenais beaucoup aux actions, car si j'ai vendu 13,000 fr. deux numéros, que j'aurais achetés 15,000 (voilà le prix vrai, 6 à 7,000 fr. par numéro, privilége compris, et non 103,000 ou 44,000 fr.), c'est que je voulais des actions *fais ut prime*, qui m'auraient dédommagé. N'en pouvant obtenir, je suis allé chez M. le préfet de police, qui m'a dit : J'ai voulu l'intérêt de tous, et j'ai concédé 500 nouveaux numéros; vous aurez des actions. Si l'on vous en refuse, revenez me voir; ma porte vous est toujours ouverte; je saurai vous en faire obtenir.

« M. DE CHATRE : J'étais loueur de voitures en 1855; lors de la fusion, nous étions tous très-préoccupés. J'ai été obligé de vendre mon établissement à M. Caillard 23,500 fr... J'ai perdu le fruit de vingt-cinq ans. de travail. Je demande 30,000 fr. de dommages-intérêts; car M. Émile Lecomte, qui avait formé une compagnie en dehors de celle-ci et qui voulait m'acheter, m'offrait 60,000 fr. Mais la préfecture n'a pas voulu m'accorder le transfert... Sans la fusion, je n'aurais jamais vendu. »

La préfecture est encore juge du bon état du matériel.

« M. LE PRÉSIDENT : En exécutant mal les travaux, ne pouvait-on pas faire un bénéfice avec le prix de 3 fr. 60 c. par voiture et par jour? — M. MERCIER : La surveillance de la police rend la mauvaise exécution presque impossible. »

La préfecture juge de la valeur des chevaux.

« M. DESHAYES, expert vétérinaire de la préfecture de police : Au début de la Société, il y avait beaucoup de chevaux neufs qui ne faisaient pas honneur à ceux qui les avaient achetés. Souvent, dans les rues de Paris, j'ai rencontré des chevaux de la Société qui ne pouvaient faire leur service. J'aurais pu les envoyer à la fourrière; je me contentais de les renvoyer à la préfecture. »

Une administration publique, si honorable et utile qu'elle soit, ne touche pas impunément aux affaires d'argent; la diffamation suit de près.

C'est M. Leboulanger, propriétaire à Batignolles, qui déclare avoir recueilli le propos suivant en plein marché aux chevaux :

« J'ignorais que la compagnie eût obtenu le privilége. On me dit : 'Oui, pour l'avoir, il a fallu engraisser douze... personnes. On s'est servi d'un terme plus énergique ».

Autre variante sur le même thème :

« On demandait pourquoi la Société ne réussissait pas; M. B. répondit : Ah ! ce n'est pas étonnant; on a été obligé de graisser la patte à trop de monde ».

La déposition de M. Delamarre est précise et ne se réclame pas de propos en l'air :

« On a donné des actions à Pierre, à Paul, à tous ceux qui pouvaient rendre des services à la Société; on en a même donné à des prête-noms. On a encore accordé à un employé supérieur de la préfecture de police une voiture : ce qui ne coûtait pas moins de 6,000 fr. par an à la compagnie. Je prends un exemple entre cent autres. »

De pareils bruits sont l'expiation naturelle du monopole et du mutisme. M. Piétri, préfet de police à l'époque dont nous parlons, en fut profondément impressionné. C'est qu'en effet ce magistrat n'était pas un impérialiste du lendemain, de ceux qui arrivent seulement à l'heure de la curée. L'empire avait été son rêve politique, et il y avait dévoué sa vie dès l'époque où il y avait danger à le faire. Que voyait M. Piétri dans cette transformation de l'industrie voiturière ? Un acheminement dans la réalisation du programme napoléonien : la transformation de l'industrie et du régime économique, sous le haut patronage de l'État. Gros et petits loueurs, transformés de propriétaires en actionnaires, n'étaient plus qu'un numéro dans une assemblée générale, sans initiative ni personnalité. Tout le monde des cochers, numérotés, immatriculés, rentrait sous une surveillance immédiate de la police. M. Piétri dut regretter amèrement que les erreurs des préposés au salut public ne pussent pas se racheter par un simple *meâ culpâ*.

Aussi, comment prévoir une catastrophe lorsqu'en plus d'une surveillance incessante de police, les concessionnaires s'appellent Jean-Claude Arnoux, ingénieur; Barbier-Sainte-Marie, ancien notaire; Barry, ancien inspecteur des Messageries générales; Edouard Caillard, des fameuses diligences, ayant pour contrôleurs MM. Lecomte, Bourlon, Marc Caillard, Calvet-Rogniat et Lhuillier? des spécialistes, comme on dit. Après avoir exploité d'une façon si brillante l'industrie des transports à long parcours, ce serait jeu pour eux de mener à bien les modestes fiacres de la capitale. Rien de plus rationnel.

Seulement voici que dès le commencement se révèle le péché originel des fondateurs de compagnies, à savoir les cumuls incompatibles.

« M. LE PRÉSIDENT : La prévention remarque que les administrateurs de la compagnie des Petites-Voitures faisaient partie de la compagnie des Messageries générales. — M. ARNOUX : Pas tous. — M. LE PRÉSIDENT : Oui, il y en a cinq sur sept parmi les membres du conseil d'administration et du conseil de surveillance. Les Messageries, après un brillant passé, ont vu leur fortune s'éclipser par l'accroissement des chemins de fer. On y a entrepris la construction des wagons. Puis on a cherché à liquider tout à fait l'affaire, qui devenait mauvaise, et tout ce qui gênait cette liquidation, tout ce dont on ne savait que faire, on en a grevé la Société des Petites-Voitures.

» M. ARNOUX : On eut l'idée (*on* est joli) de vendre les ateliers à la compagnie des Petites-Voitures. Je trouvai l'idée bonne, et je le dis lorsqu'on me consulta... L'administration des Petites-Voitures faisait une bonne affaire ; elle trouvait là des ateliers tout construits, un outillage préparé, un personnel organisé. C'était avantageux pour les Messageries ; car en vendant leur matériel, elles eussent perdu beaucoup.

« M. LE PRÉSIDENT : C'est une chose fâcheuse que *le vendeur et l'acheteur soient* LA MÊME PERSONNE. »

Cette *chose fâcheuse* est tellement monstrueuse que la moitié des lecteurs n'osera comprendre; c'est pourquoi, pour ne laisser aucune hésitation, nous traduisons à la portée de tous : MM. Caillard et consorts, encombrés d'ateliers inutiles, cherchent à les vendre au meilleur prix; ils mettent la main sur la poule aux œufs d'or le jour où ils rencontrent les mêmes Caillard et consorts, directeurs de la société des Petites-Voitures. Alors le Caillard, propriétaire d'ateliers, vend son matériel à la société des fiacres, représentée par le même Caillard, gérant de ladite société. L'entente sur le prix n'est pas longue. A-t-on bien compris? Rendons la parole à M. le président :

« La preuve (que ce cumul est chose fâcheuse), c'est que cette vente, faite aux Petites-Voitures, fut désastreuse pour cette compagnie et à divers points de vue. D'abord les ateliers étaient peu utiles à la Société; ce mode d'entretien était très-dispendieux. Les bois que vous cédiez, » — on vend de tout quand on a une si belle occasion, — « n'étaient pas ceux qui convenaient pour des voitures de place, et la preuve, c'est que la compagnie a été obligée de les revendre en grande partie au chemin de fer du Nord.

« M. Arnoux : La vente se composait de terrains, de hangars, d'approvisionnements. La valeur des terrains a augmenté de beaucoup. Les bois étaient de toute espèce; le prix fut fixé, *à dire d'experts*, à 30 fr. le décistère; la compagnie l'a revendu 13 et 14 fr. » — heureux experts! — « elle eût pu les revendre plus cher.

« M. le président : Ce n'est pas sur le prix, c'est sur l'utilité de la vente que portent mes questions. La prévention soutient que cette acquisition a été mauvaise pour les Petites-Voitures. Aussi je lis dans un rapport : « Les premiers administrateurs n'ont pas respecté les intérêts de la Société; « trouverons-nous une compagnie assez pauvre d'esprit pour « lui vendre ce qu'on nous a vendu? »... Vous avez acheté certaines voitures comme bonnes, et vous les avez détruites comme mauvaises; de même pour le matériel. Même chose pour les chevaux : il y en a qui ont été réformés, non pas le lendemain, mais le jour même. Et les immeubles, vous les avez achetés dans les mêmes conditions (c'est-à-dire, le vendeur et l'acheteur étant la même personne).

Ainsi débutent les fondateurs précités. Plus tard interviennent de nouveaux personnages : Gibiat, Crémieu, d'Auriol, Beudin, Massinot, qui n'ont ni ateliers, ni bois, ni chevaux, ni immeubles à vendre. Que faire?

« Nous avons constaté, dit M. Lestiboudois, que les chevaux avaient été payés un tiers plus cher qu'ils n'auraient dû l'être. »

Des voitures qui ne valaient pas 150 fr. (non compris le privilége) ont été payées 1,200 fr. La prévention parle d'un vol de 55,000 fr., brutalement enlevés de la caisse. D'Auriol a acheté le *Courrier de Paris*; il faut avoir une tribune avant tout, et l'on soupçonne que le prix a été soldé avec les 55,000 fr. détournés.

La compagnie impériale des Petites-Voitures a acheté à un prix excessif les ateliers des Messageries, afin de faire ses réparations. Les journaux impriment des réclames insensées : La plus grande activité règne dans les chantiers de la Compagnie impériale, etc. ; et les actions montent. En effet, on y construit des wagons et des caissons de canons. Quant à l'entretien des fiacres, il a été adjugé à un sieur Massinot, au prix de 3 fr. 60 c. par jour et par voiture.

Combien gagnera l'entrepreneur à ce prix ? Les évaluations sont aussi nombreuses que les témoins ; personne ne s'accorde sur un prix vrai. Le document le plus positif, c'est qu'un M. Langlois, constructeur, a offert de prendre la même charge au prix de 2 fr. 15 c. par jour et par voiture, soit à 1 fr. 45 c. de réduction sur le prix de Massinot, s'engageant à fournir un cautionnement d'un million en garantie de son traité, et déclarant qu'à ce prix il y avait à gagner 300,000 fr. par an. Aussi Langlois a-t-il été évincé au profit de Massinot. Mais on sent qu'il y a eu du tirage.

« M Tenier me dit un jour, rapporte le témoin : Mon bon ami, nous sommes rasés. — M. LE PRÉSIDENT : Pourquoi rasés? — LE TÉMOIN . M. Tenier me dit : Il est venu chez moi un ouvrier qui m'a dit : Vous cultivez les Petites-Voitures; mais vous ne les aurez pas; si vous aviez 100,000 fr. à cracher, je ne dis pas. »

Un M. Viguier a laissé un jour sur son bureau une lettre reproduite à l'audience; il y est dit, au sujet de ce traité :

« Supposez que trois hommes aient pris l'engagement d'honneur de voler à une compagnie 200,000 fr. par an, je soutiens qu'il serait plus honorable d'annuler un pareil engagement que de l'exécuter. »

La prévention, en effet, parle d'une remise de 20 centimes, par jour et par voiture, consentie par Massinot au profit des deux gérants qui lui ont octroyé son traité d'entretien et de réparations.

Suivant M. Algon, inspecteur de l'exploitation, Massinot pouvait gagner 7 à 800,000 fr. la première année, et 3 à 400,000 fr. les années suivantes.

Malgré ses 40 millions de capital, la compagnie est aux prises avec les difficultés financières; M. Castets, ingénieur déclare qu'un sieur Provençal aurait fourni 100,000 fr. à titre de prêt, au taux d'intérêt de 2,500 fr. par mois, soit 30,000 fr. par an, soit 30 pour cent. Notre impartialité nous fait un devoir de reproduire au long cet incident :

« M. LE PRÉSIDENT : Outre cette somme de 100,000 fr., une autre somme de 50,000 fr. aurait été remise, selon vous, à Crémieu et à d'Auriol. N'était-ce pas un pot de vin ? — M. CASTETS : Oui, monsieur. — M. LE PRÉSIDENT : L'affaire manquée, vous les a-t-on remboursés ? — Le TÉMOIN : MM. Ducoux et Crémieu étaient d'avis de me les rendre; j'ai reçu 2,000 fr., moitié par M. Ducoux, moitié par M. Crémieu. » — D'Auriol, Crémieu et Ducoux nient le fait. — « CASTETS : Je jure devant Dieu que cela est vrai. — M. DUCOUX : J'ai la copie de lettres écrites par moi à Crémieu qui établissent que les faits allégués par M. Castets sont faux. J'ai toujours été d'avis que l'on avait affaire à des flibustiers de troisième ou quatrième catégorie. (Honnête monde!) — CASTETS : Je voudrais répondre aux insolences de M. Ducoux. — M. LE PRÉSIDENT : Ne qualifiez pas les paroles qui sont prononcées ici. Persistez-vous dans vos affirmations? — CASTETS : Oui, monsieur, devant Dieu et devant les hommes! mille francs m'ont été remis en or par Crémieu; mille francs en un billet par Ducoux. »

L'audience est suspendue. A la reprise, Castets vient demander justice à M. le président des outrages dont il a été l'objet, pendant la suspension, de la part de Ducoux.

Tandis qu'on brassait si bien les affaires administratives, il importait de ne pas négliger les actionnaires. Dès le 31 décembre 1855, on stipulait, pour être distribué en avril 1856, un premier dividende de 1 fr. 65 c. par action. A la date du 7 octobre 1856, il fut décidé encore qu'on distribuerait un dividende de 2 fr. 50 c., soit pour 371,793 actions alors en circulation, 936,982 fr., à valoir sur les bénéfices de 1856. Or, suivant la prévention, le compte de l'exercice 1856 présente une perte totale de 1,783,368 fr., au lieu d'un bénéfice prétendu de 1,045,360 fr.

Afin d'arriver à ce virement de comptes, on aurait porté, suivant le témoin Delamarre, employé du contentieux, aux frais de premier établissement, les dépenses d'exploitation courante, telles que les assurances, la dépréciation du matériel et des chevaux, l'éclairage, le lavage, les frais de remonte, la maréchalerie, l'impôt municipal de circulation, etc.

A propos de virements de compte, il en a été cité un qui ne manque pas d'originalité, bien qu'il soit très-connu des économats. Un cheval acheté 400 fr., supposons, tombe malade; on l'envoie au vert ou à l'infirmerie, et on le crédite : « Vendu pour sa peau, 20 fr. » Au bout de quelques mois, le bucéphale revient guéri; on le débite : « Acheté un cheval neuf : 400 fr. » A chaque voyage chez le vétérinaire, même histoire. On nous montrait un jour un cheval de réforme, qu'en raison de ses antécédents les cochers appelaient le gendarme. Il avait déjà coûté 1,200 fr., suivant le système de comptabilité précité, plus les dépenses de maladies, imputables aux frais généraux. Nous trouverons dans les comptes-rendus d'une compagnie de chemin de fer quelque chose d'analogue en matière de tenue de livres.

Il était dit que ce procès formerait encyclopédie. Un actionnaire, M. Gaussant, dit, en parlant de l'assemblée :

« M. Ducoux nous révéla beaucoup de détails qui me firent penser qu'on devait poursuivre les premiers gérants. M. Ducoux nous détourna de cette idée, en disant qu'il fallait laver son linge sale en famille. Nous continuâmes notre confiance à M. Ducoux, et les anciens gérants ayant donné leur démission, il appela à la gérance MM. d'Auriol et Crémieu. Après cette nomination, il y eut une assemblée générale; elle fut tumultueuse; on faisait taire tous ceux qui voulaient faire de l'opposition. M. Ducoux signala un actionnaire qu'il désignait comme membre du cercle des loueurs de la Chapelle; il fut arraché violemment de sa place et jeté à la porte. L'affaire allait toujours plus mal; quand je m'en plaignais à ces messieurs, ils criaient plus fort que moi, alléguant qu'ils avaient beaucoup d'actions, qu'ils perdaient plus que personne.

« Que se passait-il dans les assemblées? demande M. le président au témoin Desseaux. — Ma foi, on n'y était pas trop tranquille, car moi, qui suis un peu dur d'oreille, ça m'assourdissait. »

Pendant qu'on empoignait les actionnaires sérieux, une claque docile accordait le blanc-seing à la gérance, s'il faut en croire le témoignage de M. Paul, ancien loueur :

« Je ne sais pas grand'chose de l'affaire; mais quant à ce qui concerne les assemblées générales, je puis dire que ça ne se passait pas dans les règles. Selon moi, toutes les délibérations ont été extorquées. J'ai vu une foule d'individus qui n'étaient pas actionnaires, notamment d'anciens employés des Messageries générales. — M. Mathieu : C'étaient des employés devenus actionnaires. A quoi le témoin a-t-il pu reconnaître qu'ils n'étaient pas actionnaires ? — M. Paul : Parce que je le savais. »

Nous insistons encore sur les détails de cette assemblée, parce que les actionnaires fictifs sont la règle, non l'exception. Nous retrouverons plus loin ce procédé d'enlever une approbation de comptes, même dans les compagnies les plus respectables devant la cote de la Bourse :

« On a provoqué une assemblée générale le 15 avril 1857; M. Ducoux a été nommé président de la Commission. Un rapport a été fait le 25 mai suivant. Ce rapport contient un historique de l'affaire; et tout à la fin, c'est là qu'on trouve l'important, comme dans un *post-scriptum*. On indique qu'il y a deux voies à suivre : l'une est la discussion sévère du passé; mais cette marche pourrait amener la liquidation; l'autre est la transformation de la société en anonyme; mais pour obtenir l'anonymat, y dit-on, il faut qu'elle soit libre de toute dette. Acceptons donc le passé et ses comptes (ses contes ?) C'est dire aux actionnaires : Fermez les yeux... — Voici comment les choses se sont passées. M. D'Auriol a lu le projet, M. Ducoux l'a soutenu; un actionnaire a approuvé; un autre a voulu s'y opposer; on l'a mis à la porte. Nous avons là dans le dossier plusieurs oppositions et protestations des actionnaires (des vrais). Ainsi on a tout approuvé sans contrôle. »

La fusion des sociétés qui ont formé la Compagnie parisienne d'éclairage et de chauffage par le gaz a donné lieu à des scènes du genre de la précédente. Voici le récit que fait de l'assemblée le journal *le Nord* du 13 mars 1857 :

« Il paraît que ce qui a indisposé la réunion, c'est, dès l'ouverture, la prétention émise par le bureau de faire voter l'approbation des comptes sans qu'aucun examen en eût été fait.

« Cette prétention a été combattue énergiquement par M. Féline, ancien avocat à la cour de cassation.

« M. de Heckeren a de nouveau soutenu le système présenté par le bureau, — ce qui a amené un grand tumulte, — prétendant que du moment où l'on exigeait cet examen, il n'aurait pas lieu.

» C'est alors que, sur la demande faite par M. le prince de Chimay d'un vote de confiance, un grand nombre d'actionnaires ont déclaré s'y refuser, et ne rien vouloir voter sans un examen des plus approfondis. Vers six heures, M. Isaac Péreire, qu'on était allé prévenir de l'état des choses, est intervenu à son tour pour déclarer que si l'on agissait de la sorte, refusant d'approuver le passé et de voter l'emprunt, on allait faire à la compagnie un tort irréparable, dont les actionnaires seraient les premières victimes.

» Il offrait, au nom du conseil, de prendre pour vérifier les comptes, les trois plus forts actionnaires, les plus intéressés ; mais cette proposition a été repoussée, beaucoup de membres déclarant avec violence que ce procédé leur était connu ; que ce n'était pas d'un simulacre d'examen qu'on voulait, mais bien d'un examen sérieux et approfondi, fait par des actionnaires que l'assemblée déléguerait et choisirait, qui pussent contrôler l'assiette première de l'affaire, et les achats de terrains faits en dehors des comptes particuliers de l'année.

» Enfin, le tumulte a été tel qu'il a fallu lever la séance sans avoir atteint aucun résultat.

» Ce matin, à onze heures, une réunion nombreuse d'actionnaires a eu lieu, sous les auspices de M. Féline, chez l'un d'entre eux, rue de Rivoli. J'ignore encore ce qui a été décidé dans cette assemblée. »

Revenons aux Petites-Voitures.

Gaspiller, piller, entasser fausses écritures sur faux par substitution de personnes, ruiner l'entreprise en pots de vin, tout cela ne suffit pas pour se montrer grand administrateur. Aussi bien ces exploits doivent-ils rester dans la coulisse, et demeurer inconnus aux profanes. Il y avait urgence de se révéler au monde par des réformes et des économies.

O vous tous, gens de sens commun, plèbe obscure et souffreteuse, condamnée à végéter à perpétuité, parce que vous n'aurez jamais eu l'idée de greffer des fraises sur l'églantier, de nourrir des chevaux au lichen ou de cueillir des figues sur des ronces, écoutez comment on devient un administrateur de génie. C'est Me Crémieux, l'avocat, défenseur de son homonyme, — à l'*x* près, — qui décrit le plus sérieusement du monde devant la Cour la conception de son client :

« Avant Crémieu, un cheval devait durer quatre ans, perdant ainsi chaque année 25 du cent du capital qu'il représentait ; mais chaque cheval devait coûter par jour 2 fr. de nourriture. Crémieu s'est dit : Réglons la nourriture des chevaux ; » comme les intérêts des actionnaires, « ne leur donnons que pour 1 fr. 50 c. de nourriture par jour. Le cheval sera moins gras, c'est vrai ; mais on n'a pas besoin de chevaux gras pour les petites voitures. Le cheval ne vivra plus, ne pourra plus servir que trois ans ; il perdra 33 p. 100 de sa valeur par année, c'est vrai. Sous la première gérance, le cheval, valant 600 fr. en moyenne, ne perdait que 150 fr. par an ; avec le système Crémieu, il perdra 200 fr. ; mais il économisera de nourriture 50 centimes par jour ; ce qui fait 182 fr. 50 c. de bénéfice. »

Cette extravagance ne pouvait manquer d'être appliquée. Quoi de plus sublime que de torturer la nature? Voici comment l'innovation fut appréciée par les gens du métier :

« M. Deshayes, vétérinaire : La plupart des chevaux réformés revenaient au bout de quelques mois en bon état; j'en ai conclu que le défaut de nourriture les avait fait tomber dans le marasme.

» M. Duquesnelle, ancien loueur : J'ai demandé à être inspecteur *gratis* ; je voyais mes cochers m'apporter de mauvaise avoine ; mes chevaux dépérissaient tous les jours ; ça me faisait de la peine. »

Allez donc rêver fortune avec de pareilles tendresses ! Pauvres gens ! pauvres bêtes !

Et cependant les actions montaient, montaient de 100 fr. à 220, ainsi que nous l'avons déjà constaté. Croyez encore aux cours de la Bourse, naïfs actionnaires. Que si vous voulez savoir comment on vous appâte, écoutez encore : de vous aux chevaux de Crémieu, le régime n'est pas sensiblement différent.

M. le préfet de police, en octroyant 500 numéros nouveaux à la compagnie, savait qu'il lui faisait un cadeau net d'environ 3 millions, puisque les anciens priviléges se vendaient de 6,500 à 7,500 fr. par voiture. Aussi stipula-t-il, au profit de la collectivité, une redevance annuelle de 1 fr. par jour et par voiture, soit 365 fr. par an, en faveur de la ville de Paris. En dernière analyse, cet impôt devait être payé par le public; c'était une augmentation du prix de la course, ou une réduction du produit brut pour la compagnie.

Les concessionnaires se gardèrent fort de parler de la redevance annuelle de 365 fr. par numéro, soit 182,500 fr. par an. Ce mince détail ne fut connu qu'après le désastre. Mais quand il l'aurait été dès la fondation, l'engouement s'en fût-il trouvé atténué?

La cupidité, chauffée à blanc par le journalisme, demandait des actions à tous les échos de la coulisse et du parquet; et il n'y en avait pas. Comment cela? Les débats vont nous le dire :

« La société, à l'origine, n'était fondée qu'à 25 millions de capital, représenté par 250,000 actions de 100 fr. La hausse inspira aux fondateurs l'idée d'émettre à nouveau 150,000 actions, augmentant le capital social de 15 millions. »

Avec cette logique, on devenait simplement marchand d'actions à prime. Sans la catastrophe, les émissions se fussent succédé au prorata de la plus-value. Mais la déconfiture venant, la Société fut forcée de négocier un emprunt; malgré les 40 millions encaissés (la hausse profitait aux vendeurs, non au fonds social), l'entreprise était obérée et ne pouvait plus marcher; sans l'emprunt, elle tombait en faillite. Les simples loueurs, avec 7,500 fr. par numéro, gagnaient de l'argent; à 20,000 fr. par fiacre, la compagnie n'avait plus seulement de quoi payer ses dépenses courantes. Qu'étaient devenues les actions?

« A l'époque de la fondation de la Compagnie, dit M. le président, les administrateurs, qui avaient en leurs mains la totalité des actions, moins 28,700 environ, ont fait ainsi un bénéfice que la prévention évalue à 2,400,000 fr., et que vous reconnaissez être d'au moins un million et demi. — M. ARNOUX : Nous n'avions pas toutes les actions, comme dit M. le président. Nous sommes six qui avons reçu chacun 6,000 actions; ça ne fait que 60,000 en tout. — M. LE PRÉSIDENT : Il ne faut pas oublier les personnes interposées. »

« M. DELAMARRE, employé du contentieux : Les fondateurs avaient le droit de prendre toutes les actions; on peut même leur savoir gré de leur réserve s'ils ne l'ont pas fait.... J'ai dit que c'était plutôt une opération de Bourse qu'on avait faite qu'une affaire industrielle sérieuse. En elle-même, la combinaison reposait sur une base solide; mais on a tout fait, comme à plaisir, pour en compromettre le succès....

» M. LE PRÉSIDENT : La prévention vous reproche d'avoir porté le capital de 25 à 40 millions. Vous deviez garder les actions pour les remettre aux loueurs qui vendraient leurs numéros. Afin de faire un coup de Bourse, vous les prenez, vous et vos collègues; vous les vendez, vous réalisez un bénéfice énorme, et le jour où les loueurs viennent demander des actions, vous répondez : Il n'y en a plus. Le nouveau capital de 15 millions était au delà des besoins de la Société, puisqu'il est resté improductif chez M. de Rothschild. »

Quel a été le bénéfice des fondateurs sur la vente des actions? Il est difficile d'en établir le chiffre, par la raison que la hausse n'a pas été jusqu'à 120 du cent d'un seul bond, et qu'il est impossible de savoir à quel taux les bénéficiaires ont vendu. Les accusés avouent un million et demi ; M. le président parle de 2,400,000 fr., et M. l'avocat impérial dit :

« Le bénéfice réalisé par les fondateurs s'élève, suivant nous, à 10 millions au moins; or, le tribunal remarquera que c'est justement le chiffre de la perte supportée par les actionnaires. »

Par les actionnaires qui ont acheté au pair, à 100 fr., non par les coureurs de prime qui ont acquis à 200 fr. et au-dessus. Depuis, les actions sont tombées à 25 fr., même au-dessous. Là encore l'évaluation des sinistres est impossible. Mais il en est un que le public est à même d'apprécier tous les jours : c'est l'exhaussement des tarifs.

Le premier soin de l'administration fut de bouleverser les conditions faites aux voyageurs. Un nouveau tarif, le tarif horaire, approuvé par la préfecture, fut imposé au bon peuple parisien, qui se mit tout net en grève devant ses prétentions usuraires : les recettes baissèrent d'un tiers par jour et par voiture; au bout de quelques semaines, les grands génies qui avaient conçu cette combinaison durent demander le retour au tarif par course ou par heure, à la volonté du chargeur. Seulement le prix de 1 fr. 10 c. fut porté à 1 fr. 40 c., avec aggravation de plus du quart; et le prix de 1 fr. 25 c. fut élevé à 1 fr. 50 c., soit 20 pour cent d'augmentation. Les prix à l'heure, qui décroissaient quand on gardait le fiacre plusieurs heures, furent uniformément établis au maximum, c'est-à-dire à 2 fr. Les colis, qui ne payaient pas, furent taxés à 20 centimes l'un, jusqu'à concurrence de 60 centimes. M. Ducoux a encore obtenu depuis une augmentation de 5 centimes par colis. Tous ces éléments constituent une aggravation d'au moins 30 pour cent.

M. Ducoux, ancien représentant républicain, ancien préfet de police, jouit d'une réputation d'intégrité que sa gérance des Petites-Voitures suffirait seule à établir. M. Ducoux a juré de sauver les intérêts de ses actionnaires; il est entré dans l'administration à l'époque la plus critique; il a dû subir les conséquences des déprédations commises avant son arrivée; les plus bas cours se sont cotés sous son règne, et l'amélioration qu'ont éprouvée en dernier les actions témoigne d'une confiance méritée et motivée. Seulement, avec toute son honnêteté, M. Ducoux raisonne comme Mirès : il dévorerait le monde pour enrichir ses actionnaires. Donc, les voyageurs d'une part, ses cochers et employés de l'autre, seront, les premiers rançonnés à merci, les seconds rationnés jusqu'à l'indigence, afin de ménager des dividendes aux porteurs d'actions. Qui n'en ferait autant à la place de M. Ducoux? Sa conduite lui est dictée par sa position même.

Mais le public, que dirait-il d'un retour aux anciens prix, à 30 pour cent de réduction? Eh bien, si la compagnie, au lieu de passer aux mains de l'honnête M. Ducoux, fût restée confiée aux faiseurs et aux flibustiers, elle serait tombée en faillite; le matériel eût été vendu à l'encan, morcelé, démembré; les fiacres, payés 20,000 fr., 44,000 et 103,000 fr. par les niais, eussent été rachetés au prix vrai par des gens compétents, des hommes de métier, c'est-à-dire aux alentours de 5 à 7,000 fr., privilége compris, 1,000 à 2,000 fr. sans privilége. Les actionnaires auraient été ruinés sans contredit; mais ils auraient eu le droit, comme tout le monde, de profiter de la réduction de 30 pour cent sur les tarifs inaugurés par leur compagnie; et réduction de prix, c'est argent comptant, plus sûr que le dividende. Que notre hypothèse se réalise encore aujourd'hui, et ce sera un bienfait pour la population parisienne. La banqueroute comme nécessité et œuvre de réparation, voilà le chef-d'œuvre des écumeurs-initiateurs du crédit!

Et ce malheureux monde de cochers, voué à perpétuité au salariat, interdit, par le privilége de la Société, de posséder jamais son instrument de travail, que lui donnait-on comme indemnité de sa déchéance et de sa condamnation à un éternel ilotisme? Nous nous proposons de faire un jour, sur les conditions imposées aux serfs des grandes compagnies, une enquête et une étude aussi complètes que possibles. Que ces quelques détails servent d'échantillon aux personnes qui voudront bien nous communiquer des renseignements.

Le salaire des cochers de place était fixé à 3 fr. par jour, *en principe; — en fait*, on leur retenait, pour frais de palefreniers, gardiens, lavage, éclairage, assurance, 1 fr. par jour quand ils ne relayaient pas; 1 fr. 20 c. quand ils changeaient de chevaux; en sorte que le salaire ressortissait à 2 fr. et 1 fr. 80 c. Chaque cocher devait passer deux nuits par semaine; il lui était alloué 25 centimes par heure à partir de minuit. — La compagnie avait fixé un *minimum* de 18 à 20 fr. à produire par voiture et par jour en moyenne : en vain les contrôleurs, pointeurs, surveillants ne constataient sur la feuille qu'une recette de 12 à 16 fr.; le cocher était invité à parfaire la différence sur ses économies, si mieux il n'aimait être congédié comme négligent, fainéant ou peu zélé. — Le tout sans préjudice des amendes, retenues, mises à pied, et autres pénalités atteignant le salaire. Tels sont les faits révélés par les publications sur la fameuse grève des cochers.

C'était le régime alimentaire Crémieu transporté des chevaux aux hommes. Si étrangers que soient les barons de l'industrie aux nécessités de l'existence du prolétaire, il est impossible qu'ils s'imaginent qu'avec un pareil salaire un homme et une famille puissent vivre. Il faut absolument que les cochers trouvent un supplément de recettes. Le seul avouable, c'est le pourboire.

En principe, nous estimons les pourboires au même taux que les pots de vin. La société démocratique, basée sur la mutualité, repousse l'un et l'autre; le pourboire est injurieux pour la dignité de celui qui le reçoit; il constate sa subalternisation envers celui qui le donne. Ici, d'après le calcul de la compagnie, il entre dans la supputation du salaire même; c'est le comble de l'immoralité; il cesse d'être facultatif et devient une aggravation aux 30 pour cent d'augmentation dont nous avons parlé. Que dire à un homme qui vous déclare : « Je gagne 36 sous par jour, et je suis obligé de vous demander pour vivre plus que ne porte mon tarif?... » Que si le voyageur résiste, c'est sur lui que tombent les premières malédictions de l'ouvrier. Qui sait de quel poids a pesé cette monstrueuse condition du pourboire dans l'assassinat de M. Juge par le cocher Colignon?

La moyenne des pourboires ne dépasse pas 2 fr. par jour.

C'est, avec le salaire, un total de 4 fr. au maximum, de 3 fr. 80 c. le plus souvent, somme encore d'une insuffisance notoire, si l'on considère surtout qu'en raison de son métier, il est impossible au cocher de rentrer prendre ses repas en famille. Que lui reste-t-il alors? La maraude, c'est-à-dire l'infidélité, l'escroquerie. MM. les directeurs font parfois des exemples; des maraudeurs ont été condamnés jusqu'à six mois de prison par la police correctionnelle. Et pourtant, l'administration le sait : il est impossible à ses cochers de vivre s'ils ne font, de temps à autre, *sauter* le prix d'une course. Le vol élevé à la hauteur d'une nécessité de métier, voilà encore un chef-d'œuvre de la bancocratie.

Au commencement de 1866, un décret a rendu à l'industrie libre l'exploitation des voitures de Paris; mais l'État et les villes ne se déprennent pas des monopoles avec la même facilité que MM. les fondateurs de leurs engagements. Une sentence arbitrale du 29 mars 1866, acceptée par le conseil municipal du 9 avril suivant, a stipulé au profit de la Compagnie impériale une indemnité de 47 annuités montant à 360,000 fr. chacune, soit 16,920,000 fr. en quarante-sept ans, soit encore, au taux de capitalisation de 6 pour cent, intérêt et amortissement compris, 6 millions de capital.

En résumé : ruine des actionnaires, augmentation des tarifs de 30 pour cent, impôt d'indemnité de 6 millions sur les contribuables, condamnation au salariat à perpétuité de toute une classe de travailleurs, la faillite comme la meilleure réparation possible au public et au personnel, telle est la conclusion morale de cette fantastique histoire.

Qu'importe, après cela, que MM. Arnoux, Barbier-Sainte-Marie, E. Caillard, Gibiat et Barry aient été renvoyés des fins de la plainte; que Crémieu et d'Auriol aient été condamnés à deux ans de prison et 10,000 fr. d'amende, Massinot à trois mois et 10,000 d'amende? Il n'y a point de pénalité à la hauteur du désastre causé par la conception financière dont nous venons de terminer l'analyse. De quelque nom que s'appelassent les fondateurs, l'issue ne pouvait être différente de ce que nous l'avons vue; la probité personnelle n'y pouvait rien. Plus ou moins de gaspillage et de concussion, qu'est-ce que cela en présence du bouleversement d'une industrie normale, régulière; de la transformation d'un service public en engin d'oppression et de servitude pour tout le monde? Si dès l'éclosion de la Société, nous avions pu faire lire à cent mille abonnés les considérations économiques dont nous avons assaisonné le récit de ce procès, à coup sûr la conscience publique se fût révoltée, et l'opinion aurait empêché la catastrophe. Mais la presse monopolisée est livrée aux Juifs, et avec elle les intérêts publics et privés, la nation et les particuliers.

AFFAIRE MIRÈS

(Procès correctionnel)

Le point capital du procès Mirès, son originalité au milieu de ceux dont nous avons déjà parlé, c'est le chapitre des *exécutions*. Encore un mot d'argot financier, un néologisme nécessité par un genre d'opérations sans nom dans une langue honnête.

La banque Mirès, comme tous les grands établissements de crédit, tient une caisse des titres. L'actionnaire qui craint l'incendie, les voleurs ou la dispersion de ses papiers, les dépose contre un récépissé nominatif. D'autres, pressés momentanément d'argent, au lieu d'aliéner des actions qu'ils croient bonnes, les consignent encore contre un prêt bien inférieur à la valeur nominale du gage. Les banquiers ont eux-mêmes : compte personnel, — compte de société, — compte des titres à émettre, — compte des titres émis, — compte des valeurs consignées en nantissement ou en dépôt, comptabilité très-normale au fond, facile à tenir en toute maison régulière; mais, nous l'avons dit, la bancocratie, en vertu même de son principe féodal du crédit octroyé, répugne à l'ordre, à la régularité des écritures. Ce qu'il lui faut, c'est l'indivision, la confusion des attributions, les cumuls incompatibles, le régime de la grâce et du bon plaisir. Les employés qui n'ont pas été élevés à cette école s'en scandalisent, et refusent de tremper dans une pareille gestion. Le 2 février 1860, M. Raynouard envoie sa démission en ces termes :

« Mon cher Mirès,

» Puisque les violences de votre caractère rendent de plus en plus impossible toute explication verbale avec vous, je me décide à vous dire ma pensée par écrit. La position de collaborateur auprès de vous n'est plus supportable; la contradiction vous irrite au point de vous faire sortir chaque jour de la mesure des convenances les plus usuelles; *votre aversion instinctive pour la légalité,* vous rend antipathiques les légistes qui vous disent franchement leur opinion.

» Mon amitié dévouée a supporté longtemps cet état de choses, des circonstances récentes viennent de combler la mesure, et ma patience est à bout. »

M. Barbet de Vaux refuse son concours aux ventes d'actions, et dit net au patron que ses procédés sont irréguliers. Un autre employé, M. Denitis, tient à mettre, par une lettre, sa responsabilité à couvert pour la participation qu'il a dû prendre, par ordre du patron, au *travail* sur les titres. Rien n'émeut le grand financier; il prend des titres à pleines mains.

« *Il était de mon devoir*, dit-il, de veiller aux intérêts de mes actionnaires, de faire fructifier leur propriété. Ayant besoin de sommes considérables pour opérer à la Bourse diverses transactions, je vendais ces actions. Or, si j'avais mis mon personnel dans la confidence de cette vente, son indiscrétion probable aurait eu pour effet infaillible de faire baisser les actions; ce qui eût été préjudiciable aux intérêts de mes commettants. Je les ai donc écoulées seul, dans le plus grand secret, et plus de dix mille titres ont été ainsi vendus avantageusement. »

L'exposé de M. Monginot, expert assermenté, jette un jour complet sur ce côté des mœurs financières :

« Dans les derniers mois de 1857, dit-il, M. Mirès, étant à court d'argent et croyant à une dépréciation prochaine de ses actions, eut l'idée de faire une opération qui, tout en apportant des fonds dans sa maison de banque, lui fournissait en même temps l'occasion de réaliser un bénéfice considérable.

» Il y avait à cette époque dans la caisse des titres une quantité considérable d'actions de la Caisse générale, appartenant soit à la Caisse, comme restant non placées à l'époque de la souscription, soit à des clients dépositaires pour le reste. M. Mirès se fit délivrer, par le caissier des titres, 13 ou 14 mille de ces titres, en lui donnant des reçus qui devaient couvrir la responsabilité dudit caissier, mais qui ne devaient pas figurer sur les livres, d'après lesquels les actions paraissaient toujours en caisse.

» Une fois en possession de ces titres ainsi détournés des dossiers, M. Mirès les fit écouler à la Bourse par un tiers, et à mesure qu'il en touchait le montant, il en versait tout ou partie au crédit de son compte-courant dans la maison, sans indiquer, bien entendu, la source de cet argent, qu'il paraissait tirer de son avoir personnel.

» M. Mirès avait caché cette opération à tout son entourage; cependant M. Solar, son cogérant, en fut informé, et la trouvant bonne, il voulut en avoir sa part. Il se fit donc livrer 5 à 6,000 actions de la Caisse générale et les écoula par le même procédé que son associé, sans toutefois verser les fonds en provenant, qu'il conserva entre ses mains. Il résulte donc de cet accord des gérants un détournement total de 20,000 actions environ, qui furent vendues dans les prix de 450 à 350 fr.

» Cette opération eut les résultats suivants :

» 1o D'abord la présence sur le marché de 20,000 titres flottants que leurs possesseurs avaient cru justement raréfier en les mettant en dépôt chez M. Mirès; la présence de ces 20,000 titres, disons-nous, amena une dépréciation considérable dans les cours des actions de la Caisse. Des valeurs même bien plus solides que celles-là résisteraient difficilement à une combinaison qui écrasait le marché au comptant en y jetant 20,000 actions.

2° Les 20,000 actions ainsi vendues à la Bourse se présentèrent à chaque échéance pour toucher les coupons d'intérêts et dividende, et cependant, bien que ces coupons fussent payés déjà, il fallait en porter le montant au crédit des clients qui possédaient les titres en réalité, et dont on avait dépouillé les dossiers. De là payement desdits 20,000 coupons en double emploi, et la perte résultant de ce double emploi s'est élevée à 700,000 fr. environ, perte que MM. Mirès et Solar ont fait supporter à la Caisse générale; bien que sur le rachat des titres, rachat qui a duré neuf mois et qui a été fait dans les prix de 150 à 200 fr., ils aient réalisé un bénéfice qu'on ne peut évaluer à moins de 2 millions.

» 3° Ce bénéfice est d'autant plus certain que M. Mirès employa les moyens les plus énergiques pour avilir le prix de ses propres actions au moment même où il commençait à les racheter.

» M. de Vaux a déposé une note de titres prélevés par MM. Mirès et Solar, émanant de M. Roger, caissier des titres; sur notre demande, M. Roger nous a remis un état plus complet, d'après lequel les actions distraites se sont élevées à 21,247 actions qui n'ont été réintégrées par MM. Mirès et Solar que deux ans plus tard.

Cette vente, faite à de hauts cours, aurait produit, selon l'arrêt, une dizaine de millions. On entretenait l'erreur des clients en leur envoyant périodiquement le relevé de leurs comptes, comme si les titres eussent encore existé en dépôt. Au mois de mai 1859, les événements politiques ayant produit une baisse considérable sur les valeurs de Bourse, Mirès et Solar eurent la pensée de liquider leur situation à l'égard de leurs déposants, en vendant fictivement dans les bas cours des titres qu'ils n'avaient plus en leur possession, puisqu'ils les avaient précédemment vendus réellement quand les cours étaient élevés.

Afin d'arriver à la réalisation de cette pensée, qui devait avoir pour résultat de libérer les gérants de tout ou partie de leurs obligations, et de les faire profiter de la différence entre les cours de la vente réelle et de la vente fictive, Mirès adressa, les 30 avril, 2 et 3 mai 1859, une lettre circulaire aux 333 clients qui avaient remis à la caisse des titres en nantissement, pour les aviser qu'en présence des circonstances, il avait paru prudent aux gérants de vendre ces titres à la Bourse du jour ; à cette lettre était joint un bordereau des titres avec le prix de vente au cours du jour et l'indication du courtage perçu, et en même temps, pour donner une apparence de réalité à cette exécution fictive, Mirès vendait, les 30 avril, 2 et 3 mai, toutes les valeurs prétendues exécutées, par l'intermédiaire d'un agent de change à un de ses courtiers habituels, qui, le même jour, par une autre opération simulée, les revendait à Mirès. (Faits rapportés dans le dispositif de l'arrêt.)

C'est une triste litanie que les dépositions des exécutés. M. Courtois a reçu 10,000 fr., et ses titres ont été vendus 23,000; le colonel Danner a touché 110,000 fr., et ses valeurs en ont produit 233,000. On accuse à madame Desprès un cours de 175 fr. au lieu de 350. On va plus loin, on réclame de l'argent aux malheureux qu'on a dépouillés; on leur prouve qu'ils redoivent à la caisse.

« En 1857, dit un témoin, j'avais besoin d'argent. M. Mahou, agent de change, à qui je m'adressai, me conseilla de voir M. Mirès. J'allai à sa caisse. On me demanda si je pouvais fournir trois signatures. Je répondis que non, mais que j'avais des actions que je pourrais déposer. Je déposai en effet 64 Ouest et 34 Caisse, le tout valant plus de 70,000 fr. Au mois de mai, je reçus la circulaire Mirès, m'apprenant qu'on m'avait vendu, et que je redevais 40,000 fr. On me disait que mes actions des chemins de l'Ouest avaient été vendues 430 fr., les Caisse 175. J'ai appris plus tard que les premières avaient été réellement vendues 750 fr. et les secondes 375.

» Comme j'étais débiteur on m'a fait appeler, il y a trois semaines. Les liquidateurs m'ont dit : Voulez-vous qu'on vous balance. Merci, leur ai-je dit, j'en ai assez comme ça de votre balance, j'aime mieux celle de la justice (on rit). Ma pauvre femme en est morte de chagrin à la suite de ces affaires. M. Mirès le sait bien. Elle est allee chez lui tout en pleurs; M. Mirès lui a pris les mains et lui a dit : Ma bonne dame, vous m'intéressez beaucoup. Je ne voudrais pas que vous perdissiez. Faites un sacrifice. Que votre mari se saigne, qu'il trouve une couverture, et nous arrangerons cela.

» Je n'avais plus rien; je n'avais pas de couverture à offrir. Maintenant, messieurs, les 98 actions que j'avais déposées valaient au delà de ce qu'on m'a prêté; je n'avais que cela pour payer. Je m'en rapporte à votre justice pour les 40,000 fr. que l'on me réclame. »

Le cocher Petitjean termine sa déposition par cette apostrophe :

« C'est affreux, Monsieur Mirès, de nous avoir ainsi privés du pain de notre vieillesse, du fruit de notre travail de vingt-cinq ans. »

Une pauvre vieille domestique écrit :

« Je viens vous rappeler dans quelle position ces messieurs m'ont mise en vendant mes titres; ils m'ont réduite à la misère. J'ai écrit deux fois à M. Mirès; je lui demandais sa protection pour entrer aux Incurables. Là j'aurais du pain sur la planche. J'aurais pu gagner quelque chose pour m'acquitter. J'ai bien de la peine à gagner de quoi vivre.

» Je viens vous prier, monsieur, de dire à ces messieurs de ne pas me rappeler mon malheur. Je n'ai que mon pauvre petit ménage. Ils ne voudraient pas m'en dépouiller. Il n'y aurait pas pour les frais. »

Que la raison d'État financière justifie de pareils procédés, force est bien de conclure qu'il y a deux morales : l'une pour les banquiers, l'autre pour leurs clients. Quoi de plus navrant que la bonne foi de cette pauvre servante, ruinée, volée, dépouillée, qui se croit, comme on le lui a dit, débitrice envers la Caisse, et demande qu'on l'aide à s'acquitter!

Les autres détails du procès Mirès lui sont communs avec beaucoup d'autres. C'est le *Journal des Chemins de fer*, acheté 1,200 fr., et compté par l'auteur 1 million lors de la fondation de la Société; c'est le chemin de fer de Pampelune à Sarragosse, acheté 145,000 fr. par kilomètre, et vendu aux actionnaires 200,000; c'est l'affaire des Romains, 40 millions de gaspillés avant qu'on ait donné un coup de pioche; c'est un chiffre de 6,312 obligations de vendues en plus de l'émission; c'est la révélation qu'en la seule année 1857, les spéculations de Mirès se sont élevées à 720 millions.

Les débats abondent en traits de mœurs. Veut-on savoir, par un témoignage de plus, comment les journaux financiers entendent l'indépendance et l'intégrité? Dans une lettre sans date, Mirès écrit à Péreire :

« Si j'ai reconnu avec franchise vos services, vous ne trouverez pas mauvais que je rappelle ce qu'a été dans mes mains le *Journal des chemins de fer*. J'en ai fait un instrument à votre usage. J'ai soutenu toutes les affaires dans lesquelles vous étiez engagé; j'ai attiré sur moi non-seulement des haines puissantes qui ont mis mon existence en péril, mais de plus, il en est résulté pour moi une très-grave déconsidération, car personne n'a jamais supposé que c'était un sentiment d'affection et de reconnaissance pour vous qui me maintenait dans la voie où j'étais engagé. »

Les confidences entre financiers sont graves comme un acte d'accusation; Mirès écrit à Solar :

« Osiris prétend que vous lui avez dit que les bénéfices que vous me supposez sont le résultat d'opérations faites au préjudice de la maison. Une accusation semblable, exprimée par Osiris, de votre part, est tellement surprenante, que je ne puis croire à cette calomnie, et je me hâte de vous en donner connaissance.

» Depuis ma lettre d'hier, les faits se sont aggravés. La conduite de Ducros et Lévy est telle, qu'il n'est pas douteux qu'ils poursuivent la destruction du traité de Salamanca.

» Or si, *après avoir mal dépensé des sommes si considérables pour les chemins Romains*, nous ne sauvons pas ce traité, qui couvre notre responsabilité et la Caisse générale des chemins de fer, en assurant l'éxécution du chemin avec le capital social, je vous le déclare nettement, tout peut être perdu. Il en est temps encore; venez me donner l'appui de votre influence sur Ducros et Lévy, et tout sera probablement sauvegardé. Mais pour cela, il faut l'unité des noms, beaucoup de fermeté et l'amitié dévouée de Salamanca. Si vous me refusez votre concours, vous ne pouvez prétendre que vous ignorez l'extrémité où vous m'aurez réduit.

» Au nom de votre famille, au nom des intérêts de tant de familles dont la fortune nous est confiée, revenez sans délai. La santé est certainement un bien précieux, mais il y a aussi des devoirs à remplir qui passent avant des considérations personnelles. Je suis convaincu que vous les comprenez comme moi, et, dans cette espérance, je vous prie de combattre dans votre esprit toute supposition fâcheuse. Je vous jure sur la tête de mon enfant que je n'ai dans le cœur aucun mauvais sentiment à votre égard; au contraire, je vous plains, parce que je sens que votre esprit crédule s'abandonne à des impressions douloureuses que votre maladie tend encore à aggraver.

» Tenez, Solar, réfléchissez; vous m'avez vu quelquefois bien emporté, bien violent : m'avez-vous vu jamais commettre une action qui décèle un caractère méchant, et, au contraire, ne m'avez-vous pas toujours vu victime de la bonté de mon cœur?

» Cette lettre vous sera remise par M. Bonneau.

» Une dépêche de lui me fera connaître votre résolution; je désire sincèrement qu'elle soit conforme aux bons sentiments que j'ai pour vous. »

La lettre du 21 juillet 1860, du même au même, est écrasante :

» Les conférences que vous venez d'avoir chez vous, à Guirand, avec MM. de Pontalba, Gaïffe et Osiris Iffla, ont porté leurs fruits. Pendant que M. Iffla me faisait connaître hier, avec votre autorisation, que M. Dromery était choisi par M. de Pontalba comme par vous pour faire valoir vos réclamations contre la Caisse générale des chemins de fer, j'apprenais le soir même, à l'Opéra, par M. Caussade, que M. X... avait recueilli les propos suivants : « Il paraît qu'il se passe chez Mirès des » choses graves : MM. Solar et de Pontalba devraient des » sommes considérables, et Mirès n'ose pas les poursuivre dans » la crainte de révélations fâcheuses. » Je ne puis me méprendre sur l'origine de ces bruits, lorsque je sais que M. Gaïffe, après avoir assisté à Guirand à vos conférences, est arrivé à Paris en compagnie de MM. de Pontalba et Osiris Iffla.

» M. Iffla m'a aussi fait connaître que vous refusiez de donner votre démission de rédacteur en chef de *la Presse*. Or, vous avez acheté les parts de *la Presse* à un prix très-élevé, parce que les droits de gérant et de rédacteur en chef y étaient joints. La vente isolée des parts sans ces droits qui y étaient joints occasionnerait une grande perte au préjudice de la Caisse générale des chemins de fer : j'espère que vous ne persisterez pas dans cette prétention, qui ne ferait qu'aggraver le tort que vous avez eu d'avoir acheté ce journal contre mon gré, et le tort plus grand encore d'en avoir compromis la propriété par vos attaques haineuses contre l'Empereur, attaques qui ont nécessité de la part du conseil de surveillance une protestation que j'ai provoquée et que j'ai déposée dans les mains de Son Excellence le ministre de l'intérieur.

» Je n'ignore pas que la mise en demeure, qui, sur ma demande, vous fut faite à cette occasion de vous démettre d'une rédaction en chef qui flattait vos passions politiques, a contribué à activer vos mauvais sentiments à mon égard, sentiments dont j'avais recueilli les effets dans cette malheureuse affaire des chemins de fer Romains, que, d'accord avec MM. Ducros et

Pontalba, vous auriez ruinée si je n'étais parvenu à l'arracher de vos mains, et qui heureusement, grâce à moi, est entièrement sauvée et en pleine prospérité à Rome.

» Pour répondre aux menaces de révélations qui me sont faites, je vous préviens que, si dans un bref délai vous n'avez pas soldé votre compte, ou donné des garanties, et si vous n'avez pas rétabli à la caisse des titres les 1,656 actions de la Caisse que vous devez, des mesures seront prises en conséquence, et j'aurai à m'adresser à qui de droit.

» Je ne terminerai pas cette lettre sans vous donner un avis :

» Vous avez assisté aux menaces de procès faites par MM. Debrousse, Sarti, Jeanty, Blanzy jeune et consorts ; vous savez que sous l'influence de ces menaces, et sous votre pression, j'ai consenti des transactions onéreuses pour la Société des chemins de fer Romains et pour la Caisse des chemins de fer, qui était responsable du capital.

» Sans doute vous et M. de Pontalba avez espéré un résultat analogue, en mettant en péril le crédit et la considération de la Caisse générale des chemins de fer ; vous êtes en retard ; les procès m'effrayaient uniquement parce que le crédit de la Société des chemins de fer Romains en eût été affecté, et la Caisse des chemins de fer, responsable du capital, aurait été compromise.

» Aujourd'hui, je regretterai tout procès, mais je n'ai plus les mêmes craintes, car la Caisse des chemins de fer est dégagée ; son capitale est intact, et si un procès est toujours une chose fâcheuse pour un établissement de crédit, je le préfère à des sacrifices ; vous en aurez bientôt la preuve, si vous ne vous mettez pas en mesure de solder votre compte ou de donner des garanties, et enfin si vous ne restituez pas les titres que vous devez ; vous aurez ainsi la preuve que je ne redoute rien et que je méprise les menaces comme je brave la calomnie.

» Si vous trouvez que le mal que vous avez fait par un départ caché et précipité n'est pas assez grand, je puis vous rassurer, car les bruits les plus fâcheux circulent, et on assure même qu'il va paraître un libelle qui résumera tous les propos et interprétations charitables enfantés par votre étrange conduite. »

Solar écrit à son tour :

« Je vous le répète, il dépend de vous de nous perdre ou de nous sauver ; *une accusation directe de malversation*, le nom de Péreire prononcé, des allégations vagues, de l'emportement, feraient terminer brusquement l'enquête et vous perdraient dans l'esprit de M. Vuillefroy, conseiller d'État, commissaire, auquel on a dû dire ou l'on dira que vous êtes un énergumène.

. . . .

» . . . . . Enfin, mon cher Mirès, ne voyez dans tout ce que je vous dis que l'intention d'un homme qui tremble d'un désastre, le jour où on voudrait *éplucher les chemins Romains.* »

Le caissier des titres Roger, à mesure qu'il livrait à Mirès ou à Solar des valeurs, se faisait remettre un récépissé. Ces reçus furent un jour remplacés par un récépissé général. C'était là un moyen dangereux. L'un des gérants aurait pu se faire remettre les deux récépissés par le caissier et s'en faire une arme contre son cogérant. Il fut alors arrêté entre ces trois personnes que Roger ne remettrait le récépissé de Mirès qu'à Solar en présence de Mirès, et celui de Solar qu'à Mirès en présence de Solar ; de cette façon, chacun était gardé vis-à-vis de son cogérant. La précaution avait sa raison d'être, car un jour, en l'absence de Solar, Mirès réclama son propre récépissé. Le caissier le lui refusa net et lui écrivit à ce sujet la lettre suivante :

« 5 juillet 1860.

» Mon cher monsieur,

» J'attendrai l'autorisation de S... pour mettre en vos mains la pièce que vous me demandez ; je lui écris ce soir même.

» Je ne peux être moins dévoué et moins loyal envers S... que je le serais envers vous ; je lui ai promis de ne vous rendre son reçu qu'avec son assentiment, et je ne lui aurais pas rendu le vôtre sans votre approbation; je crois me conduire honnêtement en cette affaire, et j'aurai votre approbation, car en m'appelant vers vous, vous avez avant tout recherché l'homme honnête. »

Touchant exemple de confiance mutuelle.

M. Ducros, envoyé à Rome pour arranger l'affaire des chemins de fer, écrit à M. de Pontalba :

« Que de temps perdu aux niaiseries semées sur la route des grandes affaires! J'arrive au sérieux. Le duc (c'est le duc de Massimo) est toujours parfait, mais le jeu de bascule qui a mis un peu bas le cardinal n'a pas relevé sa propre position. J'ai peur qu'il ne soit au premier jour destitué, et le commissariat, devant la mauvaise humeur des prélats, surexcitée par les *frasques* de Mgr de Mérode, sacrifiera ce pauvre duc à la première occasion. Je ne lui ai encore rien remis officiellement. J'attends la lettre annoncée par M. Mirès pour remettre une courte note demandant les modifications dont nous sommes convenus entre nous.

» J'ai eu ce matin trois quarts d'heure de conversation avec Mgr de Mérode, qui, après un début assez calme, a été pris d'un véritable accès de fureur pendant lequel il me l'a répété en se frappant la poitrine à la briser : « Oui, je veux la ruine » entière, absolue de la Société; oui, si je pouvais, je la met» trais demain en faillite; je signerais de mon nom, dans le » journal officiel, une note répétant ce que je vous dis là. Je » veux qu'elle soit ruinée pour tout le mal qu'elle a fait; je » veux que Mirès reste jusqu'à la dernière heure pour assister » à la catastrophe et en avoir sa part. » Un quart d'heure durant il a exhalé sa bile, me laissant épouvanté de ce véritable accès d'épilepsie. Nous avons là un ennemi sur lequel nous pouvons compter... »

M. de Pontalba, membre du conseil de surveillance, est envoyé à son tour à Rome, puis à Marseille. En une seule fois, on lui expédie 11,000 fr. de vin, afin de faciliter *inter pocula* les arrangements qui donnent du tirage. Dans leurs lettres, Mirès et Solar l'appellent leur sauveur; ils déclarent qu'il s'est couvert de gloire. Comment évaluer en argent de pareils services? Le sauveur couvert de gloire réclame 1,200,000 fr. d'honoraires pour la première mission, 500,000 fr. pour la seconde, non compris les dépenses, montant à 250,000 fr. en vingt mois. Quel gouffre! quelle puissance de dévoration! Il menace d'une dénonciation si on lui marchande la somme. Mirès répond :

« Je ne veux pas acheter votre silence au prix de 1 million 700,000 fr. »

Solar s'interpose; il écrit à Avond :

« Je crois devoir vous donner un avis dont vous n'avez pas assez tenu compte : de Pontalba va vous faire un affreux scandale; si l'on avait suivi mes conseils, tout cela eût été évité, mais je joue ici, comme en bien d'autres circonstances, le rôle de Cassandre. Enfin, je vous préviens; vous ne direz pas que vous n'avez pas été averti. »

En effet, de Pontalba assigne ses gérants au tribunal civil, et dépose contre eux une plainte en irrégularité de gestion au ministère de la justice. C'est alors qu'intervient une tardive transaction, le 11 décembre 1860 :

« Entre les soussignés, Mirès et de Pontalba, a été dit et fait ce qui suit :

» Dans le courant de l'année 1858, divers embarras ayant surgi au sujet de l'affaire des chemins Romains entreprise par la Caisse générale des chemins de fer, M. de Pontalba reçut la mission d'aller à Rome pour protéger les intérêts de la Caisse des chemins de fer, et dans le but surtout d'obtenir du pouvoir souverain du Saint-Père la résiliation des engagements pris vis-à-vis de son gouvernement par MM. Mirès et Solar.

» Ces derniers, à titre de rémunération des soins de M. de

Pontalba et du succès de la négociation, lui promirent une libération entière des sommes par lui dues à la Caisse.

» Depuis le retour de M. de Pontalba, un débat s'est élevé au sujet de la mission et de la rémunération par lui réclamée.

» Antérieurement, une autre mission avait été confiée à M. de Pontalba; il avait été chargé de surveiller, à Marseille, les intérêts engagés dans la Société des Ports de Marseille ; de ce chef, M. de Pontalba réclame, comme lui ayant été promise, une indemnité de 500,000 fr.

» Des difficultés se sont élevées entre les parties au sujet de ce double règlement; une instance civile a été entamée par M. de Pontalba; elle a donné lieu à la transaction suivante :

» MM. Mirès et Solar, faisant droit aux réclamations de M. de Pontalba, lui donnent, par les présentes, quittance pleine et entière :

» 1° De la dette hypothécaire résultant de l'obligation passée devant Me Gossard, notaire à Paris, les 21 et 25 janvier 1858, au principal et accessoires;

» 2° De la somme de... fr. due par M. de Pontalba en compte-courant, en sus de la dette hypothécaire et des dépenses faites à Rome pour le compte de la Société des chemins de fer Romains, dépenses qui ne sont pas à la charge de M. de Pontalba.

» De plus, MM. Mirès et Solar ont à l'instant payé à M. de Pontalba une somme de 200,000 fr. pour leur compte et à leur charge personnels, à titre de rémunération pour les soins donnés à l'affaire des ports de Marseille.

» Au moyen de la présente transaction, tous comptes se trouvent complétement réglés entre les parties, qui reconnaissent respectivement n'avoir plus à exercer aucune réclamation pour quelque cause que soit.

» Fait double à Paris, le... décembre 1860.

» C. DE PONTALBA et J. MIRÈS. »

Me Plocque, défenseur de Mirès, ajoute :

» Quel sentiment a pu porter M. Mirès à acquiescer à une aussi dure transaction? Sa sollicitude pour les intérêts des actionnaires de la Caisse. Il pensait ainsi détourner de leur tête cet orage qu'il apercevait. Il accomplit donc ce sacrifice, et, peut-être, je ne puis que le présumer, il pensait que tout était fini et qu'il allait pouvoir, par son travail, réparer cette brèche faite aux intérêts qui lui étaient confiés.

» M. de Pontalba, en effet, se désista, et en échange des 1,700,000 fr. que M. Mirès avait jetés dans la main de ce nouveau Bélisaire, il obtint cet écrit :

« Je soussigné, Célestin-Joseph Delfau de Pontalba, propriétaire, demeurant à Paris, rue Saint-Georges, 38, déclare me désister purement et simplement de la plainte que j'ai déposée le 4 de ce mois contre M. Mirès au parquet de M. le procureur impérial.

» Paris, le 17 décembre 1860.

» *Signé* : DE PONTALBA. »

Quel monde! quelles mœurs! quel abîme! MM. les financiers déclinent la compétence de la justice ordinaire du pays. En vérité, n'étaient les intérêts des tiers, nous serions de leur avis. Quel tribunal, juges, jurés ou arbitres, pourrait, devant de telles révélations, dire que la justice, le droit, la morale, sont ici ou là; chez Mirès, Pontalba, Solar, ou tout autre héros de cette tragi-comédie? Les débats judiciaires ont-ils rien qualifié qui n'ait été plus sévèrement apprécié par ces dignitaires du million eux-mêmes dans leurs correspondances et transactions?

La publicité suffisait à prévenir ces scandales, nous ne saurions trop le redire. Mais on a érigé en principe aujourd'hui que la marche du pouvoir, les *grandes affaires* industrielles, l'ordre au dedans, la dignité et l'influence au dehors exigent de la discrétion, du silence. Tout système a ses inconvénients; mais soyez tranquilles, le gouvernement veille, et les tribunaux ne chôment pas; ceux qui auront malversé seront punis.

En effet, le zèle des parquets n'a pas fait défaut : nous n'avons pas mentionné le dixième des exécutions judiciaires.

Et cependant le système continue. Est-ce le fait d'une perversité obstinée, d'un esprit de pillage invincible? Pas précisément. Nous l'avons dit, et nous ne devons cesser de le redire : la féodalité s'est constituée en violation de toutes les lois économiques; et devant une irrégularité constitutionnelle aussi monstrueuse, il n'y a point de vertu qui tienne, à supposer que la vertu se fourvoie en pareille compagnie.

Voici d'autres échantillons de mœurs banquières. La quotité des sinistres diffère; le principe est toujours le même : *L'aversion instinctive pour la légalité.*

Les Salines de l'Est. (*Gazette des tribunaux.* 7e chambre correctionnelle, audiences des 18 et 25 juillet, 1er et 7 août 1861.) — En 1856, M. Calley Saint-Paul fonda à Paris une société en commandite, l'Union financière et industrielle, au capital nominal de 100 millions, soit à l'époque, 40 millions de plus que le Crédit mobilier, 70 millions de plus que le Crédit foncier, 80 millions de plus que le Comptoir d'Escompte de Paris. Quelle masse d'affaires entendait-on remuer avec un pareil capital? Des opérations financières, commerciales et industrielles, dénommées d'une façon assez vague dans l'article 5 des Statuts. L'article 7 prévoyait même le cas où ce capital fabuleux pourrait être augmenté; par contre, il stipulait que les opérations pourraient commencer dès que la souscription aurait atteint 50,000 actions de 500 fr. En fait, le gérant déclara, le 28 mai 1856, la société légalement fondée par l'émission de 52,000 actions, qui, avec un versement effectif de 250 fr. par titre, représentaient un capital réalisé de 12 millions et demi.

« Dans une société qui allait se mouvoir avec un capital si considérable, dit Me Jules Favre, il était indispensable pour les actionnaires de contenir dans certaines limites les pouvoirs du gérant. Cependant ces pouvoirs étaient les plus énormes qu'on pût imaginer; jamais je n'en ai connu qui pussent leur être comparés.

« Tous les pouvoirs ont été remis aux mains de M. Calley Saint-Paul, et nous ne rencontrons pas trace de l'action du comité de surveillance. L'article 27 porte que l'Assemblee générale, régulièrement constituée, représente l'universalité des actionnaires. Elle se compose des cent plus fort intéressés, dont la liste est arrêtée par le gérant *un mois* avant la convocation. Les actionnaires inscrits *deux mois* avant la convocation peuvent seuls y figurer. »

C'est-à-dire que pour l'honneur et la chance d'être compris parmi les cent dignitaires de l'Assemblée, les actionnaires doivent s'engager à rester deux mois, *au minimum*, dans leurs valeurs. Et qu'iront-ils faire dans cette réunion d'élite?

« L'ordre du jour, dit l'article 35, est arrêté par le gérant; aucun autre objet que ceux à l'ordre du jour ne peut être mis en délibération. »

De telle sorte que les assistants n'ont, comme dans la chanson populaire, qu'un refrain possible : *Brigadier, vous avez raison!...*

« Ordinairement, dit Me Jules Favre, de pareils actes sont publiés *in extenso* dans les journaux; celui-ci ne l'a été, dans les *Petites-Affiches*, que par un extrait des plus incomplets. Non-seulement la publicité sérieuse, telle que la veut la loi, n'a pas été donnée; mais les extraits publiés sur les actions elles-mêmes l'ont été en caractères véritablement microscopiques. On semble avoir épuisé toutes les ressources de la typographie pour empêcher la lecture de cet extrait. C'est qu'en effet il était périlleux de mettre en évidence certains articles. »

L'article 47 couronne dignement ce monument de crédit démocratique :

« A l'expiration de la société, ou en cas de dissolution anticipée, dit-il, la liquidation sera faite par les soins du gérant, *avec les pouvoirs les plus étendus* pour réaliser à l'amiable l'actif social. La liquidation pourra, en vertu d'une délibération de l'assemblée générale, faire le transport à une autre société des droits, actions et obligations de la compagnie dissoute. »

Selon les considérants du jugement, pendant les quatre années de son existence, l'Union financière n'a fait qu'une opération importante : l'emprunt départemental de la Seine de 50 millions, en 1860. Dans ces circonstances, M. Calley Saint-Paul, investi des pouvoirs les plus étendus, s'est cru autorisé à racheter une partie des actions pour le compte de la Société, afin de diminuer successivement le capital disponible et d'atténuer ainsi les pertes résultant de son défaut d'emploi.

MM. Grimaldi lui ont reproché d'avoir, de ce chef, opéré la hausse et la baisse des actions de l'Union, par des moyens contraires aux lois de la concurrence naturelle. Le tribunal correctionel, « sans s'arrêter au plus ou moins de régularité de cette opération, » n'y a pas vu de caractère frauduleux. Mais il n'en a pas été de même sur la distribution des *dividendes fictifs* : le tribunal a déclaré qu'ils constituaient « la violation la plus flagrante de l'article 13 de la loi du 17 juillet 1856. »

Mais d'abord, comment une société de crédit s'est-elle transformée en compagnie minière ? En s'appuyant sur l'article 47 des statuts, cité plus haut. M. Calley Saint-Paul, à l'Assemblée du 4 avril 1860, explique aux actionnaires qu'à raison des circonstances, *il n'y a plus ni société à fonder, ni public à espérer;* il faut arriver à une liquidation ou à une transformation; pour utiliser le capital social, il a fait l'acquisition des actions qui représentent *la grande et belle affaire* des Salines de l'Est.

Voilà une de ces transformations de Société qui tiennent de la féerie : les actionnaires s'endorment, le soir, co-participants d'une entreprise de banque; ils se réveillent, le lendemain, extracteurs de sel, marchands sauniers; ils n'ont pas même le droit de préférer un remboursement au pair à la métamorphose.

Le tribunal n'attaque pas la légalité de la transmutation; il reproche seulement à M. Calley Saint-Paul des opérations dont nous avons trouvé partout les analogues.

» Attendu, dit l'arrêt, que, de l'aveu du gérant, les actions des Salines de l'Est n'ont été achetées que 4 millions, soit 260 fr. par action, et qu'en y comprenant le million affecté au fonds de roulement, elles n'ont coûté réellement que 5 millions, soit 333 fr. par action; que cependant le gérant, sans tenir compte de la leçon que les événements avaient infligée à ses prévisions de fondateur de l'Union financière, faisant encore réapparaître aux yeux de ses actionnaires le mirage des illusions, porte à 500 fr. la valeur de ces actions, achetées la veille 333 fr. 33 centimes, prix qui, librement débattu entre personnes capables d'apprécier et de soutenir leurs intérêts, en avait déterminé *avec certitude* la valeur réelle;

» Qu'il faut conclure, en définitive, que c'est par un étrange abus de langage, en confondant à dessein la certitude du présent avec les éventualités de l'avenir, que, dans son inventaire du 4 mars 1860, Calley Saint-Paul a porté à 7,500,000 fr. les actions des Salines de l'Est, dont la valeur réelle était au plus de 5 millions, et ce, dans le but frauduleux de masquer les pertes du capital social, et d'en imposer au public et aux actionnaires sur le résultat de son opération, en faisant ressortir un bénéfice de plus de 700,000 fr., quand, en réalité, le fonds social se trouvait amoindri, à cette époque, de plus de 1,700,000 fr.; que ce fait constitue encore le délit prévu par l'article 13 de la loi du 17 juillet 1856, etc. »

Reste encore un petit détail que nous retrouvons à peu près partout, au chapitre des fondations.

« A l'égard du troisième chef, fondé sur la création subreptice et frauduleuse de 1000 actions au profit du gérant et de son associé;

» Attendu que le rapport fait à l'assemblée générale du 4 avril 1860, en rendant compte de l'acquisition des actions des Salines, en détermine les avantages et les charges; qu'après avoir énoncé le chiffre des annuités à payer pour les obligations, il termine par ces mots : « Les 15,000 actions se parta» geront le surplus des bénéfices, » en se gardant bien de parler des 1000 actions de fondation que le gérant avait en vue de se faire attribuer avec son co-gérant, et s'est réellement fait attribuer quelques jours plus tard, le 17 du même mois, par une assemblée des Salines, uniquement composée du gérant et de six membres du conseil de surveillance;

» Attendu que, sans avoir à s'expliquer sur les irrégularités des assemblées générales et sur l'omnipotence attribuée au gérant, il est incontestable que ces mille actions de fondation, en prenant part au partage des bénéfices, même après le prélèvement de 30 fr. par action de capital, constituent une charge réelle, et que cette charge aurait dû être portée essentiellement à la connaissance du public, etc. »

Ce qui distingue cette affaire des entreprises de même nature que nous avons signalées, c'est que si les irrégularités ont été aussi énormes que partout ailleurs, en revanche, le préjudice causé aux tiers a été à peu près nul; aussi le tribunal ne retient-il que la violation de l'article 13 de la loi du 17 juillet 1856. En conséquence, M. Calley Saint-Paul est simplement condamné à 3,000 fr. d'amende.

Chemins de fer de Nassau.— La *Gazette des tribunaux* des 5, 12, 15 mai, et 22 juillet 1860 a rendu compte des débats auxquels l'affaire des chemins de fer de Nassau a donné lieu, devant la juridiction correctionnelle. MM. Stockes, président du conseil d'administration, et Millaud, banquier, qui s'était chargé de l'émission des titres, étaient poursuivis par un certain nombre d'actionnaires, sous la prévention d'avoir publié, de mauvaise foi, des faits faux, dans le but d'obtenir des souscriptions d'actions.

M. Stockes était en outre prévenu de distribution de faux dividendes, d'abus de confiance et de banqueroute simple.

Il fit défaut et fut condamné, sur ces trois derniers chefs, à cinq ans de prison et 50 fr. d'amende.

M. Millaud, acquitté correctionnellement, fut repris comme civilement responsable par les actionnaires lésés, et condamné à restitution par la 2e chambre du tribunal civil de la Seine (audience du 20 avril 1861.)

Nous reproduisons une partie des considérants; les faits y sont exposés avec une clarté qui ne laisse place à aucune équivoque :

« Attendu que par un traité passé entre lui et Stockes, le 9 janvier 1857, Millaud s'est chargé de l'émission de dix mille actions, moyennant une remise de 12 pour 100; qu'il devait rédiger et faire insérer à ses frais les annonces et réclames, sauf l'approbation de Stockes; que par un autre traité du 9 mars suivant, passé avec Stockes, se disant autorisé par le conseil d'administration, il s'est fait céder 4,545 actions, au prix de 440 fr., en échange de 9,514 obligations de la caisse Millaud, au prix exorbitant de 210 fr., alors qu'elles étaient d'une valeur inférieure à 145 fr., taux de leur émission;

» Attendu que Millaud prenait donc un intérêt considérable dans l'affaire; qu'il acceptait un *alea* capable de lui procurer des bénéfices exagérés, en cas de succès, ou des pertes importantes dans le cas contraire...; que dans les circulaires par lui rédigées avec l'artifice le plus habile et adressées à sa clientèle particulière, il affirmait que l'affaire était excellente, qu'il l'avait longuement étudiée, réitérant l'assurance d'un traité fait avec les entrepreneurs qui garantissaient, dès à présent, un revenu net de 7 pour 100 (le gouvernement de Nassau n'accordait que 4 du cent);

» Attendu qu'il trompait sciemment le public et les clients qui avaient foi en lui, en leur présentant comme mûrement étudiée par lui et comme excellente une affaire sur laquelle il n'aurait pris aucun renseignement; qu'il aurait, en tout cas, commis une faute lourde, engageant sa responsabilité;

» A l'égard de Frédéric Lévy, Molines-de-Saint-Yon, de Seillières et de Cheppes :

» Attendu qu'aux termes des statuts, le conseil d'administration est investi des pouvoirs les plus étendus pour gérer et administrer les affaires de la société; que les administrateurs français avaient le devoir de surveiller l'émission des actions en France et de contrôler les promesses faites au public; que ce devoir était d'autant plus étroit pour les défendeurs, que ces promesses étaient faites sous la garantie de leurs noms et de leur honorabilité...;

» Attendu qu'il importe peu qu'ils aient été ou non les mandataires des souscripteurs; que s'ils n'ont été officiellement nommés aux fonctions d'administrateurs que par une délibération du conseil siégeant à Londres, en date du 14 février 1857, ils ne peuvent contester que dès le mois de janvier ils n'en aient accepté les devoirs, puisque leurs noms figurent dans les premières annonces avec ceux des membres étrangers; qu'il est évident d'ailleurs que leur concours était indispensable, Stockes ne pouvant émettre, avec quelque succès, en France, les actions d'un chemin de fer étranger sans la garantie d'administrateurs français honorablement connus du public;

» Attendu qu'il est constant, au surplus, qu'ils ne sont pas restés étrangers à ces annonces; que Fréderic Lévy en a approuvé la rédaction au mois de janvier...;

» Attendu d'ailleurs que l'immixtion des défendeurs dans l'entreprise du chemin de fer de Nassau n'était pas entièrement désintéressée, puisqu'ils recevaient, à titre d'indemnité, une somme de 30,000 fr. à partager entre eux, et qu'ils se faisaient en outre attribuer, les uns *trente*, les autres *cent* actions, *dont les versements n'étaient pas exigés*, QUOIQUE LES INTÉRÊTS EN FUSSENT EXACTEMENT RÉCLAMÉS;

» Attendu que les défendeurs, en laissant publier dans les journaux et circulaires, sous la garantie de leurs signatures, la promesse d'un intérêt complémentaire de 3 pour 100 sur les bénéfices de l'entreprise, en approuvant même la rédaction de ces annonces, sans en contrôler l'exactitude, ont, sinon sciemment, au moins par une faute lourde, induit le public en erreur...;

» Attendu que, la faute des défendeurs étant commune, la responsabilité de chacun d'eux est également engagée ;

» Condamne Millaud, Frederic Levy, Molines de Saint-Yon, de Cheppes et Seillières, solidairement, à rembourser aux demandeurs les sommes par eux versées comme souscripteurs d'actions du chemin de fer de Nassau, avec les intérêts à 5 pour 100 du jour de la demande; dit que la présente condamnation aura lieu par corps contre Millaud, et fixe la durée de la contrainte à cinq ans. »

M. Millaud n'a vraiment pas eu de chances : s'il a esquivé la police correctionnelle, les parties civiles, en revanche, ne lui ont jamais fait grâce. C'est encore lui qui figure dans l'histoire suivante :

Caisse générale des actionnaires, *dissolution de la société* (*Cour impériale de Paris*, audiences des 1er, 3, 4, 7, 11 et 18 mars 1862.) — Le 28 mai 1856, une société fut formée entre MM. Amail, banquier, Jourdan, rédacteur du *Siècle*, Duveyrier et Moïse Millaud, déjà nommé, sous le titre de Caisse générale des actionnaires. Elle avait pour but : 1º de publier et exploiter le *Journal des Actionnaires*; 2º de souscrire, acquérir et vendre des effets publics, ouvrir des comptes courants sur dépôts de titres, et autres opérations dont le prototype se trouve réalisé dans les attributions du Crédit Mobilier. En 1862, une quarantaine de parties civiles sont en instance près de la Cour impériale pour demander la dissolution de la Société ; cinquante autres poursuivent le même but au premier dégré de juridiction, c'est-à-dire devant le tribunal de commerce. Que s'est-il donc passé? — Rien d'original au fond, après ce que nous avons vu déjà se produire ailleurs.

Les statuts sociaux primitifs présentaient aux souscripteurs quatre garanties principales :

1º Les fondateurs se soumettaient par avance aux prescriptions de la loi, alors projetée, sur les sociétés en commandite;

2° Ils s'engageaient à verser un million en espèces à titre d'apport;

3° La société s'interdisait expressément tous achats à prime et ventes à découvert;

4° La seconde moitié du versement n'était exigible qu'après la réalisation d'un bénéfice de 15 pour 100.

Toutes ces garanties ont été successivement enlevées aux actionnaires, sur la proposition des gérants, avec autorisation d'assemblées générales composées d'éléments plus ou moins équivoques. Mais les assemblées générales, si unanimes qu'elles soient, n'ont pas le droit de changer les bases fondamentales de l'association. Aussi bien les complaisances dénoncées au procès ne sont pas de celles qui peuvent faire pencher la balance dans le sens d'une décision favorable aux gérants, lorsque le texte de la loi offre de l'ambiguité.

L'article 5 des statuts oblige les fondateurs à verser un million; l'article 7 leur attribue 5,000 actions *libérées*. Les actions livrées au public n'ont versé que moitié, 250 fr. sur 500.

« Ils ne donnent pas le million, s'écrie M. le substitut Sapey en parlant des gérants; mais ils prennent les actions! Puis quand ils les ont prises, ils en rapportent une partie et disent: Nous ne vous devons plus rien, et vous nous devez 250,000 fr. On appelle cela une compensation! Et il s'est trouvé des voix éloquentes pour justifier de pareils actes, des mains habiles pour tresser à ceux qui les commettent des couronnes de munificence et de générosité.

» Nous allons voir, messieurs, ce que cette générosité leur a coûté. En rapportant une liasse d'actions qui ne leur appartenait pas, ils se trouvent non-seulement avoir payé leur dette, mais ils restent créanciers pour 250,000 fr. Leur premier acte de générosité est d'abandonner cette somme pour couvrir le déficit de la gérance Amail. Vous qui savez ce que leur avait coûté cette somme, vous apprécierez à sa juste valeur le mérite du sacrifice.

» Ce n'est pas tout. Avec leur manière de compter, ils auraient encore eu droit, — après le second versement fait, —

sur les cinq mille actions qu'ils prétendent leur appartenir, à 250 fr. par action. Ils y auraient eu droit, car les actions que leur attribuaient les statuts étaient libérées. Les voilà donc, grâce à la combinaison que vous connaissez, quittes de leur apport de 1 million, et créanciers de 250,000 fr. d'une part et de 1,250,000 fr. de l'autre. Il paraît qu'ils ont eu la pudeur de ne pas réclamer cette dernière somme. »

Le 1er décembre 1857, M. Millaud, devenu gérant après Amail, convoque une assemblée générale d'actionnaires; il demande et obtient l'abrogation du dernier paragraphe de l'article 4, qui interdit à la société les opérations à découvert; il fait également abolir la clause qui défend à l'administration d'appeler la seconde moitié du capital tant que les bénéfices n'auront pas atteint 15 du cent.

La conclusion de M. l'avocat impérial est écrasante :

« Une société se forme, dit M. Sapey, sous les auspices d'un de ces hommes qui ont fait de la publicité l'instrument de leur fortune, en attendant qu'elle devienne celui de leur châtiment. Cette Société ose écrire le mot de *spéculation* sur sa bannière. Elle réserve cependant encore quelques garanties à ses actionnaires : les fondateurs promettent de se conformer à une loi tutélaire que la puissance publique prépare; ils s'interdisent un appel de fonds jusqu'à la réalisation constatée d'un bénéfice; ils font briller aux yeux d'actionnaires avides un million promis en espèces à la caisse sociale. Le million! ils l'escamotent, — pardonnez ce mot ignoble pour flétrir une action plus ignoble encore. — Les garanties sociales! ils les effacent, grâce à l'ignorance ou à la crédulité d'un conseil de surveillance aveugle et d'assemblées générales trompées ou complices. Il vient un jour où, sans respect pour la loi qu'on outrage, on installe le jeu dans les statuts, et l'on perd le sens moral au point de ne pas comprendre qu'une telle société est la violation vivante de l'honnêteté publique et de la loi!

» Ah! de tels faits peuvent bien ne pas rentrer sous les qualifications étroites et sévères du Code pénal; mais la justice civile les flétrit quand elle les rencontre !...

» Prononcez la dissolution de la Société, messieurs; donnez à la morale et à la loi cette satisfaction, qui sera d'un bon exemple. »

La Cour, conformément à ces conclusions, prononça la dissolution de la Société.

On ne comprendait pas que des gens aussi sévèrement et aussi justement flagellés se permissent de reparaître dans le monde des affaires et de la politique, si l'on ne tenait compte de la puissance du compérage politico-financier de la presse.

Après avoir été l'associé de Mirès, M. Millaud est resté quelque temps obscur; puis tout à coup son nom s'est trouvé en relief, cinq ou six mois durant, dans la grande et la petite presse. Qu'avait-il fait? Une réclame habile, tout simplement : il avait offert à toutes les notabilités de la presse, de la littérature et des arts un banquet gargantuesque. Deux mois avant, comme deux ou trois mois après, la reconnaissance gastrique de la gent littéraire s'épancha à profusion en vers et en prose.

Plus tard, M. Millaud acheta la *Presse*, joignant ainsi au titre de Mécène celui de propriétaire. Aujourd'hui la maison ou le clan Millaud possède le *Petit Journal*, le *Soleil*, le *Journal politique hebdomadaire*, où l'on glisse les réclames qui entraîneraient les conditions de cautionnement et de timbre. La première partie des prévisions de M. Sapey se réalise : « la publicité devient l'instrument de la fortune. »

Au mois d'août 1866, la maison Millaud, fidèle à la tradition de famille, met en commandite le *Petit Journal*. A quel prix ? C'est là que se révèle le génie pratique du financier.

« Nous avions lu, comme tout le monde, dit le *Courrier français* du 16 septembre 1866, que M. Millaud mettait le *Petit-Journal* en actions, au capital de 4,000 parts, évaluées à 500 fr. chacune, et nous nous disions :

» Si un éditeur, un libraire, un homme du métier enfin, devait acheter le *Petit-Journal,* Timothée Trimm compris, il n'en offrirait pas 100,000 fr. M. Millaud, au lieu de s'adresser à des acquéreurs compétents, offre aux lecteurs, aux abonnés, aux ignorants en librairie, de prendre sa feuille au prix de deux millions. C'est un homme bien habile que M. Millaud!...

» Deux millions! si l'annonce citait la somme de deux millions, le chiffre ferait reculer les plus jocrisses. Aussi l'annonce parle de 4,000 parts à 500 fr. l'une; et M. Millaud se dit : les lecteurs qui auront l'idée de multiplier 4,000 parts par 500 fr. verront que je vends le *Petit-Journal* deux millions, et ces calculateurs-là ne me prendront point d'actions. Mais j'aurais de la male chance, si, sur mes 250,000 acheteurs et abonnés, je ne trouvais pas trois ou quatre mille écervelés à qui je glisserai mes deux millions d'actions, justement parce qu'ils ne sauront pas compter, ou qu'ils ne songeront pas à faire la multiplication précitée. Spéculation sur l'ignorance, la négligence et la cupidité, décidément c'est un coup de maître, et M. Millaud est un faiseur habile entre tous.

» Pourtant il faut prévoir les critiques des *grincheux*. Les porteurs des 4,000 parts à 500 fr. auront une copropriété dans les terrains, les immeubles, l'imprimerie modèle, les presses à vapeur du *Petit Journal*, à établir rue Lafayette : une valeur de 1,200,000 fr. Où sont les devis, les estimations, les contrats d'acquêts, les purges d'hypothèques surtout? Voilà ce que l'annonce ne dit pas et ce qu'elle se garderait de dire. Il faut croire l'auteur sur parole ou ne pas se mêler de la commandite. Les 4,000 parts à 500 fr. sont du fidéi-commis. Autrement il n'y a plus d'affaires possibles. Prenons donc, les yeux fermés, pour 1,200 mille francs l'immeuble et le matériel *à construire*; le *Petit Journal* ne ressortit plus qu'à 800,000 fr., environ dix fois sa valeur. Si un homme aussi habile que M. Millaud ne réussissait pas, on ne pourrait plus dire que la fortune va au talent, au travail, au génie...

» Nous en étions là de nos réflexions, et nous comptions les garder pour nous, par respect pour *la liberté de l'industrie et des transactions*, pour *la loi de l'offre et de la demande*, pour *le laissez-faire, laissez passer*, comme disent les économistes, lorsqu'un journal de province, l'*Union Bretonne*, nous a apporté un complément de renseignements, dont nous venons de vérifier à l'instant l'exactitude. Ce n'est plus 2 millions que M. Millaud vend le *Petit Journal*, c'est 5 millions. Écrivons en toutes lettres : CINQ MILLIONS ! Le correspondant de l'*Union Bretonne* a relevé, à la date du 31 juillet 1866, dans les annonces légales du *Moniteur* :

« L'extrait d'un acte sous seings privés, du 23 juillet, modi-
» ficatif des statuts d'une Société du *Petit Journal* établie, sous
» la raison Millaud et Cᵉ, par acte du 7 septembre 1863; cet
» acte modificatif constate, outre quelques changements dans
» la forme de la publication du journal, que la Société a au-
» jourd'hui pour objet : d'abord cette publication; ensuite
» l'achat et la construction d'un immeuble destiné à la centra-
» lisation des services du *Petit Journal* et à l'établissement
» d'une imprimerie; enfin, que le fonds social se compose
» exclusivement de la propriété du *Petit Journal*, telle qu'elle
» existait au 1er juillet 1866, et de tout ce qui servait à son
» exploitation; que, du reste, il n'a été fait, de ce fonds, au-
» cune évaluation en argent, mais qu'il a été divisé en *dix*
» *mille fractions égales*, dites parts d'intérêts. »

» L'auteur ajoute :

« Voilà ce qu'il fallait dire dans les annonces destinées à
» être lues du public, et surtout de la fraction appelée à pren-
» dre part à l'émission; voilà ce qu'il importait de lui expli-
» quer clairement, et ce que, précisément, on ne lui a dit d'au-
» cune manière. »

« 10,000 fractions *égales*, sans évaluation en argent, mais *égales* aux 4,000 parts émises à 500 fr., cela fait bien 5 millions (répétons en toutes lettres : *cinq millions*). M. de Girardin, au plus fort du succès de la *Presse*, un journal politique, dont la page d'annonces valait à elle seule 300,000 fr. par an, n'a jamais évalué sa feuille à plus d'un million !... »

La souscription marchait à souhait, lorsque parut le malencontreux article du *Courrier*; c'était la seconde partie de la prédiction de M. Sapey : « la publicité devenait châtiment. » Des actionnaires m'ont écrit pour me remercier de leur avoir signalé la malice; ils ont réclamé l'annulation de leurs souscriptions et versements. Il a été fait droit à leurs réclamations. Ainsi, ce que n'ont pu prévoir ni empêcher, et les réquisitoires du ministère public, et les semonces des présidents de tribunaux, et les arrêts désobligeants, cent lignes de critique, faites à temps, l'ont arrêté. Que n'avons-nous cessé de redire depuis le commencement de ce livre? Que la publicité seule pouvait réprimer les écarts des financiers; mais la publicité libre, non le journalisme cautionné, privilégié, autorisé, monopolisé. M. Mirès vient de racheter la *Presse*; la mutation de propriété n'a souffert aucune difficulté au ministère de l'intérieur. M. Mirès, on le pense bien, ne fera pas servir son journal à la révélation et à la discussion de faits comme ceux dont s'occupe ce livre.

Nous bornerions là nos études économico-judiciaires, car le monde financier y a été vu sous toutes ses faces, s'il ne nous restait un procès où s'affirment cyniquement des mœurs qu'on a seulement pressenties, entrevues dans les précédents récits; on rencontre ici une accumulation de procédés tels que le ministère public lui-même n'a pu leur trouver de qualification. Aussi les débats n'ont-ils pas franchi les limites d'une licitation civile. Il semble que l'énormité des aveux ait fait reculer M. l'avocat impérial. Devant l'énumération et la tentative de justification des exploits qu'on va lire, il n'y a plus de doute possible sur l'existence des deux morales. Le public financier est complétement en dehors de la société ambiante. On ne juge pas un pareil monde : on le subit ou on l'élimine.

SOCIÉTÉ DES PORTS DE MARSEILLE

FUSION AVEC LA COMPAGNIE IMMOBILIÈRE, ETC.

(Procès civil; cour impériale de Paris, décembre 1864 et janvier 1865.)

Deux points sont à signaler au sujet de ce procès : le premier, c'est que tous les journaux l'ont publié. Jusque-là, quand il s'agissait des GRANDS FINANCIERS, le *pacte de mutisme* entre la presse et la haute banque, dénoncé au Corps législatif dans la session de 1864, tenait à merveille son programme et ses engagements. Les feuilles judiciaires, d'une publicité fort restreinte, étaient seules à enregistrer de scandaleuses manœuvres. Cette fois, les journaux politiques à gros tirage se sont mis de la partie. Serait-ce un signe des temps? — Hélas! s'il faut en croire certaines confidences, leur motif déterminant n'aurait rien de commun avec l'amour du bien public. Des démarches auraient été faites auprès des journalistes les plus en renom, afin de les engager à rendre compte de cette affaire : tous se seraient récusés, sauf un débutant, l'*Avenir national*, qui n'en était encore qu'à son 31e numéro. Le succès de tirage du nouveau venu, par suite de cette publicité, aurait inquiété ses aînés, d'abord comme vente immédiate, ensuite comme position prise en dehors de certaines cabales financières. Une feuille politique, brisant avec la tradition des complaisances coupables, répondait tellement à un besoin de l'époque, qu'il eût été dangereux de lui laisser ce caractère exclusif; les organes accrédités auraient vu déserter leurs fidèles au profit du dernier arrivé. Aussi tous ont-ils fait assaut d'exactitude et de célérité. Puisse ce précédent, quoi qu'on puisse penser de la moralité des motifs et des accointances financières de l'*Avenir national*, avoir une suite et faire école. L'esprit de dénigrement entre concurrents qui se jalousent a plus d'une fois servi la cause de la justice.

Le second point, sujet même du procès, c'est la façon avouée dont se conduisent les hautes entreprises : le bon plaisir et la raison d'État transportés de la politique dans le monde des sociétés commerciales. Si nous écrivions un mémoire pour les demandeurs, nous n'aurions, comme M. Grandmanche de Beaulieu, qu'à flétrir de pareils procédés et à en demander justice; mais, nous le répétons encore une fois, nous faisons une étude de mœurs sur la haute banque et le principe du crédit octroyé. Tout en partageant la sainte indignation de l'éloquent défenseur et de M. l'avocat général contre la violation de la loi, nous serons forcés de convenir parfois avec ses adversaires qu'étant donné un certain milieu, le *salut social* passe avant les considérations de procédure. Comme ce dictateur romain à qui l'on reprochait des excès, MM. Péreire, Crochard, de Chaumont-Quittry et consorts ont le droit de répondre : — Nous avons sauvé la patrie. — A quel prix? — C'est ce que vont nous révéler les débats. — Pour combien de temps? — C'est encore le secret de l'avenir.

Exposé du procès. — Le 25 octobre 1862, l'assemblée générale des actionnaires des Ports de Marseille, convoquée extraordinairement, votait l'acceptation d'un traité provisoire de fusion avec les Immeubles de Rivoli, les Magasins généraux et la rue Impériale de Marseille, passé le 22 septembre précédent entre M. Émile Péreire et MM. le marquis de Chaumont-Quittry et Crochard, l'un président, l'autre membre du conseil d'administration des Ports. Un décret impérial du 15 juin 1863 a autorisé la constitution de la Société Immobilière, résultant de cette fusion, en Société anonyme, au capital de 85 millions.

Un certain nombre d'actionnaires de la Société des Ports de Marseille, MM. Godde, Lemerle, Lefebvre et Chepelet, ont demandé contre la Compagnie Immobilière et MM. Péreire, de Chaumont-Quittry et Crochard, la nullité de cette fusion, en se fondant sur la composition irrégulière de l'assemblée qui l'avait votée, et comme étant, ladite fusion, contraire aux statuts, comme sortant des limites posées au vote, et comme constituant une lésion de plus des sept douzièmes.

Le tribunal civil de la Seine (1re Chambre) a rejeté ladite demande par arrêt du 13 mai 1864. Les poursuivants ont interjeté appel.

Me Grandmanche de Beaulieu, leur avocat, a fait un exposé de l'affaire si net, si précis, que nous nous contenterons d'en citer textuellement les parties essentielles à notre sujet, en y intercalant quelques titres explicatifs. Que les lecteurs ne s'effrayent pas de la longueur du plaidoyer : il n'y a rien de plus instructif dans les annales judiciaires. Nous laissons la parole au défenseur :

Les préliminaires d'une assemblée générale d'actionnaires. — « J'aborde la première partie de ma discussion, la composition de l'assemblée. Sur ce point, j'avais vainement demandé en première instance, et j'ai de nouveau, sans plus de succès, demandé à la Cour, qui a joint l'incident au fond, d'ordonner, au préalable, qu'il me soit donné communication des listes de présence et de dépôt de titres des actionnaires qui composaient l'assemblée du 25 octobre 1862. Je renouvelle mes conclusions; c'est mon droit et mon devoir. Jamais je n'admettrai qu'une majorité puisse dire à une minorité : Nous vous imposons notre volonté parce que nous sommes plus nombreux que vous, sans que la minorité ait le droit de connaître, de compter, de discuter cette majorité...

» Avant d'entrer à l'assemblée pour en étudier la composition, je trouve dans le mode même de la convocation une première fraude. Pour faire partie d'une assemblée d'actionnaires, il faut déposer ses actions. Aux termes des statuts, il a paru dans les journaux un avis ainsi conçu : « Les titres seront reçus tous les jours non fériés, » — vous allez voir la surprise et le parti qu'on en a tiré, — « de dix heures du matin à deux » heures, à partir du lundi 6 octobre au samedi 19 octobre. »

» Il n'y a qu'un malheur, c'est que le 19 était un dimanche. Mon Dieu ! on s'est trompé, voilà tout. Une pareille erreur dans une lettre touchant à nos relations d'hommes du monde est peu importante; mais quand on invite, par les journaux, des actionnaires à venir à une réunion générale qui a pour but de disposer d'une manière omnipotente de leur bien; que la condition *sine quâ non* des statuts est de déposer ses titres, qu'on lui donne quinze jours et seulement trois ou quatre heures par jour pour cela, je n'admets pas qu'on ne prenne pas la peine de consulter le calendrier, et que l'on confonde le samedi avec le dimanche, le 18 avec le 19 : de sorte que, le dimanche 19 étant jour férié, on renvoie les actionnaires non amis qui se présentent sur la foi de l'avis inséré dans les journaux. J'admets encore moins qu'en l'espace de vingt jours on ne soit pas averti de l'erreur et qu'on ne la redresse pas par la voie de la publicité.

» Voyons le parti qu'on a tiré de cette prétendue erreur. Le quatorzième jour du dépôt, c'était le samedi, un M. Lasorne, agent de change à Douai, se présente; il était près de trois heures. Celui-là, on savait que c'était un mal pensant; on avait des petites entrées pour les amis, lui il entrait par la grande porte. On lui dit : — Il est trois heures, le bureau est fermé. — Ce n'est que le 18, je reviendrai demain 19. — Oh! non, demain c'est dimanche; vous n'avez pas remarqué, on ne reçoit les titres que les jours non fériés. M. Lasorne ne paraît pas très-convaincu de cet ordre d'idées qui consiste à jouer sur le mot *non fériés*, il se fâche; on n'aime pas le bruit dans cette maison et pour cause; on va donc demander des ordres, et on lui donne une carte portant le numéro 322.

» Un M. Halbronn a trouvé également les bureaux fermés; il s'est adressé à la justice et a demandé, en référé, d'être autorisé à déposer ses titres. M. le président rend une ordonnance, le 23 octobre, en vertu de laquelle M. Halbronn sera compris dans la liste; la carte qui lui est délivrée porte le numéro 335. — Or, comme de 322 à 335 il y a 12 numéros, nous en tirons cette conclusion : qu'on a introduit douze personnes depuis la clôture, puisque M. Lasorne, arrivé après la clôture, a eu le numéro 322, et que M. Halbronn, par ordonnance de référé, a eu le numéro 335.

A Normand, Normand et demi. — « Le second fait que je soumettais aux premiers juges et que je vous soumets, messieurs, est celui-ci. Il y avait au milieu de cette assemblée, dont vous verrez tout à l'heure la singulière physionomie, un homme qui, placé au centre, marquait son admiration, son enthousiasme, par des cris, par des signes tellement désordonnés qu'il avait attiré les regards des assistants. Il y a des hommes qui font bien de chercher le demi-jonr; il y avait autour de celui-ci un groupe de satisfaits qu'il semblait conduire avec le bâton du commandement. L'attention d'un actionnaire est attirée par ce personnage. — Mais c'est J.... — Non, J... n'a jamais eu d'actions de sa vie! — C'est cependant lui. Il n'y avait pas à s'y tromper, il était en plein jour. C'était J...

» Or, voilà ce qu'était J... Je ne veux rien dire de l'homme, c'est à peine si je veux prononcer des noms, mais enfin il faut que je prononce celui-là. C'était un agent d'affaires, orateur habituel de ces assemblées, appelé l'avant-veille par dépêche télégraphique de Nantes pour faire la fusion. — C'est un des douze dont je parlais tout à l'heure.

» L'actionnaire fait le raisonnement très-simple, que si J... fait partie de l'assemblée, c'est qu'il a dû préalablement déposer des actions, et que c'est le cas de faire exécuter contre lui un jugement jusque-là inutilement obtenu. Il court chez son huissier Legendre, et le prie de former opposition sur les actions de J... L'huissier forme immédiatement opposition au nom de M. Bignon, rue du Cherche-Midi, 68, pour 2,300 fr., montant d'un jugement beaucoup trop inexécuté. — Le soir même, l'huissier reçoit la visite de M. M..., qui donne pour adresse rue Saint-Honoré, 378, — c'était un faux domicile, — et qui dit venir de la part de M. Péreire. — Combien est-il dû? — 2,300 et des frais. — Les voilà. — Et l'huissier écrit sur son registre : « Reçu de la part de M. Émile Pé-» reire, etc. »

» L'huissier avait plusieurs clients. En homme intelligent, il se dit : Puisqu on paye, veillons aux intérêts de mes comtion, au nom de M. Teinturier, rue du Cherche-Midi, 58, pour 800 fr. Le soir, il reçoit la visite de M. B..., administrateur des Ports de Marseille. — Combien est-il dû? — 800 fr. — Les voici. — Et l'huissier écrit de nouveau : « Reçu de la part de » M. Émile Péreire, etc. »

» Au moment où M. B... s'apprêtait à sortir, l'huissier, en homme bien élevé, lui dit : — Vous êtes peut-être bien occupé. Je ne voudrais pas vous déranger une troisième fois; pendant que vous étiez ici, un de mes clercs est allé former une dernière opposition; payez de suite, cela vous évitera de revenir. — Est-ce la dernière? — Oui. — Combien? — C'est au nom de M. Barthelemy, maître de poste à Bondy, ce n'est que pour 700 fr. — Et pour la troisième fois l'huissier écrit : « Reçu » au nom de M. E. Péreire et compagnie, etc. »

» Il me paraît inutile de tirer la conclusion. Généralement, celui qui paye le montant des oppositions est le propriétaire des actions.

Gros mots et grosses choses. — « J'arrive au troisième fait que je soumettais aux premiers juges. Celui-là n'est arrivé à ma connaissance que vingt-quatre heures seulement avant les débats en première instance. Je devais plaider pour M. le comte de Laubespin; je devais avoir les 521 actions dont il avait l'acte de dépôt. Je croyais que quand on avait un acte de dépôt, un récépissé, il n'y avait qu'à se présenter, comme à la Banque, sauf à revenir le lendemain pour toucher. M. de Laubespin, en bon gentilhomme, le croyait aussi. Il est arrivé à la caisse, il a présenté son récépissé, et il a réclamé ses actions; on le remet au lendemain, au surlendemain. Grand émoi; on va de bureau en bureau, et enfin on arrive jusqu'à la sommité, M. Pereire. Les actions n'y étaient plus!

» Pour moi, je pensais bien qu'elles n'y étaient plus. J'avais dans la main gauche le récépissé de M. de Laubespin, qui portait : « Dépôt de 521 actions, de 18,001 à 18,500 et de 22,026 » à 22,046, » et dans la main droite, 3 actions portant les numéros 18,451, 18,452 et 18,453; ces trois actions étaient donc comprises dans la catégorie de celles qui avaient été déposées.

— J'en tirais cette conséquence assez logique, qu'on les *avait volées*, et, en effet, ON LES AVAIT VOLÉES.

» Grand émoi, je l'ai dit : on appelle un homme dont je n'ai pas voulu prononcer le nom en première instance, je ne le prononcerai pas davantage devant la Cour ; il est connu de tout le monde maintenant. Devant le tribunal, mes adversaires, qui avaient des étonnements perpétuels, voulaient à toute force que je le disse. Ils le savaient mieux que moi ; la Cour le saura probablement : c'était le secrétaire général de la Société. Ce monsieur pleure, se lamente, se déclare l'auteur du détournement, d'ailleurs sans étonnement ni colère de la part des chefs, qui gardent sagement le silence. Il n'avait pas de très-bons exemples sous les yeux ; il avait trouvé 521 actions à sa convenance ; il avait mis la main dessus. Enfin ces actions n'y étaient plus, on reconnaît que le vol, — il n'y a pas d'autre expression, — avait eu lieu trois mois avant l'assemblée du 25 octobre 1862.

» Qui avait volé ces actions ? Je n'ai qu'une chose à dire. Il y avait une caisse, et à cette caisse trois serrures et trois clefs ; aucune de ces serrures et aucune de ces clefs ne ressemblait à l'autre ; il fallait trois clefs différentes pour ouvrir les trois serrures différentes. M. de Chaumont-Quittry avait une clef, M. Crochard en avait une autre, M. X... avait la troisième, et les titres sont sortis de la caisse ! Partagez-vous la responsabilité, cela m'est bien égal ; mais ce qu'il y a de certain, c'est que les titres n'étaient plus là.

» Le lendemain, à l'audience, je pose des conclusions et j'articule ce nouveau fait, il était suffisant. De 316 formant la majorité, ôtez 521, il n'en restait pas beaucoup. Sur ce, le tribunal est singulièrement ému. Les adversaires, après avoir été étonnés, me répondent : « Eh bien ! c'est vrai ! » Je le crois bien, j'avais la preuve dans la main.

» Au surplus, depuis la plaidoirie de première instance, un jugement de la 1er chambre, du mois d'août dernier, constate la date du détournement, date antérieure à l'assemblée du 25 octobre 1862, et condamne E. Péreire, comme responsable civilement, à en restituer le prix à M. de Laubespin. Le fait n'est plus à discuter.

» Il y a un fait plus grave encore. Je viens de dire que ces actions avaient été détournées. Comment se fait-il que, détournées avant l'assemblée du 25 octobre 1862, le 29 octobre la caisse paye les intérêts de ces mêmes actions à M. de Laubespin? Je ne comprends pas, je ne veux pas comprendre : il me semble difficile de détacher les coupons d'actions qui n'existent plus, et cependant voici le reçu : « Reçu de la Société anonyme » des Ports de Marseille, pour le compte de M. de Laubespin, » 7,648 fr. pour le payement du sixième coupon. *Signé :* Le » directeur du Sous-Comptoir de l'Industrie et du Commerce. » 29 octobre 1862. »

« Il est prouvé que les 521 actions volées ont figuré à l'Assemblée et ont voté dans un sens, pendant que le propriétaire votait dans un autre. — Or, de 316 de majorité, ôtant 521, combien reste-t-il ?

» Ai-je besoin de m'occuper dans quel sens ces 521 actions ont voté? Par cela seul qu'elles ont été détournées, les mains dans lesquelles elles sont ne m'inspirent pas une confiance immodérée! La cour verra pourquoi. On peut être, il est vrai, porteur de la meilleure foi du monde d'actions volées; mais quand je dirai pourquoi elles ont été volées, la cour verra où elles sont passées. Il suffit que le tribunal constate : « Il y a 521 actions qui sont entrées à l'assemblée et qui provenaient d'un détournement; elles ne pouvaient y entrer, » pour que je sois fondé à conclure : Le scrutin a été vicié : de 316, j'ai le droit de retirer 521.

» Remarquez, messieurs, le fait suivant relevé par le tribunal de première instance, et ceci semble être l'infirmation complète de son jugement. Quel que fût le nombre d'actions dont on fût porteur, on ne pouvait avoir droit à plus de 10 voix, mais 5 actions donnaient droit à une voix. 521 actions dans les mains de M. de Laubespin votant avec son récépissé, ou avec 521 actions, ce qui est la même chose, c'était 10 voix seulement; mais 521 actions divisées en 104 mains à des tiers porteurs, à raison de 5 actions pour une voix, donnaient

104 voix. 10 pèsent-ils autant que 104 dans le plateau d'une balance? Il est inutile d'insister davantage.

» Ainsi, tandis que M. de Laubespin arrivait avec son récépissé de 521 actions, disant *non* pour 10 voix : ces mêmes 521 actions, divisées en d'autres mains, venaient dire *oui* pour 104 voix.

» Les faits que je prouvais ou dont je faisais articulation au premier jugement étaient peu nombreux; mais leur gravité n'a pas échappé aux premiers juges; ils l'ont constatée à chaque instant dans leur jugement, et je puis vous dire que, sous ce rapport encore, leur émotion était grande. Seulement, ils ont pensé que cet ensemble de faits n'était pas assez complet, ne pesait pas assez dans la balance de la Justice pour la nullité du vote de l'assemblée. Je crois que les premiers juges auraient pu tirer une conclusion plus ferme de leurs prémisses, et que, après avoir relevé la fraude, ici encore ils auraient dû aller jusqu'au bout, et briser l'acte ainsi vicié.

» Si vous saviez, messieurs, la peine qu'a un plaideur pour trouver des preuves, surtout dans un procès où se rencontrent des gens haut placés, et qui porte sur une articulation très-grave! — Il s'adresse à tout le monde, à gauche, à droite; chacun sait quelque chose, mais chacun renvoie à son voisin. On n'aime pas à se mettre sur la brèche et à donner des attestations; on n'aime pas à servir de témoin; on n'aime rien moins que de partager le sort de ceux qui se battent. De sorte que nous avions beau faire, nous étions fort embarrassés. Pourtant, à force de travail, nous étions arrivés à quelque chose.

» Le fait J..., nous l'avions appris par l'huissier Legendre, et grâce à son intelligence. Le fait de Laubespin, nous l'avions su la veille de l'audience seulement, et nous ne nous y attendions guère. Les autres faits n'étaient pas encore assez prouvés. Depuis le jugement, nous avons été, je ne dirai pas plus heureux, mais enfin je crois que nous avons mieux réussi, et j'apporte aujourd'hui à la cour des éléments qui, s'ils avaient pu être produits au tribunal, auraient singulièrement modifié sa décision. Ils sont bien autrement graves, ceux-là, et on ne les discutera pas, à moins qu'on ne veuille discuter la lumière du jour. »

La fine fleur d'une assemblée d'actionnaires. — « J'apporte la preuve matérielle, indiscutable, que neuf personnes dont je donne les noms étaient de faux actionnaires (suivent les noms). En y ajoutant les actions de M. J..., je trouve que ces actions frauduleuses étaient au nombre de 287; je déduis ces 287 de 316, il reste 29. On pourait dire qu'il y a encore une majorité; mais nous en trouverons d'autres, soyez-en sûrs; nous en avons déjà signalé.

» Comment ai-je cette preuve? Ah! j'avoue qu'il n'a pas été facile de l'obtenir, mais voici de quelle manière nous l'avons eue. A la date du 2 novembre 1864, un huissier a fait sommation à un sieur T..., je ne lis que celle-là, les autres sont conçues dans les mêmes termes à peu près : « ..... D'avoir immé-
» diatement à me déclarer si les 40 actions déposées en son
» nom, le 18 octobre 1862, pour l'assemblée générale du
» 25 octobre 1862, étaient sa propriété; sinon, qui les a dé-
» posées pour lui; s'il n'a pas voté pour la fusion; s'il n'a
» pas été appelé à l'assemblée uniquement dans ce but, et s'il
» n'y a pas assisté par pure complaisance. » M. T... a répondu :

« 1° Que les 40 actions déposées en son nom le 18 octobre
» 1862 pour l'assemblée générale susdite ne lui appartenaient
» pas; qu'elles avaient été remises et déposées par X..., mem-
« bre du conseil d'administration, avec recommandation de
» voter pour la fusion des Ports de Marseille avec la Compa-
» gnie Immobilière; que par obligeance, pour être agréable à
» M. X..., et sur la prière de ce dernier, il a voté pour la fu-
» sion, mais qu'il n'a jamais été propriétaire desdites ac-
» tions. »

« Je n'ai pas besoin de faire observer à la cour que chacun de ceux qui ont ainsi répondu à nos sommations pourrait être poursuivi par nous correctionnellement : l'huissier s'est présenté aux délinquants, une assignation en police correctionnelle d'une main, une sommation de répondre de l'autre; il leur a dit de choisir, ils ont choisi.

» Il y a, en ce qui concerne un d'eux, M. D..., un fait qui doit être porté à la connaissance de la cour. M. D... est préposé en chef à l'octroi de N..., et l'un de ses fils était employé de la Société des Ports de Marseille. Il a cru bien faire probablement, mais voici ce qu'il a déclaré :

« Je soussigné, déclare avoir assisté et voté à l'assemblée
« générale des Ports de Marseille, du 25 octobre 1862, avec une
» carte d'entrée représentant 40 actions qui n'étaient pas ma
» propriété, n'ayant jamais été actionnaire des Ports, et qui
» avaient été déposées en mon nom par le conseil d'adminis-
» tration, ma présence ayant été demandée à titre de service
» pour voter la fusion. »

» Après avoir ainsi répondu, M. D... l'a regretté. Il a écrit d'abord une lettre, et ensuite il a envoyé une plainte. A la lettre on n'a pas répondu; à la plainte, M. le procureur impérial s'est chargé de répondre. Le magistrat a donné une leçon de morale à ce monsieur, qui ne comprenait pas que sa place serait en police correctionnelle. Il se plaint de l'usage que l'on fait de son certificat et menace de dire au juge, s'il est appelé, toutes les fraudes qui se sont passées à la composition de l'assemblée générale...

M. LE PREMIER PRÉSIDENT *à Me Grandmanche* : Comment avez-vous cette pièce?

Me GRANDMANCHE : Je vais l'indiquer de suite à la cour : J'ai dit qu'un détournement avait eu lieu des actions de M. de Laubespin; j'ai parlé d'une caisse à trois serrures et à trois clés différentes; une des serrures était à la disposition du secrétaire général, M. X..., qui est par conséquent l'un des trois auteurs de ce fait. Nous avions le droit de nous plaindre régulièrement. Il a convenu à ces messieurs du conseil d'administration des Ports d'étouffer l'affaire entre eux, et il y avait des raisons pour cela. Mais si nous nous étions plaints, nous!... La cour comprend, nous ne l'avons pas fait, mais nous avons imposé notre volonté. Je dis *nous*, je devrais dire mes *clients*. Notre volonté était d'avoir les pièces aux mains de M. X..., secrétaire général de la Société, et nous les avons. Les voici dans mes mains. Il y en a de tellement graves, de tellement compromettantes que, quant à moi, je ne me reconnais pas le droit de les lire. J'en ai causé avec mes maîtres et mes anciens, je me suis adressé aux plus loyaux d'entre eux, et l'un d'eux est en ce moment bien près de moi. Tous m'ont dit que je pouvais lire tout ce qui est utile à la vérité. Eh bien ! je ne le ferai pas. Il y a pour moi, dans des lettres, une sorte de copropriété entre celui qui les écrit et celui qui les reçoit. Une lettre est, à mon sens, une sorte de confidence écrite qui appartient aux deux correspondants. Mes clients ne sont ni l'un ni l'autre.

» J'avoue qu'il me répugne singulièrement de venir lire à la cour les lettres dont il s'agit. La lecture seule en est pénible. J'ai commencé par les communiquer à mon confrère, qui les a fait toutes copier, parce qu'à ce moment il y avait trouble dans mon esprit sur l'usage que j'en devrais faire. Les ayant communiquées, je les laisse à mon dossier, vous les verrez si vous le désirez. Je dis qu'en présence de ces lettres la discussion est finie, vous saurez ainsi ce que coûte une conscience à acheter et la part que chacun a touchée dans nos dépouilles.

» Je continue, mais si, sans égard pour un scrupule de conscience, peut-être exagéré, on me pousse à lire, je lirai, sans me préoccuper du scandale.

» Je disais qu'il y avait maintenant un fait indiscutable, celui de 287 actions entrées frauduleusement à l'assemblée à distraire des 316 de la majorité, reste 29. Si la cour a encore quelque doute, je lui demande à nous autoriser à faire, par enquête et par témoins, la preuve de ces faits. Si la cour juge nécessaire d'ordonner l'enquête, elle en verra bien d'autres; on n'a pas voulu nommer les personnes, mais il faudra bien alors qu'on les connaisse.

» A côté de ces hommes qui ont fait illégitimement partie de l'assemblée et qui ont été obligés de le confesser, il en est un dont la réponse à notre sommation a révélé un fait tellement grave que j'ose à peine en parler. « Voici la réponse faite par un sieur Th... à la sommation de l'huissier : quelques jours avant le 25 octobre 1862, M. X..., membre du conseil d'administration, dont Th.... était le fournisseur, lui a proposé de le représenter pour 20 actions à une assemblée des actionnaires des Ports de Marseille; du 20 au 23 octobre 1862, le même membre du conseil d'administration est venu de nouveau le prier de le représenter pour pareille quantité d'actions à une autre réunion qui devait avoir lieu le 25 du même mois. Il lui a été remis une carte à cet effet; mais le 25 au matin, il a dit à M. X..., en lui rendant sa carte, que sa mère étant décédée à Nanteuil-sur-Marne, il ne pouvait assister à cette réunion. En effet, il n'y a pas assisté, étant parti à Nanteuil; il ne se rappelle pas s'il a signé la carte en question, et il ignore qui a déposé ces actions en son nom et quel en était le véritable propriétaire; il n'a pas en tout cas pu voter pour ou contre la fusion.

» Or, je prends la liste qui m'a été communiquée, et j'y vois en toutes lettres la signature de Th...! Ce même Th..., qui déclare n'avoir pas pu assister à l'assemblée, sa mère étant morte la veille, et avoir rendu à M. X.., la carte que celui-ci lui avait remise pour y figurer, ce même Th... y figure.

» Je puis dire comment on a fait la chose. On était embarrassé; ces vingt actions étaient disponibles, et l'on comptait serré : on savait quelle opposition il y aurait dans l'assemblée. On a dit à un employé : Signez là. Et il a signé Th... Il est inutile de qualifier ce fait; je l'articule dans mes conclusions et je demande à le prouver.

» Comme la Cour le voit, j'ai prouvé, pièces en main, la composition frauduleuse de l'assemblée. Si j'avais pu apporter ces preuves devant les premiers juges, déjà émus par les faits que j'établissais, je crois que le tribunal aurait singulièrement modifié sa sentence. Ou la Cour considérera la preuve comme faite, ou, si elle la croit douteuse, elle ordonnera une enquête. Je ne demande que cela; la preuve sera surabondante. En tout cas, prouvée ou probable, on m'accordera que cela est parfaitement pertinent et admissible.

« J'arrive à la troisième série de faits; ce sont les conclusions additionnelles que j'ai eu l'honneur de remettre à la Cour il y a trois semaines. On fait sommation à M. L...., employé du Crédit mobilier, dans les termes que la cour connaît, et voici la réponse de cet employé de M. Pereire :

» 1° Les 20 actions déposées en son nom pour l'assemblée générale des Ports de Marseille, n'étaient pas sa propriété elles avaient été déposés pour lui par une personne de l'administration; il ignore quel en était le véritable propriétaire; 2° il a voté pour la fusion de ladite Société avec la Compagnie immobilière; il a été appelé à la réunion uniquement dans le but de voter cette fusion. — Il a fait ces choses par pure complaisance et comme y étant forcé moralement et pécuniairement par sa position d'alors, et, sans vouloir les nommer, il connaît bien d'autres personnes ayant agi comme lui et sous la même influence.

» Celui-là parle plus que les autres. Dans une enquête il dirait des choses bien instructives sans doute. Voilà pour M. L... avec 20 actions.

» Une autre sommation a été adressée à un sieur C..., également employé de Péreire, qui représentait 40 actions. Il a déclaré qu'il n'était pas propriétaire des 40 actions avec lesquelles il a voté, attendu qu'on faisait passer des bordereaux tout préparés aux employés du bureau dont il faisait partie; qu'il n'y voyait aucun inconvénient, vu qu'il avait fait et vu faire ceci différentes fois... et que bien d'autres employés que lui ont fait la même chose ce jour-là.

» Comptez, messieurs, 20 et 40 font 60, et il faut ajouter les 20 actions ayant voté sous le nom de Th... : c'est 80 au tota qu'il faut retrancher de 29. — Que reste-t-il ? J'avais réduit à 29 la prétendue majorité de 316. Si je déduis encore ces 80 actions, il reste 51 de minorité. Voilà ce qu'est devenue cette majorité.

» A côté de ces faits, messieurs, il y en a d'autres que je n'ai fait qu'articuler dans mes conclusions additionnelles. Ceux-là, je n'en ai pas tout à fait la preuve ; mais j'ai quelque chose qui y ressemble beaucoup. A cet égard, je ne ferai que lire mes conclusions additionnelles ; cette lecture me paraît tellement édifiante que je crois inutile d'y rien ajouter. Voici comment est conçue notre articulation :

Le gâteau des administrateurs.— « 1er fait. — En juillet 1862, — contrairement au préambule du traité provisoire de la fusion attaquée, c'est Émile Péreire, par l'intermédiaire de deux personnes, qui a fait des ouvertures à Crochard, receveur de rentes, administrateur de la Société des Ports de Marseille, pour la fusion des biens de ladite Société avec la rue Impériale, à Marseille.

» Ces ouvertures demeurèrent sans résultat, et Crochard refusa, parce que Émile Péreire posait formellement la condition de ne pas le conserver comme membre du conseil d'administration de la nouvelle Société projetée, et que Crochard trouvait cette condition blessante pour sa personne.

» 2e fait. — En août 1862, après la convention provisoire intervenue pour le rachat, par Émile Péreire, de la régie intéressée consentie à Hardon par les administrateurs de la Société des Ports de Marseille, de nouvelles propositions dans le même sens furent faites à Crochard. La première condition de Crochard fut qu'il ferait partie du conseil d'administration de la Société fusionnée. A sa demande écrite, Émile Péreire donna son adhésion en disant : « J'accepte votre concours : » vous êtes des nôtres. » Crochard, sur cette parole, annonçait, en septembre 1862, la vente de son cabinet d'affaires pour avoir tout son temps et sa liberté.

» En même temps, Crochard et Chaumont-Quittry se sont mis en rapport avec Emile Péreire et sont convenus de fusionner les Ports de Marseille avec la rue Impériale, la Compagnie immobilière de Paris et la Société des Magasins généraux.

» 3e fait. — Crochard suivit la négociation. Péreire l'entraîna en lui assurant des avantages personnels considérables.

» Isaac Péreire, agissant pour lui et son frère, sous les yeux de Crochard et d'un tiers, discuta et écrivit une note indicative des avantages personnels promis à Crochard.

» Ils consistaient dans la promesse d'attribuer à ce dernier, pour rémunération de son concours, mille actions de la nouvelle Société garanties à 700 fr., mille autres actions au pair, soit à 500 fr., et mille actions de la Compagnie immobilière, dite Rivoli, à 200 fr. — En outre, promesse nouvelle lui fut faite de le nommer administrateur de la future Société.

» En dehors de ces avantages, tout personnels à Crochard, il fut stipulé que M. Péreire donnerait mille actions garanties à 700 fr. et mille actions au pair, soit à 500 fr., pour être réparties entre diverses personnes.

» 4e fait. — Quelques jours après, Chaumont-Quittry, apprenant de Crochard lui-même les avantages particuliers qu'on lui avait consentis, voulut, en sa qualité de président du conseil d'administration (dont Crochard était simple membre), obtenir de Péreire des avantages personnels supérieurs d'abord, et ensuite au moins équivalents. Péreire refusa, et pendant plusieurs jours toutes les négociations relatives à la fusion furent rompues.

» 5e fait. — Pour reprendre ces négociations, Isaac Péreire offrit à Chaumont-Quittry de lui assurer mille actions garanties à 700 fr. sur celles lui revenant, à lui Isaac personnellement. Assurance fut également donnée à Chaumont-Quittry qu'il serait nommé administrateur de la Compagnie nouvelle. Chaumont-Quittry refusa cette offre comme étant insuffisante pour lui, dans des termes qui seront établis par témoins.

» 6e fait. — Quelques jours après, Crochard et Chaumont-Quittry, en tête-à-tête avec un tiers, dans un bureau du Crédit mobilier, firent abanbonner à ce tiers, au profit de Chaumont-Quittry, 1,300 ou 1,700 actions sur les 3,000 actions libérées que ce tiers devait recevoir pour prix du rachat de son traité de régie. Moyennant cet abandon particulier à Chaumont-Quittry, ce dernier accepta la proposition qui lui avait été faite par Isaac Péreire.

» 7e fait. — Le traité provisoire fut signé le 22 septembre 1862. Crochard et Chaumont-Quittry consentaient la transmission de la propriété des Ports de Marseille à Émile Péreire, agissant en ces diverses qualités, au même prix, en 1862, que cette propriété avait coûté en 1856, — alors qu'une plus-value énorme avait été acquise par les terrains de cette Société, plus-value que le conseil d'État lui-même évaluait, dès 1858, au chiffre net de 9 millions, et qui s'était, à n'en plus douter, considérablement accrue depuis cette époque.

» D'un autre côté, les mêmes Crochard et Chaumont-Quittry, personnellement satisfaits par des avantages particuliers ... sidérables, et sans égard à la plus-value certaine des terrains des Ports de Marseille, consentaient facilement à ce que M. Péreire apportât à la Société fusionnée les immeubles de l'ancienne Compagnie immobilière de Paris, d'une valeur vénale évidemment inférieure à leur prix de revient, en raison de leur importance considérable extraordinaire et de leurs revenus minimes, pour un prix double de leur valeur d'origine, soit avec une plus-value ou majoration de près de 24 millions.

» 8e fait. — Du 22 septembre 1862, jour de la signature du traité provisoire de la fusion, au 25 octobre 1862, date de l'assemblée générale qui devait ratifier ce traité, Crochard, Chaumont-Quittry et Péreire, diversement intéressés au même but, se concertèrent pour travailler d'une manière infaillible au succès de leurs projets, — d'une part, en préparant les voies et moyens « pour assurer à leur profit une majorité dans » l'assemblée; » — et d'autre part, en cherchant à faire taire l'opposition absolue que l'ancien gérant de la Société des Ports de Marseille devait faire à la fusion projetée.

» 9e fait. — Crochard était administrateur de la Société des Ports de Marseille, et, de plus, il était propriétaire personnel d'environ 1,200 ou 1,400 actions de cette Société : enfin, il avait, comme receveur de rentes, employé l'argent de ses clients à l'acquisition de plus de 3,000 actions, dont M. Péreire le savait dépositaire, circonstance qui fut même plus d'une fois invoquée pour faire valoir le crédit et les services de Crochard dans la Société des Ports de Marseille.

» Ce grand nombre d'actions servit, — d'abord, pour 50, à

former le chiffre des actions déposées sous le nom du secrétaire général de la Société : — ensuite, pour plus de 3,000, à la composition de listes d'actionnaires fictifs sur lesquelles figuraient, en première ligne, près de cent employés de M. Péreire, lequel employait ou remettait ces listes à Crochard.

Suit la liste nominative de tous les faux actionnaires, avec noms, prénoms, qualités, ainsi que le nombre de voix attribué à chacun. Le sieur J..., l'homme aux trois oppositions, était le chef de claque, chargé de *chauffer* et *d'enlever* l'affaire. L'un des figurants, le sieur F..., attaché à la Compagnie Transatlantique, s'écriait, dans son enthousiasme : Nous venons de gagner 20 millions à M. Péreire; nous y étions tous; nous avons *enfoncé* les actionnaires des Ports.

La déclaration de M. D..., employé au chemin du Midi, mérite d'être rapportée :

» Il a déclaré verbalement, devant témoins, que les actions avec lesquelles il avait assisté et voté, à l'assemblée du 25 octobre 1862, ne lui appartenaient pas; qu'on lui avait remis, comme à ses camarades de bureau, une carte d'entrée pour l'assemblée; que c'était un usage constant au Crédit mobilier; que des employés de cette institution, les uns trouvaient agréable d'avoir congé, à trois heures, le jour des assemblées générales, et les autres accomplissaient cette mission, malgré leurs scrupules, comme moralement forcés et contraints par leur situation; qu'il n'avait pas voulu répondre à la sommation par des motifs de convenance envers ses anciens chefs, ne voulant pas être le premier de ses camarades à déclarer la vérité, mais se disant prêt à tout avouer si les autres en faisaient autant. »

Me Grandmanche résume ainsi la composition frauduleuse de l'assemblée :

« La liste des employés de Péreire, au Nord de l'Espagne, donnait 830 actions; la première liste des employés de Péreire, au Nord de l'Espagne et au Midi, 685; la liste *in extremis* des figurants Péreire et Chaumont-Quittry, 500; divers dénommés, 617. — TOTAL : 3,852 actions.

» Dans ce nombre ne sont pas comprises bien d'autres actions placées sous le nom de voisins ou amis de Crochard ou de son beau-frère, — lesquels voisins, amis ou complaisants, n'avaient aucune action en leur possession ou en possédaient moins qu'il ne leur en était fictivement attribué.

» Sans même tenir compte de cette surabondance d'actionnaires frauduleusement introduits, les 3,852 actions ci-dessus suffisent, pour, — une fois déduites des 9,810 qui étaient censées représentées à l'assemblée du 25 octobre 1862, — ne plus laisser subsister qu'une représentation réelle *au maximum* de 5,958 actions.

» Or, comme l'art. 30 des statuts exige, pour les fusions, une assemblée générale réunissant au moins le cinquième des actions émises, — dans l'espèce, 6,000 sur 30,000, — la délibération du 25 octobre 1862 serait, par ce même fait, invalidée. »

La querelle pour la curée. — « 29e fait. — Une opposition puissante se manifestait, et à la tête des opposants à la fusion se trouvait M. Mirès. L'effroi fut grand chez Péreire, et des démarches immédiates furent faites pour acheter le silence de ce dangereux adversaire.

» Dans une assemblée générale antérieure des actionnaires de la Société des Ports de Marseille, mission formelle avait été donnée aux administrateurs de ladite Société « de poursuivre » en justice le redressement des faits imputables au sieur » Mirès. »

» Par une conséquence forcée, le traité provisoire du 22 septembre avait réservé expressément aux actionnaires, contre M. Mirès, le bénéfice de la répétition de ce qu'on appelait la majoration des 5 millions.

» L'un des administrateurs actuels de la Compagnie immobilière fut chargé, tant au nom de Péreire qu'au nom des administrateurs de la Société des Ports de Marseille, d'offrir à M. Mirès : « de faire voter par l'assemblée une approbation de » ses actes et de sa gestion, qui mettrait à néant toute réclama-

» tion, s'il voulait s'engager à ne faire aucune opposition à la » fusion. »

» 30e fait. — Malgré toutes ces mesures pratiquées pour la composition et la direction de l'assemblée, la majorité n'a été que de 316 actions; et, pour acheter la retraite de certains opposants à la fusion qui s'étaient pourvus auprès du conseil d'État, et auprès des tribunaux, afin d'empêcher ou de faire annuler la fusion comme entachée de dol et de fraude, de nouvelles offres émanant de Péreire furent ajoutées à celles faites avant l'assemblée.

» Quant aux actions de ces opposants, elles leur furent payées par Péreire, sous le couvert de R... de L..., à qui il donna une lettre spéciale de garantie à cet effet, à raison de 900 fr. par action, à la date du 1er juillet 1863, en un bon de 1,080,000 fr. sur la Banque de France, remis à l'un d'eux.

» M. Péreire connaissait si bien ce rachat des actions, effectué pour lui, qu'à la dernière assemblée de la Compagnie immobilière, l'un des anciens opposants et satisfaits s'étant permis de provoquer quelques explications sur la situation de ladite Compagnie, M. Péreire n'a pu se retenir et l'a interpellé personnellement et directement, en lui reprochant de parler de la baisse des actions de l'ancienne Société des Ports de Marseille, quand lui opposant s'était fait payer ses actions à 900 fr. pour lever tout obstacle à la fusion.

» Quant à la majoration des 5 millions, représentant par chaque action des Ports un boni de 166 fr. 66 c., d'une part, Crochard se désista du bénéfice d'un jugement qui condamnait Mirès à lui payer sa part proportionnelle dans cette majoration; d'autre part, Chaumont-Quittry, intervenu devant la Cour en sa qualité de président du conseil d'administration représentant la Société des Ports, a abandonné son intervention; et enfin, Péreire a refusé et refuse encore aux anciens actionnaires des Ports de Marseille, qui ont échangé leurs titres contre des actions de la nouvelle Compagnie immobilière, tout moyen de constater leur ancienne qualité et de faire valoir leurs droits à ce boni de 166 fr. 66 c. par chacune de leurs actions.

» 31e fait. — Toutes les promesses faites à Crochard, Chaumont-Quittry et autres ayant aidé à la fusion, ne furent point réalisées avant la première assemblée générale des actionnaires de la Compagnie immobilière fusionnée, en date du 22 août 1863, afin de s'assurer le concours de ces mêmes personnes, dont plusieurs y ont figuré sans posséder d'actions, avec presque tous les mêmes employés entrés dans la composition de l'assemblée du 25 octobre 1862.

» Ce fut après cette assemblée seulement que MM. Péreire consentirent au règlement des comptes. Il fut remis à Crochard et à Chaumont-Quittry l'équivalent en argent des actions à eux promises personnellement. Les actions attribuées à divers leur furent d'abord refusées, sous prétexte qu'elles faisaient double emploi avec celles données à Chaumont-Quittry; puis elles furent en partie délivrées aux réclamants.

» 32e fait. — Dans le même temps où Péreire étouffait toute opposition; quand il disait à tous les intéressés, notamment à Chaumont-Quittry, Crochard et autres, qu'il ne donnerait aucune des actions de sa nouvelle société à moins de 1,000 ou 1,100 francs; pendant qu'il engageait Crochard à presser l'échange des titres de ses clients, porteurs d'actions des anciennes sociétés, contre ceux de la société nouvelle, cet échange, suivant les prétentions de Péreire, valant ratification de la fusion, — Péreire formait avec Crochard, à la date du 22 mai 1863, une convention dite syndicat pour opérer, par des achats quotidiens à la Bourse, la hausse continue, en apparence, sur les actions de la Société immobilière et des Ports de Marseille, par le ministère de l'agent de change habituel du Crédit mobilier, jusqu'alors inconnu de Crochard.

» Ce dernier a su, plus tard, que Péreire, en réalité, vendait secrètement toutes les actions qu'il avait achetées avant la fusion, pour faire la hausse sur les actions de Rivoli et les faire monter en quelques mois de 110 à 275 fr.

» Quoique ce syndicat n'ait eu pour résultat que la ruine du public actionnaire, en vidant le trop plein du portefeuille de Péreire à des prix surélevés et aujourd'hui tombés de près de moitié, et ensuite la ruine particulière de Crochard, en le compromettant de la manière la plus désastreuse, il n'en est pas moins vrai que ce syndicat était présenté alors à Crochard comme une source de nouveaux avantages personnels, comme un supplément de prix à sa coopération active dans la fusion.

» Voilà l'articulation :

» J'ajoute que dans le partage de l'argent, il y a un fait très-significatif. M. B., un des auteurs les plus actifs de ce marché, que la Cour connait, a osé assigner M. Péreire en payement de 87,275 fr., représentant sa part dans le prix promis par Péreire. Le 27 juillet dernier, le tribunal a ordonné un interrogatoire. Le jour de l'interrogatoire, on ne se présenta pas; mais ce même jour le payement eut lieu. C'est tout ce que j'ai à en dire.

» Lorsque je rédigeai cette articulation de faits dont vous venez d'entendre la lecture, j'en étais comme effrayé; je n'ai pu croire à leur existence que lorsqu'on a mis dans mes mains des pièces telles, qu'il ne m'a plus été possible de douter un instant. La pertinence, l'admissibilité de cette articulation, ce serait fatiguer votre attention que de les discuter. C'est une monstruosité tout simplement que de voir arriver, non-seulement ces gens infimes qui ont pris part à cette triste comédie, mais encore de voir affluer par légions, les chefs du contentieux en tête, les 23 employés de la Compagnie du Nord de l'Espagne pour 920 actions, les 35 employés du Midi pour 1,145 actions, les 23 employés de la Compagnie transatlantique pour 670, et enfin ceux du Crédit mobilier, chacun apportant son contingent à cette immense fraude, en tête de laquelle se trouve le chef de ces quatre sociétés! Cela fait mal. »

Moralité de l'incident. — « Et tenez, il faut que je vous le dise, certes, ce marché secret entre MM. Péreire, Chaumont-Quittry et Crochard, se partageant d'avance les dépouilles de la Société des Ports de Marseille, combinant froidement cette honteuse assemblée qui doit sanctionner leur marché, tout ceci soulève la conscience; mais il y a quelque chose que je trouve plus mal encore. Ils ont dans leurs nombreuses sociétés une masse d'employés, la plupart gens sans fortune, ayant femme et enfants. Ces employés ne vivent que par eux, ils le savent; un signe de la main de Péreire, et leur position est perdue; et ils abusent de cette toute-puissance de l'argent pour faire de ces malheureux, — honnêtes peut-être, — les complices forcés d'une fraude que la loi appelle un délit. Et le sens moral, au milieu de ces trafics et de ces compositions de consciences, s'altère tellement que ces employés ne paraissent plus comprendre à quel point ce qu'on leur fait faire est odieux!. Oh! Messieurs, même dans un siècle de trouble moral et d'indifférence comme le nôtre, quelle démoralisation, quelle dégradation de la conscience!... »

Physionomie d'une assemblée générale. — « Maintenant, Messieurs, que vous savez comment l'assemblée a été réunie, permettez-moi de vous y introduire quelques instants seulement. — Nous n'allons pas nous trouver en bonne compagnie; mais nous n'y resterons pas longtemps.

» Cette assemblée est composée comme vous le savez; les contingents ont été fournis; il y a les bien-pensants et les mal-pensants; il y a ceux qui sont là pour voter la fusion, et il y a une opposition formidable, représentée par de loyaux porteurs d'actions, qui vont protester contre l'acte dont vous connaîtrez la valeur.

» M. de Chaumont-Quittry est au siége de la présidence. Vous savez maintenant que, depuis nombre de mois, le traité de fusion est dans sa poche, bien préparé; qu'il en a bien reçu le prix, ainsi que M. Crochard, ou qu'il le recevra; qu'on est bien d'accord, qu'il ne s'agit que d'*enlever* le vote de l'assemblée avec plus ou moins d'habileté.

» D'abord, on a bien soin de ne pas prévenir les actionnaires. Si on leur avait dit : Nous vous réunissons pour vous dépouiller de vos actions, chacun fût revenu de province, chacun se serait présenté pour défendre sa chose. On ne les prévient pas, ils ne peuvent s'entendre.

» Le président lit son discours, très-bien préparé. J'en rappelle seulement la teneur : Après avoir annoncé aux actionnaires, émus, surpris, que la position de la société, si belle six mois avant, est désastreuse ; que c'est à choisir entre la faillite et la fusion, il leur donne lecture du traité provisoire signé le 22 septembre 1862, entre Péreire, lui et Crochard. Ce traité le voici :

« Il est créé, sous le nom de Compagnie immobilière, une » société comprenant : 1° L'actif des sociétés fusionnées tel » qu'il se poursuit et comporte ; 2° Les terrains acquis par » Péreire de la ville de Marseille, suivant acte du 14 août 1862.

» Cette Société a pour objet la mise en valeur, l'exploitation » et la revente des propriétés immobilières en France et l'ex- » ploitation des Magasins généraux.

» Le capital est fixé à 85 millions, représenté par 170,000 » actions de 500 fr. chacune et 25,000 actions de préférence. » Le capital sera réparti comme suit : 1° A la Compagnie im- » mobilière de Paris et à la Compagnie des Magasins généraux, » 103,938 actions et 25,000 actions de préférence ; 2° à la So- » ciété des Ports de Marseille, 30,000 actions ; 3° à E. Péreire, » 36,062 actions pour les terrains de la rue Impériale, le sur- » plus des dépenses devant être couvert par une émission d'o- » bligations. Total, 170,000 actions. »

« Voilà le traité. Il s'agit de le saisir sur une seule lecture et de voter sur l'heure. Tout le monde, en écoutant, cherche à comprendre. Quel est ce mariage commercial entre quatre sociétés reposant sur 85 millions, avec des apports de part et d'autre, avec des actifs et des passifs tels qu'ils se poursuivent et comportent ? Quelle est l'intelligence assez supérieure qui pourrait saisir tout cela à la seule lecture ?

» Des cris, des vociférations ; personne n'y comprend rien, excepté ceux qui étaient là pour ne rien comprendre du tout, puisqu'ils venaient pour voter seulement. Ceux-là, la lecture finie, poussent des cris d'allégresse : — Aux voix ! aux voix ! Il fallait voter de suite.

» J'ai la sténographie qui a été publiée de cette extraordinaire assemblée. Il n'y a jamais eu, je crois pouvoir l'affirmer, une réunion où le tumulte ait été plus scandaleux que celui

18.

qui s'est produit. C'étaient les interpellations les plus grossières échangées de part et d'autre; c'étaient les bataillons serrés de ces votants, de ces employés, qui demandaient à aller aux voix et criaient : A la porte ceux qui ne sont pas satisfaits! Et c'étaient les véritables porteurs d'actions qui disaient : Vous ne nous égorgerez pas sans que nous nous défendions! C'était encore M. Mirès qui, avec la vivacité et l'exubérance de sa parole, montait au siége du bureau et annonçait les choses les plus exorbitantes. Il y avait presque des voies de fait, les sergents de ville arrivaient; enfin c'était un tumulte extraordinaire.

» Le tribunal, dans son jugement, dit : « En admettant que » l'assemblée ait été bien orageuse et que la discussion n'ait » pas eu lieu en toute liberté, après tout, on était libre de vo- » ter. » Oui, mais à la condition de comprendre quelque chose.

» On a fait à cette assemblée trois propositions, qui me semblent sages toutes trois, pour arriver au même but et partant du même ordre d'idées.

» Par la première proposition, on demandait l'ajournement du vote à un mois, afin que chacun pût examiner le traité préparé. Que répondre à cela? C'était légal, c'était honnête. La deuxième proposition tendait également à un ajournement, afin que les pourparlers pussent être entamés avec la compagnie du chemin de la Méditerranée, pour que les choses fussent menées à bonne fin. Par la troisième proposition, on demandait la nomination d'une commission qui serait chargée d'étudier les différentes questions pendantes, et de faire un rapport à une assemblée qui serait ultérieurement convoquée. Le président répond que tout ceci est impossible; que c'est contraire aux statuts; qu'il n'y a qu'une seule proposition à mettre aux voix, la fusion; qu'il faut voter *oui* ou voter *non*; que c'est à choisir entre le vote immédiat et la faillite. — Cette expertise que l'on demandait, c'était une espèce d'avant-faire-droit, de décision interlocutoire, ne préjugeant pas le fond, mais permettant aux honnêtes gens de se rendre compte de l'opération qu'on allait faire. Quel est l'homme prudent, sensé, qui signerait un traité sans en connaître les conditions? Eh bien, tous ces gens réunis ont signé un traité de 85 millions sans savoir ni pourquoi ni comment.

» C'est ainsi, messieurs, au milieu des vociférations des légions d'employés envoyés là pour voter et empêcher la discussion, des protestations de véritables actionnaires, sous la pression de M. de Chaumont-Quittry, et en présence des sergents de ville appelés pour éviter au moins les voies de fait, qu'a lieu le vote.

» Je dis qu'une assemblée pareille est une honte dans sa composition, une honte dans sa direction et dans sa délibération, et que son vote est nul : — comme valeur morale, puisqu'il est souillé par la fraude; — comme chiffre, puisque la majorité de 316, réduite tout à l'heure à 51 de minorité, vous est prouvée être une minorité considérable. Je le répète, en présence d'un pareil scandale, la justice ne peut rester muette; il faut, c'est une nécessité d'ordre public, qu'elle donne par son arrêt une de ces grandes leçons de morale qui, en épurant le passé, régissent l'avenir.

La seconde partie de la plaidoirie de Me Grandmanche soulève plus qu'une question de statuts : au point de vue économique, c'est la subversion des lois mêmes du travail et de l'échange qu'elle révèle, ou plutôt qu'elle confirme :

« Qu'étions-nous? De peur de me tromper, je lis les statuts décrétés par le conseil d'État en 1859. Nous étions la Société immobilière des Ports de Marseille. C'était notre dénomination. Notre but et notre objet étaient : « La mise en valeur et l'exploitation des terrains vendus par la ville de Marseille et » destinés à former les quartiers nouveaux contigus aux ports » de la Joliette et Napoléon, aux bassins des Docks et de la gare » maritime du chemin de fer. » Voilà notre dénomination, notre objet, notre essence; rien de plus, rien de moins.

» Notre position est très-claire et très-nette. Chaque porteur d'actions est un copropriétaire de ces terrains, et puisqu'il y a 30,000 actions, chaque action représente un trente millième de la propriété totale, un morceau d'immeuble que l'imagination peut se figurer. L'avenir de l'actionnaire est bien simple : il vendra ses terrains plus ou moins cher, selon qu'il attendra plus ou moins longtemps, selon que la fortune de Marseille sera plus ou moins brillante; il n'a à redouter aucune opération commerciale, aucune de ces chances que courent les actionnaires des affaires industrielles et commerciales; il est avant tout co-propriétaire immobilier.

» Or, avec qui le fusionne-t-on? Avec la Société qui s'intitule des Immeubles de Rivoli, avec la Compagnie des Magasins généraux, et avec la Société de la rue Impériale de Marseille. C'est ce que l'on a voté.

» La cour sait que la Société des Immeubles de Rivoli exploite par elle-même l'Hôtel du Louvre, le Grand-Hôtel ou l'Hôtel de la Paix, situé sur le boulevard des Capucines, le café qui est au-dessous, et même aujourd'hui une blanchisserie. Cette Société est donc à la fois hôtelière, cafetière et blanchisseuse; elle se livre à des opérations commerciales.

» Qu'est-ce que les Magasins généraux? Ce sont des prêteurs sur warrants ou sur gage.

» Vous figurez-vous cette singulière alliance entre des sociétés aussi hétérogènes? Les Ports de Marseille, société immobilière dans son essence, immobilière quand même, et les deux autres que je viens de nommer, sociétés essentiellement commerciales et industrielles! En sorte que moi, bon Marseillais, je m'endors le soir, me croyant copropriétaire immobilier; j'ai pris des actions des Ports de Marseille, parce que j'aime ma ville; j'ai plaisir à faire une bonne affaire en même temps que je contribue à embellir ma cité; je m'endors content, je suis tranquille; la fortune de la ville et celle de la France vont bien, la fortune publique augmente; je ne cours aucun risque : mes gérants ont les mains liées par les statuts... Et un beau matin j'apprends, en me réveillant, que, par suite d'une assemblée générale qui m'impose sa volonté, je suis devenu blanchisseur cafetier, hôtelier et prêteur sur gages à Paris; que cela me plaise ou non, on va me prendre mes actions dans mes mains et les échanger.....

» Je sais que dans ces dernières années, des chemins de fer

ont fusionné avec d'autres chemins de fer, des assemblées générales ont approuvé ces fusions; les statuts les permettaient. Que deux chemins unissent leurs rails pour n'en former plus qu'un, l'objet de la Société est toujours le même : c'est un chemin de fer plus grand au lieu de deux chemins de fer plus petits. Mais il y a une différence entre ces fusions, que je reconnais légitimes, de Sociétés similaires, ayant la même essence, le même but, et les fusions entre les Sociétés différant essentiellement par leur objet. Les premières sont légitimes, parce que les statuts sociaux ne sont pas violés, en ce sens que l'essence de la Société n'est pas modifiée. Les secondes sont illégales, mauvaises, parce que les conditions essentielles, fatales, imposées dans les statuts de l'une des Sociétés se trouvent transformées, bouleversées complètement par l'immixtion de cette Société, dont l'objet est d'être immobilière, dans une affaire industrielle et commerciale. »

La loi économique la plus anciennement et la plus complétement élucidée, c'est sans contredit celle de la division du travail; là, les axiomes et les principes ont l'autorité d'un théorème de géométrie. « La division du travail, dit J.-B. Say, est limitée par l'étendue du marché. » Que l'épicier de village soit en même temps cabaretier, quincailler, mercier, marchand de toiles, d'étoffes, de poterie, c'est une condition de groupement et de clientèle déterminée, spéciale à chaque village qui n'offre qu'un nombre restreint de consommateurs. Mais se figure-t-on, à Paris, au Havre, à Marseille, à Lyon, à Bordeaux, à Rouen, dans les grands centres, où le travail est divisé, morcelé dans des proportions atomistiques, une société au capital de 80 millions et plus, entreprenant à la fois la banque, la bâtisse, l'exploitation d'hôtels meublés, de cafés, de restaurants, de bains, de magasinage, de prêt sur consignation? La finance nous ramène à l'indivision, aux cumuls incompatibles, à la barbarie. Consultez sur ce sujet les économistes de toutes nuances, membres de l'Institut ou socialistes, ils seront unanimes dans leurs conclusions : un pareil fouillis d'affaires ne peut mener qu'à la banqueroute, à moins que la compagnie exploitante, investie d'un monopole de fait (accaparement, pacte de famine) ou d'un privilége de droit, ne rançonne le public à merci, sans concurrence ni contrôle, pour couvrir le gâchis de sa gestion. Faute d'autre grief contre la haute banque, cet argument suffirait à sa condamnation. Les actes de malversation dont nous avons cité tant d'exemples ne viennent pas, sauf quelques cas de criminalité personnelle, d'une autre cause que de la violation des lois économiques. C'est la science cette fois qui condamne et chasse les Juifs; il faut que son arrêt soit exécuté dans toute sa rigueur, ou que la société périsse. Car, la société une fois lancée en dehors de ses principes essentiels, il n'y a plus de limite aux abus; hors la loi, il n'y a que la raison d'État. Demandez à MM. Péreire, Crochard, de Chaumont-Quittry et autres faiseurs, de justifier, autrement que par un prétexte de salut social ou de sauvegarde personnelle, les arrangements suivants :

« On soumet à l'assemblée générale le traité provisoire du 22 septembre 1862. Ce traité porte que quatre parties contractantes entrent en association : la Société des Ports, la Société de la rue Impériale, la Société des Immeubles de Rivoli, la Société des Magasins généraux. Le traité est lu, on l'entend comme on peut; enfin on vote séance tenante.

» Quelques actionnaires, plus défiants que les autres, avant de donner au conseil d'administration le droit de faire la fusion en conformité du traité provisoire, autrement de transformer le traité provisoire en traité définitif, proposent à la résolution une addition ainsi formulée dans le procès-verbal de la séance : « L'assemblée générale, délibérant aux termes de l'article 30 » des statuts, donne au conseil d'administration les pouvoirs » de faire la fusion... » — écoutez ceci, messieurs, c'est l'addition qui a été proposée et adoptée, — « ... sans s'écarter des » bases posées dans le traité provisoire, signé entre MM. Pé- » reire, Crochard et de Chaumont-Quittry, le 22 septembre » 1862. » — C'est assez clair.

« Il y a quatre cocontractants. Que doivent faire les membres du conseil d'administration qui reçoivent ainsi le mandat de l'assemblée générale? Ils doivent prendre le traité provisoire et le transformer, dans les mêmes conditions, sans y rien changer, en traité définitif. Or, je prends la fusion telle qu'elle a été faite. Les Docks ou Magasins généraux ont disparu! La fusion est faite, non plus entre *quatre*, mais entre *trois* contractants. Et on vient dire: C'est absolument la même chose; il est vrai que les Magasins généraux figuraient pour 25,000 actions, et qu'il en est résulté une répartition toute nouvelle: peu importe. »

Le conseil d'État et le garantisme. — Une Société anonyme relève de l'ordre public. Partant de là, il est certain que le conseil d'État a le droit d'imposer les conditions d'existence qu'il veut. Dieu me garde de contester au conseil d'État le droit qu'il a de n'autoriser la fusion qu'à la condition de *supprimer les Magasins généraux.* Voici ce que je dis :

» Ceux qui ont voté le traité provisoire ont voté la chose soumise à leur délibération, c'est-à-dire le traité du 22 septembre 1862, passé entre *quatre* contractants avec sa répartition. Le conseil d'État refuse d'autoriser la fusion telle qu'elle a été faite, il supprime les Magasins généraux. C'est son droit; que devait-on faire?

» Par cette modification, les bases mêmes du traité se trouvant bouleversées du tout au tout, on devait convoquer de nouveau l'assemblée générale et lui dire : Vous aviez voté une fusion entre quatre contractants; l'autorité supérieure, dont nous espérions obtenir l'assentiment, met de côté les Magasins généraux; les bases de la fusion ne sont plus les mêmes, au lieu de *quatre* associés, nous serons *trois:* de plus, 25,000 actions devaient revenir aux Magasins généraux, il faut une nouvelle répartition entre trois au lieu de quatre; la part du quatrième est à partager. Nous vous réunissons de nouveau, et nous vous demandons qu'il vous plaise d'accepter la fusion telle que la veut le conseil d'État. Vous ne pouvez pas élever votre volonté contre la sienne, mais vous pouvez dire que les conditions imposées par l'autorité supérieure vous étant connues, vous acceptez ou vous n'acceptez pas.

» Et puis, une supposition. Me voici à l'assemblée, propriétaire de 200 actions des Magasins généraux et de 50 des Ports. Je fais ce raisonnement : Comme actionnaire des Ports de Marseille, c'est une détestable affaire : j'ai 50 actions, je vais perdre beaucoup d'argent ; mais comme propriétaire de 200 actions des Magasins généraux, c'est une affaire d'autant plus belle qu'elle est plus mauvaise pour les Ports ; si on marie les Ports avec les Magasins généraux, en vertu du principe du vieux jurisconsulte Loysel : « en fait de mariage, trompe qui » peut, » la société qui fera le plus mauvais mariage en fera faire un plus beau à l'autre. Je vote dans ces conditions ; mon vote se met dans la balance, et il fait partie des 316 actions de majorité. La fusion est soumise au conseil d'État qui supprime les Magasins généraux. Je le demande, le vote eût-il été le même si ce retranchement eût été prévu ?

» J'arrive au second grief de ce même point. La sortie d'un des quatre associés amenait un changement dans la répartition des actions. Le traité provisoire tel qu'il a été voté porte ceci : » L'actif net de la Société se partagera de la manière suivante : » A la Compagnie immobilière et à la Compagnie des Magasins » généraux, 103,938 actions. » Les deux Compagnies reçoivent cela en bloc. Les actionnaires ne comprennent absolument rien. Un actionnaire demande pour combien la compagnie des Magasins généraux reçoit d'actions. M. le président répond (page 7 du procès-verbal de l'assemblée) pour 12,500,000 fr. C'est donc 25,000 actions de 500 fr.

» J'ôte 25,000 actions de 103,938, puisque les Magasins généraux sortent de la fusion avec leur part, il reste 78,938. Par conséquent, je dois trouver pour la Société des Immeubles de Rivoli, de M. Péreire, 78,938. Pas du tout, il y en a 87,264 ; — 9,000 de plus environ, ce qui fait 4,500,000 fr. Il m'est impossible de comprendre. Dans votre remaniement de fusion, vous faites disparaître un des quatre associés, et vous vous adjugez, sinon toute sa part, au moins 4,500,000 fr. Ce n'est pas là encore précisément ce qui avait été voté.

» Autre étonnement ! Dans le traité provisoire, la répartition des 170,000 actions a été faite dans les conditions que vous connaissez. Tout à coup, dans le traité définitif, je vois intervenir 6,666 actions qui resteront à la souche. Qu'est-ce que cela veut dire? Quand je veux savoir la vérité, j'apprends que 6,666 actions, ou 3,333,333 francs, ont été attribuées, pour l'achat des terrains qu'on appelle les Catalans à Marseille, *à un célèbre* JOURNALISTE, aujourd'hui plus financier que journaliste. On expliquera probablement l'introduction de ce nouvel associé.

» Messieurs, on sent combien il était difficile de répondre à tous les faits si graves que j'ai exposés devant vous. Ne pouvant répondre directement, on cherchera, comme on dit, une porte de sortie.

» Mon Dieu, a-t-on dit, pourquoi discuter toutes ces choses, pourquoi ces scandales, pourquoi attrister ainsi les regards de la justice? Un décret rendu en conseil d'État, à la date du 15 juin 1863, n'a-t-il pas autorisé la fusion? Est-ce que vous croyez que le conseil d'État ne s'est pas rendu compte de ce qu'il pourrait y avoir de fâcheux dans l'affaire? Regardez comme le conseil d'État a été tutélaire! *Nous avions oublié deux millions qui étaient dans la caisse;* NOUS AVIONS MIS LA MAIN DESSUS, C'EST VRAI; il nous les a fait rendre; nous avions compris dans le projet de fusion les Magasins généraux; le conseil d'Etat les a retranchés, et il y a eu une expertise.

» Tenez, ne parlons plus de cette expertise. Il me semble étrange qu'on parle sans cesse devant la justice d'un document qui n'est connu de personne, de cette prétendue expertise secrète, expertise que les adversaires connaîtraient admirablement, puisqu'ils ont dit, à une precédente audience, qu'ils l'avaient payée assez cher.

» Quand je demande à la connaître, on me dit *qu'elle n'existe pas pour la justice*; QUE VAINEMENT LE MINISTÈRE PUBLIC L'A SOLLICITÉE DE L'ADMINISTRATION, lors du procès de première instance; QU'IL N'A PU L'OBTENIR. Un pareil document, je le répète, ne doit pas entrer en cause; personne ne le connaît, et nous n'avons été admis ni à y défendre nos droits ni à y contredire; il est vrai que nous y étions représentés par MM. de Chaumont-Quittry et Crochard. Jugez comme ils nous defendaient!....

» Ici je dois faire mention d'un fait très-grave : le conseil d'État était singulièrement ému : il avait eu connaissance du procès intenté antérieurement par MM. M..., de P..., de T... et autres; ce procès avait eu audience, et malheureusement le nôtre n'était encore qu'à l'état d'assignation. Le conseil d'État voulut passer outre : une *transaction imposée* eut lieu entre M. Péreire et les plaideurs, assez heureux pour arriver devant la justice avant nous; les actions de ces messieurs leur furent rachetées à raison de 900 francs chacune. Cette transaction est du 14 juin, le décret est du 15. »

Le partage du Lion. — « J'accélère ma marche, et j'arrive au quatrième point de ma discussion. Ici ce sont plutôt des questions de chiffres que des questions de droit. Ces chiffres sont gros, mais ils sont simples, et j'espère que la cour les saisira immédiatement à la seule plaidoirie.

» Je dis que la fusion telle qu'elle a été faite constitue non-seulement une lésion des 7/12es, mais une lésion monstrueuse, inqualifiable, et il fallait qu'il en fût ainsi pour que l'on osât tout ce que l'on a fait pour l'obtenir.

» L'opération, pour M. Péreire, peut se résumer en quelques mots. Il avait obtenu, le 14 août, pour 18 millions, la concession de la rue Impériale, qui part du pied de la Cannebière et aboutit à nos terrains ; il allait dépenser une somme qu'il évalue, en l'exagérant peut-être, à 40 millions, pour l'établissement de cette rue qui entraînait la destruction de la vieille ville. Toutes ses dépenses devaient enrichir d'autant les terrains auxquels aboutissait la rue, sans que M. Péreire reçût rien en échange ; il devait donc désirer avoir ces terrains. A les acheter à leur valeur, il y avait 327,000 mètres à 200 fr. en moyenne, ou 65,400,000 fr., — 5 millions de constructions, — 6 millions de créances : TOTAL : 76,400,000 fr.; — comme charges, les intérêts de 10 millions d'obligations. M. Péreire a trouvé moyen d'absorber tout cela pour un chiffre apparent de 15 millions, en réalité de 8. — Voyons ces chiffres de plus près.

» Dans cette fusion, on fait entrer les actions des Ports à raison de 500 fr. dans la nouvelle Société.

» Il y a 327,553 mètres de terrain : ce qui, les actions étant au nombre de 30,000, à raison de 11 mètres par action, met le prix du mètre à 45 francs. Ici, je prends la fusion telle qu'on l'a faite ; je montrerai de quelle manière on nous a payé ces 45 francs.

» Que vaut le mètre, que vaut l'action ? Pour éviter toute exagération, ou de peur de nous tromper, prenons les chiffres admis par l'autorité supérieure. En 1859, le conseil d'État a autorisé la Société anonyme des Ports de Marseille. Mais, avant d'accorder cette autorisation, en 1858 a eu lieu une expertise ; et, depuis cette époque, l'immeuble en France, et à Marseille notamment, n'a fait que gagner. — Eh bien ! au moment de cette expertise, en 1858, l'actif de la Société des Ports était de 23,500,000 fr., qui, divisés en 30,000 parts, donnaient 782 fr. par action. Ainsi, sous la gérance de M. Mirès, les actions valaient 782 fr. chacune. Il y avait, d'après la même expertise, 327,553 mètres de terrain : soit pour chaque mètre une valeur de 105 francs.

» On disait, en première instance : Rapportez l'expertise du conseil d'État. J'ai mieux ! J'ai les statuts de 1859 ; or, ce que ces statuts ont décidé a été décidé pour vous ; par conséquent, de par l'administration supérieure, en 1858, mon action valait 782 francs, et le mètre de terrain 105 francs.

» On marche : l'affaire est plus ou moins mal administrée ; mais on fait quelques ventes. Voulez-vous connaître les prix des ventes ? Voici un petit cahier qui contient le plan des terrains des ports de Marseille : chaque îlot y est marqué séparément. L'îlot n° 9 y est vendu 130 francs le mètre ; l'îlot n° 10, 140 fr. ; l'îlot n° 8, 300 fr.

» Savez-vous ce que M. de Chaumont-Quittry, qui vient de nous vendre, lui notre mandataire, à M. Péreire, pour 45 fr. le mètre, savez-vous ce qu'il pense de ces ventes à 130, 140 et 300 fr. ? Voici le rapport qu'il a fait à l'assemblée générale. Il parle d'abord de son prédécesseur, M. Mirès, en critiquant son administration, il dit : « Ces ventes à 130, 140 fr. le mètre » sont déplorables, c'est le gaspillage de notre fortune. »

» M. de Chaumont-Quittry trouvait donc lui-même que nos terrains vendus à ce prix, c'était le gaspillage le plus fâcheux ; il les estimait 200 fr. et plus le mètre, et il les vend 45 fr. !

» Voulez-vous connaître l'avis de M. Péreire lui-même sur la valeur de nos terrains ? C'est facile ; mais d'abord, je fais une récapitulation. En 1856, M. Mirès a traité à raison de 50 fr. le mètre. En 1858, le conseil d'État donne à l'action une valeur de 782 fr. ; puis on réalise partie des terrains à 100 fr. le mètre, l'action vaut 1,100 fr. ; à 130 fr. le mètre, l'action vaut 1,430 fr. ; à 140 fr. le mètre, l'action vaut 1,540 fr. ; à 300 fr. le mètre, l'action vaut 3,300 fr. Et on l'achète 500 fr. !

» M. Péreire lui-même, quelle est son opinion trois mois avant le décret du 15 juin 1863 ? D'autres que nous, MM. B. de P...., C.... et autres, lui font le procès identique au nôtre : le conseil d'État s'émeut, refuse de passer outre, impose une transaction ; elle est faite à 900 fr. l'action, le 14 juin ; le décret intervient le 15. En première instance, on niait avec une assurance imperturbable cette transaction dans laquelle M. Péreire avait eu l'habileté de ne pas figurer en nom et de se faire représenter par Rougemont de Lowemberg ; aujourd'hui que j'ai la preuve en main, on l'avouera, mais en disant qu'on a eu la main forcée par le conseil d'État.

» J'ai dit qu'on nous avait payés de la plus singulière façon. On était censé nous acheter 500 fr. l'action, ou 45 fr. le mètre. Si encore on nous avait payés en argent ! Mais on nous achète en ce sens que l'on nous oblige à entrer dans la Société immobilière en recevant une action de 500 fr. contre notre ancienne. Chaque action qui entre en société avec moi est la contre-valeur de ma propre action, puisqu'on mélange le tout pour ne faire qu'un. Mais comment a-t-on estimé les Immeubles de Rivoli ? Il y avait 240,000 actions de 100 fr. chacune : soit un capital de 24 millions de francs. Eh bien ! ces 24 millions entrent dans la nouvelle Société pour 87,272 actions de 500 fr., ce qui fait 43,636,000 fr. ! Vous vous surfaites de 50 0/0 ! C'est monstrueux !

» Ainsi non-seulement vous me faites entrer dans cette société à raison de 500 fr. pour mon action, prix inférieur à celui pour lequel M. Mirès lui-même la faisait entrer dans la société en 1856; prix de 282 fr. inférieur à l'estimation du conseil d'État en 1858; prix de 200 0/0 inférieur à celui représenté par les chiffres des ventes réalisées que vous trouvez déplorables vous-mêmes; mais encore vous me payez en pièces de 1 fr. qui ne valent que 50 centimes, ou en assignats, car vous me donnez comme contre-valeur, à 182 fr., des actions de Rivoli valant 100 fr. l'une.

» Si l'on prend les Magasins généraux et si l'on fait le même calcul, on arrive au même résultat.

» De sorte que l'action, achetée en apparence 500 fr., est payée avec une monnaie surfaite de 50 0/0. On est payé moins de 300 fr., ce qui met le mètre à 26 fr.

» Voilà comment on a mis la main sur les titres d'actionnaires honnêtes, sérieux, qui vivaient sous la foi des statuts et du conseil d'État, gardant leurs titres comme patrimoine pour leurs enfants !

» Répondra-t-on par les cours de la Bourse? Je respecte trop la justice pour admettre de pareils éléments de discussion, et aux marchands qui entrent dans le temple, leurs cotes de Bourse à la main, la cour montrera la loi immuable; et la loi, c'est la morale écrite; mais enfin les adversaires tiennent tant à ces cotes de bourse que, dans les pièces et documents qu'ils font distribuer à la Cour, se trouve un relevé des cotes des actions des Ports de Marseille en 1860, 1861, 1862 et 1863. Je ne sais ce que vous y trouverez; je vois qu'en 1860, les actions cotées 500 fr. ou aux environs sont tombées, en 1861, à 335. Mais en 1861, c'est le désastre de M. Mirès : il était naturel que les actions d'une affaire créée par M. Mirès subissent l'influence de la position de son auteur.

» Ce désastre passé, les actions remontent, et à partir de 1862, elles atteignent successivement 600, 725, 795; puis elles reviennent à 710 et 700.

» Je ne sais pas très-bien l'argument que les adversaires veulent tirer de ces chiffres. Si vous invoquez les cotes de Bourse pour justifier l'admission des actions de 100 fr. à 182 dans la fusion, parce qu'elles étaient cotées ce prix, pourquoi ne pas admettre nos actions à 795 au lieu de 500, puisque c'était leur cote? Et puis, pourquoi voulez-vous que je croie à vos cotes de Bourse, quand je vois à l'assemblée du 25 octobre 1862 un célèbre banquier dire : « *Les cours de la Bourse, on les fait comme* » *on veut.* » Et Crochard, un de nos adversaires, écrit dans ses conclusions qu'un syndicat était formé entre lui et Péreire pour faire la hausse sur les Rivoli!

» Permettez-moi de dire, ce que chacun sait du reste, que quand on a un portefeuille comme celui de M. Péreire, quand on détient dans ses mains la plupart des actions de Rivoli, quand on les a fait rentrer en vue du coup qu'on a appelé la fusion, on fait baisser ou monter les actions selon l'état de son portefeuille, en vertu de ce principe que la marchandise suit les fluctuations de la demande et de l'offre.

» M. Péreire, s'il le veut, fera monter la rente de 2 fr. dans une journée. Si la personne qui a donné le certificat dont je parlais avait eu la bonté de continuer, nous aurions eu quelque chose de bien instructif. Mis en éveil, j'ai pris le journal ce matin, j'ai regardé ce que valaient les actions de la Société immobilière ce jour-là; c'était 492 fr., — au-dessous du pair.

» Décidément, il paraît que nos actions valaient mieux avant la fusion que depuis, puisque de 795, les voilà à 492. Mais laissons de côté les cotes de la Bourse. Je n'en aurais pas parlé si on n'avait pas apporté ces bulletins... »

Nous nous permettrons ici une simple réflexion : Pourquoi le gouvernement, par son conseil d'État, prend-il sa part de responsabilité dans de pareils tripotages? — La réponse a devancé l'interrogation : un projet de loi met les sociétés anonymes dans le droit commun et supprime l'intervention du pouvoir. — Enfin! — Mais, à défaut de la surveillance du conseil d'État, jugée insuffisante, il faudrait laisser un libre cours à celle du public, supprimer le cautionnement des journaux et l'autorisation préalable, aussi bien que le régime des avertissements officieux. Il faut aujourd'hui déposer au Trésor 50,000 fr. pour avoir le droit de parler non-seulement de politique, mais d'affaires financières, puis obtenir une autorisation contre laquelle s'élèvent tous les intérêts dont le lecteur est en mesure d'apprécier maintenant la moralité. La liberté de la presse s'élève à la hauteur d'une question d'honnêteté publique. Enlever le contrôle du conseil d'État sans le remplacer, c'est livrer la fortune nationale et celle des particuliers aux croupiers. Le projet de loi n'est pas encore venu à discussion : que MM. les députés en pèsent bien les conséquences.

Parmi les avocats des intimés figurent MM. Victor Lefranc et Sénard. Faut-il rappeler, à propos de ces deux noms, ce que nous disions de Me Jules Favre défendant, en police correctionnelle, Boucaruc, dont les exploits formaient un argument à l'opposition des *cinq* devant le Corps législatif? Jamais nous n'admettrons qu'un avocat, homme politique, vienne devant un tribunal faire l'apologie de faits qu'il flétrirait à la tribune du Parlement comme orateur, ou dans un journal comme publiciste. Les mœurs démocratiques, du moins, ne comportent pas un pareil cumul.

Ces réserves posées, que dit la défense? Tout ce qu'elle pouvait dire sans doute; elle invoque le salut public, l'intérêt général, même celui des demandeurs, *dont on fait la fortune* MALGRÉ EUX ; les faits accomplis, la sanction du conseil d'État. Puis du lyrisme à bâtons rompus : la vieille Marseille transformée, — des milliers d'ouvriers trouvant de l'ouvrage dans un moment de crise, — les grands financiers couvrant notre sol de chemins de fer, et la mer de navires. Me Senard s'écrie dans un accès d'enthousiasme : « M. Pé- » reire peut dire comme Mahomet, qu'il n'a jamais mis le » pied sur un navire qui ait fait naufrage. » Triste! triste!

Qu'oppose-t-on encore? — L'indignité de certains adversaires.

« Me VICTOR LEFRANC : Comment avez-vous certaine lettre entre vos mains? On nous fait cette histoire qui doit éclairer la cour, on nous dit : « Il est vrai que Letellier sera de nos té-» moins. Il est vrai qu'il en cherche pour nous ! » Letellier, c'est le seul que vous nommez, et vous avouez cependant que c'est un voleur. Que dis-je? il nous l'a avoué lui-même : il s'est jeté à nos pieds; il nous a écrit une lettre poignante de douleur et de désespoir pour nous supplier... Et dans quelles circonstances? M. Laubespin vient dire à M. E. Pereïre : « Ren-» dez-moi les 521 actions que j'ai déposées. » On fait des recherches; on ne trouve rien. M. Laubespin revient avec M. Letellier; celui-ci dit d'abord qu'il y a une erreur. M. Laubespin se retourne et le regarde. Letellier chancelle et pâlit. « Nous » verrons cela plus tard, » dit M. Laubespin; et il l'emmène. C'est alors, messieurs, que nous recevons cette lettre désolée, touchante, dont nous n'avions pas parlé jusqu'ici, parce que ce n'est pas volontairement qu'on écrase un coupable, qu'on dévoile un aveu et un pardon.

» Voici la lettre : j'hésite, mais je la lis... je la lis tout entière à la cour :

« Paris, le 1er mars 1864.

» Monsieur,

» Ce n'est pas pour moi que je viens implorer votre pitié, » car je suis un malheureux qui n'a pas su résister au tourbil-» lon qui l'entraînait, car j'ai honte de moi-même.

» Mais j'ai une mère de soixante-douze ans, veuve d'un di-» recteur des contributions indirectes qui avait quarante-» quatre ans de services honorables, une mère qui n'a pour » toute fortune que 1,100 fr. de retraite, et que son fils pour » consolation et soutien de la famille, une mère honorable, » fille du général. . . . . (je tais les noms) et sœur » de. . . . . .

» Mais j'ai une fille de dix-sept ans, malade, et qui en » mourra. Mais j'ai un fils de dix-neuf ans, lauréat à la Sor-» bonne, comme deuxième prix d'honneur de discours fran-» çais, et qui ne saura plus où se cacher.

» Pitié pour cette malheureuse famille que vous pouvez sau-» ver du déshonneur. Pour moi, depuis un an, je ne vis plus;

» les souffrances que me faisait endurer la honte de moi-
» même n'ont point d'expressions ; c'est pour ma pauvre mère,
» pour mes pauvres enfants innocents qui en mourront comme
» moi de honte et de chagrin.

» Pardon, monsieur, et pitié ; sauvez un fils à sa mère et un
» père à ses enfants. Pitié! pitié!

» Oh! que de reconnaissance, que de culte pour vous, mon-
» sieur, dont je n'ose me dire le plus respectueux et le plus
» indigne serviteur.

» *Signé* . A. LETELLIER. »

Du fond et de la moralité du débat, pas un mot.

« M. LE PREMIER AVOCAT GÉNÉRAL : L'avocat des appelants a dit qu'il ne lui serait pas répondu ; j'ai écouté les trois plaidoiries des intimés ; j'attends encore la réponse.

» Mes LEFRANC et SENARD répondent à la fois qu'ils croient avoir suffisamment répondu.

» M. LE PREMIER AVOCAT GÉNÉRAL : Pardon. Aucun de vous, je le répète, n'a plaidé le procès, le véritable procès; l'assemblée a-t-elle ou n'a-t-elle pas été frauduleusement composée? Les faits plaidés et articulés par les appelants sont-ils vrais ou faux? Voilà où est le procès.

» Me GRANDMANCHE DE BEAULIEU : Vous l'avais-je dit, messieurs, qu'ils ne répondraient pas ; qu'ils plaideraient tout autour du procès sans l'aborder de front? et cela devait être. Il y a des faits tellement condamnés par le sens moral, qu'on peut fermer les yeux pour ne pas les voir, mais que, lorsqu'on les voit, on ne peut les défendre. »

M. Oscar de Vallée, à son tour, apporte son appréciation :

« Ce procès, mesieurs, contient bien des enseignements. Je n'en veux, quant à moi, retenir qu'un, et celui-là, il m'est permis de le dire, à raison de mes fonctions, il m'est personnel : c'est la nécessité de plus en plus impérieuse pour tout le monde de respecter la loi. C'est là la grande religion de la vie civile, et il faut nous y soumettre tous, magistrats, avocats, hommes d'affaires! Nous n'en finirons jamais, messieurs, de tous les genres de désordres, si nous persistons dans ce défaut de respect. C'est là, croyez-le, le grand mal, le mal intime, profond, viscéral de cette société. Personne ne veut respecter la loi qui le gêne; on cherche à s'en affranchir au gré de ses intérêts, de ses passions, des spéculations de son esprit, de ses entreprises. Eh bien! non, même sous prétexte de bâtir des villes et de faire de grandes choses, on n'est pas dispensé d'obéir aux lois. Que ceux vers qui ma pensée se porte en ce moment ne se méprennent pas sur elle; qu'ils m'en croient bien plutôt! les grandes actions, comme les grands travaux, se concilient sans peine avec nos lois, devenues si flexibles et si favorables aux grands mouvements et aux grands résultats du crédit et de l'industrie.

» L'alliance est très-facile; qu'elle se fasse, et alors ces hommes qui, en s'enrichissant, enrichissent leur pays, que leurs succès rapides exposent à l'envie, ne trouveront pas contre l'injustice et les mauvaises passions des défenseurs plus résolus que nous-mêmes. »

Nous attendions de l'auteur des *Manieurs d'argent* une conclusion plus virile. Y avait-il urgence, après d'aussi scandaleuses révélations, d'assurer les intimés de la protection énergique du parquet contre *les mauvaises passions* ?... Du moment que le procureur n'a pas relevé de délit dans les manœuvres précitées, il n'y a plus de procès financier possible, et réparation est due aux Crémieu, aux d'Auriol, aux Massinot, aux Solar et autres victimes d'un accès momentané de puritanisme.

Quant à nous, qui ne jugeons ces actes qu'au point de vue de la science économique et de ses lois, nous nous contentons de conclure : Avec ses cumuls incompatibles, ses amalgamations d'industries étrangères ou répulsives les unes aux autres, avec sa concentration, aux mains de quelques hauts barons, du plus clair de la fortune mobilière du pays, avec son principe du crédit octroyé et du travail subordonné, le système ne peut vivre au grand jour, sous le contrôle des lois écrites ou de la loi de JUSTICE. La violation des principes économiques conduit fatalement au mépris des principes de la morale, n'en déplaise aux philosophes ou aux romanciers qui ne veulent voir dans l'économie sociale qu'un amas indigeste d'observations banales. MM. Péreire ont raison : ils ont sauvé la caisse, c'est-à-dire qu'ils ont substitué le concordat à la faillite et ajourné momentanément l'explosion de la catastrophe. Raca sur ceux qui épluchent les moyens.

Mais qui sauvera la France des griffes de la féodalité industrielle? Qui ramènera dans nos mœurs le respect de la loi et de la justice, si ardemment invoqué dans la péroraison de M. de Vallée? Est-ce donc la destinée des Juifs de se trouver placés à perpétuité hors la loi, tantôt au-dessus, tantôt au-dessous : trop infimes au moyen âge pour jouir du droit commun, trop élevés aujourd'hui pour que la loi les atteigne?... Les chrétiens ne poursuivaient-ils vraiment jadis, contre les Israélites, que la vengeance d'un déicide? — Qu'en pensent les contemporains?

La quantité de documents amoncelés par nous dans cette première partie semblerait avoir suffisamment élucidé la question; aussi en resterions-nous là si nous ne savions combien l'esprit public répugne à croire à une gangrène sociale universelle. On nous objecterait : Les faits de fraude, si nombreux qu'ils soient, ne sont que des faits, non un système. Il faut que la question, puisque nous l'avons soulevée, soit creusée à fond. Nous allons voir, après les *documents judiciaires*, les *documents administratifs*, IDENTIQUES aux précédents ; après les actes, les principes. Que les victimes de la correctionnelle cherchent dans notre deuxième partie leur justification, si bon leur semble; pourvu que le public y lise la condamnation du régime financier féodal, notre but sera suffisamment rempli.

DEUXIÈME PARTIE

L'AGIOTAGE

Avant d'aborder cette lamentable histoire de la spéculation devant les tribunaux, nous avons pris soin d'avertir nos lecteurs qu'aucune haine ne nous animait contre les individus. Ici en effet les personnalités, en apparence les plus puissantes, sont dominées, écrasées par la situation. La perversité individuelle ne suffirait pas à expliquer d'aussi énormes anomalies, des bouleversements aussi désastreux, des perturbations d'une telle puissance. Le vice originel est organique : on a voulu de la hiérarchie banquière, de la centralisation industrielle, à l'exemple de la hiérarchie et de la centralisation politique, et le premier résultat de ce faux principe, c'est un antagonisme net, précis, persistant, sans cesse aggravé, entre les fondateurs de sociétés et leurs actionnaires. Quoi de plus subversif, de plus monstrueux, de plus invraisemblable à première vue qu'un pareil énoncé ! quoi de plus vrai et de mieux établi cependant. Creusons encore l'idée, et l'invraisemblable deviendra de la dernière évidence ; l'impossible apparaîtra comme seul possible.

L'agiotage, tel est le nom générique donné à tous les procédés, hausse ou baisse, réclames, dividendes exagérés, jeu ou escroquerie, par lesquels la haute finance lève tribut sur la tourbe des spéculateurs. Mais qu'est-ce que l'agiotage ?

« Il faudrait enfin se fixer sur la valeur des termes qu'on emploie, écrivait M. Mirès dans *le Constitutionnel* du 8 septembre 1857. Nous entendons chaque jour distinguer entre la spéculation et l'agiotage, amnistier l'une et condamner l'autre, sans qu'on ait jamais pu nous expliquer à quels signes particuliers on les reconnaissait.

» Un magistrat éminent, qu'on signale parmi les adversaires les plus prononcés de l'agiotage, nous disait, il y a peu de jours :

— » J'appelle agiotage les fausses nouvelles répandues pour faire la hausse ou la baisse. — Mais c'est de l'escroquerie, répondit-on.

— » J'appelle encore agiotage, les dividendes exagérés qu'on distribue pour faire monter les actions, et réaliser ainsi un bénéfice illicite, en ayant donné des espérances chimériques. — Mais, répondit-on encore, c'est de l'escroquerie.

» Nous nous retirâmes de cette conversation avec la conviction intime que la définition que nous cherchions était impossible; et en relisant les opinions émises par les financiers politiques qui n'ont jamais été mêlés aux affaires, nous nous sommes encore confirmés dans cette conviction. »

La question de définition, quand il s'agit d'une chose aussi universellement connue et comprise que l'agiotage, ne nous a jamais paru bien importante, *omnis definitio periculosa*, et nous ne nous y arrêterions pas s'il n'en devait sortir qu'une stérile dispute de mots. Mais, tout en reconnaissant d'une part que les transactions honnêtes laissent au jeu une place plus ou moins grande, d'autre part que l'agiotage et l'escroquerie, ainsi que l'observe M. Mirès, se touchent, se pénètrent intimement, nous sommes en mesure de préciser rigoureusement ce qu'est l'agiotage. Nous avons déjà vu (*Manuel du spéculateur*) et nous verrons encore comment, à l'aide de manœuvres frauduleuses, coalitions, accaparements, infidélité dans les comptes, malversations, concussions, cumuls incompatibles, dividendes pris sur le capital, fausses nouvelles, il se développe et grandit au point d'absorber complétement les affaires, et de réduire les entreprises les plus sérieuses à n'être qu'un prétexte, une base à de nouvelles déprédations. Qu'est-ce donc, au point de départ, que l'agiotage?

Agiotage vient d'agio.

» L'*agio*, dit le *Dictionnaire d'économie politique*, est un mot italien corrompu qui signifie valeur additionnelle ou excédant de valeur, et qui correspond assez exactement au mot français *plus-value*. Il se disait à l'origine de tout *prix* excédant la *valeur* ordinaire ou naturelle des choses. Plus tard, surtout lorsqu'il a été transporté dans les pays étrangers, on l'a plus particulièrement employé pour désigner l'excédant de valeur de la monnaie de Banque sur la monnaie courante, et *vice versâ*. »

Nous prenons ici le mot dans sa signification la plus étendue : écart entre le *prix* d'un objet et sa *valeur*. Qu'est-ce que la valeur, qu'est-ce que le prix d'un produit? Pourquoi ces deux termes ne sont-ils pas synonymes?

Les économistes distinguent deux sortes de valeurs : la valeur *utile* et la valeur *échangeable*. La lumière, l'air, la chaleur du soleil sont des valeurs d'une utilité de premier ordre, bien qu'elles ne donnent lieu à aucune espèce de transaction. Inversement, les chinoiseries, les débris de poteries antiques, les vieilles dagues, les autographes sont d'une inutilité flagrante, bien que formant parfois le sujet de marchés considérables. Entre ces deux extrêmes, les produits agricoles et manufacturés, céréales, légumes, bétail, cuirs, plantes textiles, oléagineuses, tinctoriales, les bois, les tissus, les substances minérales, réunissent les deux valeurs d'*utilité* et d'*échange*. L'économie sociale ne s'occupe que de la dernière.

Proudhon a défini la valeur d'un produit : « Ce qu'il a coûté de temps et de dépenses. » La culture de la vigne exige autant de soins et de façons pour une année de disette que pour une année d'abondance. Le vin venant à doubler de prix quand la récolte a diminué de moitié, le renchérissement n'a rien que de normal. Autant en peut-on dire toutes les fois que la hausse ou la baisse est motivée par une aggravation ou une atténuation des frais de main-d'œuvre proportionnelle aux fluctuations de la mercuriale. Faisons toutefois ici une réserve : la prévoyance collective doit atténuer et atténuera certainement un jour ces oscillations ; l'assurance mutuelle préviendra les grands écarts de prix. En attendant, raisonnons de ce qui est, non de ce qui doit être.

Les choses ne se passent pas aussi régulièrement dans la pratique des affaires. La production et la distribution des richesses, livrées à un aveugle empirisme, subissent des perturbations périodiques qui accusent un inorganisme déplorable. Les journaux du premier trimestre de 1858 étaient remplis d'annonces de ce genre : « La maison X..., ayant profité de la crise pour faire confectionner à bas prix, livre ses articles à 25 et 30 p. 100 de rabais. » La hausse du taux de l'escompte, l'encombrement des magasins, les chômages, l'exportation du numéraire, les accaparements des compagnies financières, étendant à toutes les branches de la fortune publique le principe du pacte de famine, produisent dans le prix des marchandises des fluctuations aussi anormales qu'imprévues.

Il en résulte que le commerce honnête, créateur d'utilité, ne cherche pas seulement dans ses prix la rémunération légitime d'un service rendu ; il réserve une part à l'*alea*. C'est l'agio, dont les résultats se balancent pour chaque échangiste au compte de profits et pertes. Le principe de l'agio est souverainement anti-économique, bien que l'état actuel du négoce l'explique et le légitime. Il conduit à cette monstruosité, que deux négociants, également riches, actifs, probes, entreprenants, peuvent arriver, l'un à la fortune, l'autre à la faillite.

En tout échange, il existe un agio qui bénéficie à l'un ou à l'autre des contractants, même à leur insu. Il est évident que s'ils l'apercevaient, ni l'un ni l'autre ne voudrait le payer. Le plus souvent, c'est le hasard qui l'adjuge; l'art consiste à mettre le plus de chances de son côté.

Les principales causes qui rendent l'agio inévitable dans les transactions commerciales sont: l'impossibilité de connaître avec exactitude la proportion d'un produit avec les autres; la subordination du papier de commerce à la monnaie d'or et d'argent, d'où résulte pour le détenteur de numéraire; arbitre du crédit, la faculté de faire, sans rime ni raison, la hausse et la baisse; le défaut de sécurité en un mot. La réforme de notre système d'échange, une statistique consciencieuse, des documents exacts sur les arrivages et les expéditions, l'établissement de docks agricoles et industriels, dans les grands centres de production, les warrants, un vaste système de libre publicité remplaçant le monopole du journalisme crédité et cautionné par la finance, élimineraient en peu de temps l'immorale importance que tient le jeu dans les affaires. C'est merveille de voir avec quelle rapidité une note insérée au *Moniteur*, touchant une industrie, parvient à la connaissance des plus illettrés qu'elle intéresse.

L'agio existe partout, sur les espèces d'or et d'argent. Sur les denrées, sur les valeurs de portefeuille, sur les immeubles, les capitaux, les loyers, les salaires, les transports. La réputation du savant, de l'artiste, du littérateur, l'éloquence de l'avocat, la capacité de l'homme d'État, la prudence du banquier, la vertu du fonctionnaire sont aussi matière à agio.

« Ce que nous avons à payer à celui dont nous réclamons le service, ce que nous entendons exclusivement acquérir, c'est le service même, rien de plus, rien de moins. Mais dans l'usage, ce n'est point ainsi que les choses se passent. Il est une foule de circonstances où nous payons, en sus de la valeur du produit, du service demandé, tant pour le rang, la naissance, l'illustration, les titres, honneurs, dignités, la renommée du fonctionnaire... je ne sais quoi de métaphysique et d'idéal qui, loin de pouvoir être payé, répugne à la vénalité...

» Le médecin et l'avocat, le cordonnier et la modiste, font payer la vogue dont ils jouissent; il y a même des gens qui mettent à prix leur probité, comme cette cuisinière qui, moyennant un plus fort gage, promettait de ne pas *faire danser l'anse du panier*. Quel est l'homme qui ne s'estime pas un peu plus que ses confrères, et ne s'imagine vous faire honneur en travaillant pour vous, moyennant payement? En toute fixation de salaire, quand c'est le producteur qui la fait, il y a toujours deux parts, celle du *personnage* et celle de l'*ouvrier*. Il y a en France cent chirurgiens qui n'eussent pas été embarrassés pour extirper la balle du pied de Garibaldi. Mais il fallait à un illustre blessé un opérateur célèbre. Garibaldi a paru dix fois plus héroïque, et M. Nélaton dix fois plus habile. Chacun a eu sa réclame : ainsi va le monde économique. » (*De la Capacité politique des classes ouvrières*, par P.-J. PROUDHON.)

La généralisation de l'agio fait que, dans l'ensemble de la richesse nationale, il se liquide, de même que le produit net auquel il sert de base, par zéro.

Quoi qu'il en soit, dans le commerce honnête, l'agio n'est qu'au second plan ; il n'est pas le mobile du négociant, et nous avons laissé entrevoir la possibilité de l'atténuer, même de l'éliminer des transactions sans inconvénient. Ce serait les ramener à la précision scientifique, à la certitude d'une rémunération équitable qui ne laisserait place ni aux sinistres ni aux fortunes scandaleuses, ces deux pôles nécessaires du monde actuel des affaires.

L'agiotage, c'est la recherche de l'agio pour lui-même ipso facto, sans création d'aucune valeur, un marché contracté en vue de simples différences.

« C'est un pari où les joueurs conservent l'arrière-pensée de tricher au jeu. — L'agioteur ne base son profit que sur la perte qu'il fait supporter aux autres. — Lorsque son opération est terminée, il n'y a eu aucun service rendu, aucune valeur créée; ce qui se produit est un simple *déplacement* de richesse, en même temps qu'une atteinte profonde portée à la morale. » (*Dictionnaire d'Économie politique.*)

L'agiotage embrasse toutes les branches de la production agricole et industrielle, lève des impôts sur toutes les denrées et se complique, la plupart du temps, d'une foule de délits, comme l'observe M. Mirès. Sa forme la plus anodine est le jeu.

CHAPITRE PREMIER

LE JEU SIMPLE

Au mois de septembre 1856, il se produisit sur les soies une hausse considérable qui prit les proportions d'un désastre pour la fabrication lyonnaise. Le Crédit mobilier, soupçonné d'être l'auteur de cette spéculation, s'en défendit comme d'une action coupable. Tant mieux pour la Société générale. Toujours est-il que les bénéfices de la hausse ne sont allés ni aux producteurs, ni aux manipulateurs de soies, mais à des écumeurs d'affaires.

On distingue à Paris les farines *de boulangerie* et les farines *de commerce*, bien qu'elles soient toutes destinées à la panification. Entre les différentes sortes de moutures, les spéculateurs ont senti le besoin de créer une *unité de qualité*, afin de n'avoir plus à s'inquiéter que du prix dans leurs transactions. Jusqu'à ces derniers temps, ils opéraient sur les farines dites *quatre marques*, ainsi nommées de quatre principales usines, savoir : Rabourdin à Étampes, Aubin et Baron à Étampes, Labiche à Maintenon, Morel à Essonnes. On a ajouté depuis deux autres usines types, Darblay à Corbeil et Truffaut à Pontoise ; et l'on vend maintenant des farines *six marques*. Il existe encore une autre unité, le *type*-

Paris, fourni par divers meuniers dont les farines sont soumises à l'appréciation d'une commission spéciale.

La production moyenne des usines six marques est d'environ 27,000 sacs par mois (poids brut du sac, 159 kilogs, poids net 157; le sac type-Paris n'est que de 100 kilogs). La spéculation vend par mois de 70,000 à 100,000 sacs six marques. Un seul négociant a pu quelquefois, pendant un trimestre, rester vendeur de 50,000 sacs chaque mois, 25,000 environ de plus qu'il ne s'en produit en réalité. Sur leur fabrication, les meuniers ont à prélever les quantités nécessaires à l'exécution des marchés dits *à cuisson,* qui leur prennent directement un tiers de leurs produits. Il reste donc, par mois, 18,000 sacs environ pour opérer une liquidation de 70,000 à 100,000 sacs vendus par la spéculation.

Les agioteurs opèrent par nombres ronds de 25, 50, 100 sacs et multiples de 100; les marchés sont à 4, 6 et 8 mois; dans ce dernier cas, on fait deux comptes de 4 mois.

Ainsi on vend en juillet : — à 4 mois de septembre (livrables en septembre, octobre, novembre et décembre); — à 3 mois d'octobre (octobre, novembre, décembre), — à 6 mois de novembre; — à 4 mois de janvier.

Les oscillations de la mercuriale pendant ce laps de temps constituent la perte ou l'agio.

Le vendeur doit se liquider du premier au dernier jour du mois de son echéance. L'acheteur est tenu de prendre livraison, de neuf heures du matin à quatre heures du soir, à présentation de son bordereau.

Il fallait se mettre en garde contre les joueurs de mauvaise foi et donner au jeu l'apparence d'un marché sérieux. A cet effet, on a créé une pancarte portant en tête les deux libellés suivants :

1. — « 100 sacs vides, marque X.

» N° . Le porteur de la présente aura droit d'ici au 186 , au remboursement de 250 fr. contre sa remise de 100 sacs vides en bon état, à la marque X.

» Paris, le 186 .

« *Signé* Z. »

2. — « 100 sacs farine, marque X.

» N°   . Paris, le   186 .

» Monsieur le chef de gare de

ou » Monsieur B..., à l'entrepôt de la Villette.

» Veuillez livrer à M. Z, ou ordre, 100 sacs de farine, marque X, que vous tenez à ma disposition, suivant avis n°   , en date du

» Magasinage à partir du

» Veuillez aussi, à la demande du porteur, en constater les poids et qualité qui lui sont garantis jusqu'au

» Camionnage à sa charge

» *Signé* Y. »

Suit une série illimitée d'endos ainsi conçus :

« Bon à livrer les 100 sacs ci-dessus à M. T.

» D'ordre   et pour compte.

» N°   . Paris, le

» *Signé* V. »

Vient la liquidation. Un vendeur de 1,000 sacs n'en a que 100 à livrer. Il choisit sur la liste de ses acheteurs celui qui lui semble devoir être le plus embarrassé de la marchandise, et lui donne un bon de 100 sacs à prendre en gare ou à l'entrepôt. Celui-ci demande à transiger. Vous m'avez vendu à 55 fr; rachetez-moi à 52. Le marché se termine par un payement de différences. L'opération peut se répéter partout, et le vendeur rester détenteur de la farine après en avoir vendu et liquidé dix fois plus qu'il n'en a. Si l'acheteur prend livraison, le vendeur est obligé de se couvrir d'un autre côté; s'ils sont beaucoup dans ce cas, le cri d'alarme retentit à la halle : Il n'y a plus de farine! Ce n'est pas précisément l'annonce de la disette; cela signifie simplement que les haussiers l'emportent, et que les baissiers payeront les frais de la guerre. Car qu'il y ait ou non de la farine, il s'agit seulement pour les spéculateurs à découvert de trouver *une couverture* et d'y mettre le prix.

La plupart des transactions se font par l'intermédiaire du facteur ou du commissionnaire, moyennant un courtage de 2 o/o payé par le vendeur. On a vu de la sorte 50 sacs de farine, du prix de 2,500 fr., liquider une vente de 3,000 sacs, sur laquelle il a été payé, rien qu'en droits de commission, 3,000 fr.

Les agioteurs se font parfois des farces qui pourraient tourner au tragique.

M. X, commissionnaire, avait acheté en un mois, pour le compte de ses commettants, 10,000 sacs de farine. Or le commissionnaire est un négociant responsable, à la différence du courtier, qui se contente de mettre en présence le vendeur et l'acheteur en leur disant : Arrangez-vous. Les vendeurs de M. X, qui avaient un mois pour se liquider, s'entendirent, se coalisèrent; ils arrivèrent le même jour, à la même heure, quatre heures moins quelques minutes, effectuer leur livraison. Elle était payable dans les quarante-huit heures, un demi-million comptant à trouver. La présentation des bordereaux au dernier moment ne permettait pas à M. X de chercher à temps des acheteurs pour se couvrir; il était forcé, comme on dit, *de coucher avec la farine.* Heureusement le télégraphe électrique était inventé. M. X avertit tous ses commettants et réalisa son disponible. La somme fut payée, rubis sur l'ongle. Le commissionnaire sortit triomphant de cette dure épreuve, et son crédit y gagna d'autant. Mais sur dix coups semblables, une telle coalition aboutirait au moins huit fois à un désastre.

Il nous a suffi de décrire ces opérations pour les juger; les commentaires seraient inutiles. Nous ajouterons seulement que c'est sur de pareils marchés que se basait la taxe du pain, avant la liberté de la boulangerie, et aujourd'hui son prix. Il etait accordé aux boulangers une somme à peu près invariable de 10 francs par sac pour frais de manipulation. Le préjugé populaire qui les accuse de créer la cherté est des plus injustes. Les gens de labeur et de négoce ne seront jamais des artisans de famine.

Parmi les huiles, c'est le colza qui sert de matière à l'agiotage sur la place de Paris. Les marchés se font aux 100 kilogs; mais la spéculation n'opère pas à moins de 20,000 kilogs ou 20 tonnes, la prime du commissionnaire est de 1/2 pour cent par le vendeur et autant par l'acheteur.

Un spéculateur émérite en cette partie était, dès le premier trimestre de 1858, vendeur de 3 millions de kilogs, à livrer après la récolte. La plante avait encore bien des nuits à coucher dehors; que pouvait-on savoir de son avenir? Un instant la persistance de la sécheresse fit craindre une disette; les haussiers étaient dans la jubilation; nous ne saurions dire si le vendeur aux 3 millions de kilogs en fit une maladie. Toujours est-il qu'il resta quinze jours sans paraître ni à la halle ni à la Bourse. Quelques ondées d'orage vinrent enfin rafraichir les cultures et la tête du joueur; le colza était sauvé, et le spéculateur à la suite.

C'est un heureux faiseur que celui dont nous venons de parler. Sur la fin de 1857, il était vendeur à Caen d'une quantité considérable d'huile et de graines.

Les astucieux Normands se disaient: Nous le tenons; il ne pourra pas livrer, car toute la production du pays est en nos mains; il ne peut acheter qu'à nous. L'audacieux spéculateur s'aperçut à temps de sa position critique; mais il n'était pas homme à courber la tête devant l'ennemi. Au lieu de transiger par un solde de différences, il envoya des ordres d'expédition en Hollande, en Belgique, en Allemagne.

A l'échéance du marché, le département du Calvados, qui produit et exporte le colza, se trouva encombré d'arrivages d'huile et de graines dont il n'avait que faire. Fréter des navires, organiser des importations inutiles, désastrueuses, jeter en quelques jours sur la place de Caen, non plus des bons fictifs à livrer, mais de vraies barriques d'huile, amenées sur de vrais bâtiments, par de vrais marins; montrer et faire constater l'authenticité de la cargaison, puis la faire repartir, envoyer la flotille porter ailleurs une denrée dont le Calvados n'a que faire, puisqu'il en alimente à lui seul quinze ou vingt départements : tout cela pour l'histoire de faire payer à ses adversaires des différences, c'est ce qui ne doit jamais être classé par la science de la production et de la distribution des richesses. Le mot *agiotage*, bien que l'opération n'accuse aucune fraude, paraît ici déjà faible....

Que les spéculateurs normands aient été rançonnés dans cette affaire d'une dizaine de millions, quand ils comptaient en gagner autant; que leur adversaire, même en empochant les différences, se soit encore trouvé en retour, il nous importe peu. Ce qui importe, c'est que le travail, la culture, la consommation, par les alternatives d'avilissement et de cherté, payent en dernier ressort ces extravagances de parieurs.

Les spéculateurs de Marseille font sur les blés les mêmes opérations que ceux de Paris sur les farines; l'unité de mesure est la *charge*, 8 doubles décalitres.

Les alcools *se raisonnent* par pièces de 620 litres; l'agiotage ne fait pas à moins de 25 pièces par mois.

Consultez les journaux, au *bulletin commercial*; c'est la cote de l'agiotage sur les marchandises.

L'agioteur vend la graine de colza, puis il en vend l'huile; il trafique sur les vins, puis sur les alcools; sur les blés, puis sur les farines et les fécules; sur les laines brutes et sur les tissus qu'on en tire; sur le chanvre en étoupes, en fil et en toile; sur les sucres bruts et les sucres raffinés; sur les soies grèges et les soies ouvrées; sur les huiles, les suifs, la potasse, et sur les savons. Chaque transformation de la matière devient un nouvel élément de jeu. Les combinaisons de l'industrie, les infinies variétés de la division du travail ne semblent à d'autre fin que d'étendre le champ de la spéculation parasite et perturbatrice. Les commerçants consultent les prix et s'y conforment. En fin de compte, le consommateur paye, et tout va bien. La Convention envoyait à l'échafaud les trafiquants de cette espèce. Aujourd'hui on en fait de grands administrateurs; l'*Opinion nationale* les appelle les initiateurs du crédit, et le peuple les choisit parfois pour ses représentants.

Ce n'est pas un jeu d'enfants que celui qui opère sur des

denrées aussi encombrantes que la farine, l'huile, le vin, l'alcool, les laines et cotons. On l'a vu par l'exemple de l'agioteur en colza. Ce genre de spéculation, ou de jeu, comme on voudra, n'était accessible qu'à quelques sommités financières, et les aurait poussées à s'entre-dévorer, dénoûment dont le public eût ri de bon cœur. Il importait de *démocratiser* l'agiotage, puisque nous démocratisons tout; c'est le résultat qu'a produit le dévergondage des commandites et des sociétés anonymes, 20 milliards de papier au moins, de toutes coupures et échéances. Il y en a pour toutes les bourses et tous les appétits. Les gros ne tirent plus les uns sur les autres : le menu gibier est trop abondant. Cependant ils se disputent parfois, comme s'ils étaient en famille, sans se douter, les imprudents ! que des indiscrets peuvent les entendre.

Que d'enseignements ressortent de leur polémique ! Le *Journal des chemins de fer* du 11 avril 1857, par exemple, prêche comme un procureur général de la Révolution :

« L'émission des actions avec primes a eu pour effet inévitable de développer la spéculation, et, disons-le franchement, la spéculation la plus déplorable, *celle qu'on a justement qualifiée d'agiotage*, et qui consiste à acheter ce qu'on ne peut pas payer et à vendre ce qu'on ne possède pas. Nous savons très-bien que les gens qui font le triste métier de vendre à découvert *trouvent une excuse dans la prime que les fondateurs prélèvent*. Les agioteurs croient avoir le droit d'agir comme ils le font, parce que, disent-ils, le taux auquel les fondateurs veulent vendre leurs actions est exagéré; ils pensent qu'il est de bonne guerre de participer, d'une manière ou d'une autre, à ces bénéfices exorbitants. »

Les spéculations à découvert ne sont pas seules entachées d'agiotage, car voici deux compagnies auxquelles ces sortes de marchés sont interdits par leurs statuts, et sur lesquelles le *Journal du crédit public* s'exprime en ces termes :

« Les camps opposés ont pour chefs deux grands établissements financiers qui disposent de puissantes ressources et d'un immense crédit. C'est surtout entre ces deux rivaux que la partie est engagée, et l'on sait qu'avec de pareils adversaires, la victoire dépend souvent *du dernier coup de dés.* »

L'*Industrie* du 30 mai 1857 résume la morale des opérations :

« La masse des petits spéculateurs a été durement éprouvée depuis quelques mois. Comme en définitive, entre acheteurs et vendeurs à la Bourse, *il n'y a pas un centime de production*, ce que l'un gagne est perdu par d'autres; et puisque l'on compte par dizaines, et même par *centaines de millions* les bénéfices partagés entre quelques établissements et un nombre restreint d'individus, et réalisés sur les reports, les courtages, surtout sur les primes, il faut que cet argent soit sorti de quelque part, et l'on ne doit pas s'étonner de trouver place nette *après d'aussi rudes coups de rateau.* »

Le *Journal du Crédit public* (août 1857) va nous donner la mesure des *services* rendus par les fondateurs de notre prospérité et justifier leurs prétentions à l'apothéose :

« Les grandes associations de capitaux ne donnent plus signer de vie. La situation a beau se déblayer peu à peu de tous emprunts et de tout reliquat du passé, les entreprises commencées ont beau donner une promesse de rendement, les capitaux hésitent à continuer leur œuvre d'association.

» C'est que la Bourse n'offre plus de primes aux *premiers preneurs* de grandes affaires. C'est qu'il n'y a plus à espérer *d'escompter en bénéfices, même l'avenir des grandes entreprises.* A quoi bon alors se livrer à des opérations financières *de longue haleine*, qui, par cela même qu'elles sont importantes, demandent beaucoup de temps avant de venir à bénéfices?...

» Si l'on faisait le compte de tout ce que les capitaux engagés dans la première émission des grandes entreprises ont gagné en escomptes de primes, on comprendrait qu'ils ne veuillent plus rentrer dans les mêmes valeurs qu'ils ont naguère abandonnées avec profit, et qui ne leur donneraient aujourd'hui que 7 0/0 tout au plus, au lieu de 25 et 30 0/0 qu'ils en ont retiré précédemment. »

L'escompte des entreprises de longue haleine ! Quelle subversion de toutes les idées de morale, d'économie, de travail, d'ordre public, de richesse collective ! L'escompte d'une société constituée pour 99 ans ! Les débats judiciaires et les documents que nous citerons plus loin sont là : le fait est constant, irréfragable. Pourquoi crée-t-on une compagnie : de docks, de voitures, de gaz, d'exploitation des brouillards de la Seine ou de la mer ? En vue d'assurer un service public ? Point ! afin d'escompter n'importe quoi, l'imbécillité publique avant tout, un nom qui fait prime, parfois une conception sérieuse et d'un développement lent, pénible, aléatoire.

Il nous faut suivre, depuis son origine jusqu'à sa putréfaction, cette monstruosité sociale, et montrer comment un faux principe engendre fatalement, nécessairement les abominations dont le récit a scandalisé tous nos lecteurs.

L'idée d'escompter les entreprises à longue échéance est née de la pratique banquière, l'escompte des valeurs de commerce.

Le banquier, qu'on retienne ceci, n'est point un prêteur d'argent ni un commanditaire, pas plus qu'il n'est entrepreneur de commerce ou d'industrie. La base de ses opérations est l'escompte des valeurs. Pour cet escompte, il se fait payer, outre l'intérêt, 1° une commission, qui est son salaire ; 2° une prime qui varie suivant l'état du marché, le change des places, le risque de non-payement, et qu'on nomme agio.

Comment on pourrait réduire ces prélèvements aux simples frais de commission, en supprimant l'agio et l'intérêt, c'est ce que nous démontrerons dans des publications ultérieures, et que nous avons déjà laissé pressentir dans notre Introduction.

Une banque doit opérer sans capital; le seul gage de ses opérations, c'est le portefeuille; le billet apporté aujourd'hui par A est gagé par le billet échu de B, et garantira à son tour celui que C présentera demain. Que les comptes se soldent par des virements, des chèques, des billets ou des espèces, il n'y a pas lieu d'établir une différence de traitement, une hiérarchie entre les divers modes de payement. La suprématie de l'or et de l'argent est condamnée par la science économique.

L'escompte des valeurs de commerce n'est que la pressuration du présent, la gêne au jour le jour ; l'escompte des travaux à longue échéance, c'est la ruine de l'avenir. Prenons un exemple. Une contrée a besoin d'un chemin de fer. Que disent à ce sujet la science et le sens commun?

Une voie ferrée, comme toutes les voies de transport, est une dépense d'ordre et d'utilité publiques, imputable aux *frais généraux* de la nation. Si l'impôt pouvait y suffire, ce serait le mieux. Toutefois, comme les bénéfices de la création seront répartis sur plusieurs générations, il est juste d'échelonner aussi les charges. Dès lors, on doit y affecter un emprunt amortissable par annuités, sans produit net. Le boni du rail-way se retrouve dans la facilité, la régularité, la vitesse des communications. Les tarifs doivent être établis au *minimum*, afin que par le bon marché, le bénéfice de la création collective aille à tous. A qui concèdera-t-on la ligne? A des sociétés de métallurgistes, mécaniciens, entrepreneurs de bâtisses, de terrassements, sous la surveillance d'une commission prise dans les chambres de commerce, les conseils de prud'hommes, les clients intéressés du parcours, et sous le haut contrôle du gouvernement et du pouvoir législatif. Ainsi raisonne l'économie sociale.

Que disent au contraire le capitalisme, le parasitisme, la juiverie, l'agiotage?

Les concessionnaires naturels d'un chemin de fer sont les banquiers, arbitres du crédit. Une concession de ce genre, c'est, comme pour l'escompte d'une valeur de commerce, l'échange d'une valeur inconnue (construction, exploitation, risques, produits de la ligne) contre une valeur connue (capital, actions et obligations), que lesdits banquiers se chargent de procurer, non de leurs fonds et de leur caisse, mais par leurs clients et par le public qui a foi dans leur crédit.

Le 9 septembre 1845, le chemin de fer du Nord fut adjugé à MM. Rothschild frères, Hottinguer, Ch. Laffitte et Blount, pour une durée de trente-huit ans. Qu'est-ce que cela signifie?

C'est que MM. Rothschild frères, Hottinguer, Ch. Laffitte et Blount se sont engagés envers l'État, non pas à devenir eux-mêmes, et directement, entrepreneurs et exploitants du chemin de fer du Nord, mais à former une compagnie anonyme qui prendra à leur place cet engagement; qu'ils se portent caution de cette compagnie; qu'ils garantissent la formation de son capital.

Naturellement une opération aussi considérable, regardée comme aléatoire, exige pour les concessionnaires rémunération, commission, agio. Leur métier n'est pas d'engager leurs propres capitaux dans aucune industrie, c'est de procurer la commandite, d'en être les entremetteurs, et, provisoirement, d'en soutenir le fardeau, jusqu'à ce que d'autres capitalistes, *non banquiers*, entraînés par l'exemple, convaincus de la bonté du placement, les en déchargent. L'agio, servons-nous du mot technique, la *prime*, perçue par les banquiers, se composera donc d'une partie de la plus-value, entre, d'une part, les produits présumés de la voie pendant 38 ans, augmentés de la somme à rembourser pour cette même voie, à la fin du bail, par la compagnie ou par l'État; et, d'autre part, le capital de 200,000 millions, avec intérêts, auquel on évalue dès l'abord les frais d'établissement.

De combien sera cette prime?

De semblables négociations ne s'entreprennent qu'à gros bénéfice. Portez-la seulement à 20 du cent, ce sera 40 millions pour les banquiers, avant même qu'on ait commencé les travaux; 40 millions qui ne figureront pas dans le matériel de la voie, et qui vont être enlevés à l'avoir du pays.

Cette prime, qui la payera?

Les actionnaires, à qui les titres de 500 fr. seront délivrés contre versement de 540, 560, 600 fr., selon que la faveur sera acquise à l'entreprise ; en autres termes, selon que le gouvernement, en adjugeant la concession, aura laissé la marge plus ou moins belle aux concessionnaires, et que ceux-ci, gens de bourse et d'agiotage, auront plus ou moins habilement manœuvré. Nous voilà déjà loin de l'agiotage élémentaire.

Passons de la théorie aux faits : on verra qu'ils ne diffèrent pas des procédés révélés par la police correctionnelle et les procès civils.

CHAPITRE II

LE CHAPITRE DES FONDATIONS

Continuons l'histoire de la ligne du Nord avec les renseignements de M. Raoul Boudon : *la Vérité sur les chemins de fer en France* :

« Quand on songe, dit l'auteur, que la ligne du Nord avait été concédée d'abord pour trente-huit ans, que cette ligne a coûté 142 millions à construire, qu'il a fallu près de trois ans pour la mettre en exploitation, bien qu'elle ait été entièrement construite par l'État, conformément aux conditions de la loi du 11 juin 1842, qu'on avait par conséquent à peine trente-cinq ans pour amortir ce capital augmenté des intérêts et des frais de premier établissement, pendant cette période à peu près improductive, on est tenté de se demander si les concessionnaires n'étaient pas plus fous encore que les souscripteurs d'actions.

» Ces derniers pouvaient, en effet, s'excuser d'une pareille folie en disant qu'au moment où ils avaient souscrit, ils ne connaissaient pas les conditions de l'adjudication, qu'ils avaient foi dans l'avenir des entreprises de chemins de fer, et qu'ils ne pouvaient supposer alors que ces entreprises, excellentes par elles-mêmes, pourraient être compromises uniquement par les mauvaises conditions d'adjudication que consentiraient à accepter d'inexpérimentés adjudicataires.

« Mais ceux qui avaient assumé sur eux la responsabilité d'avoir accepté ce cahier des charges, quelle excuse pouvaient-ils alléguer?

» Une seule : c'est qu'en acceptant ces conditions, ils s'étaient fort peu préoccupés du plus ou du moins de bénéfices que pourrait donner l'exploitation; qu'ils n'avaient eu en vue que la prime qu'on pourrait obtenir du jour au lendemain sur les actions, et qu'en mettant les souscripteurs à même de réaliser cette prime, en vendant leurs actions, leur responsabilité vis-à-vis d'eux se trouvait complétement dégagée pour le cas où ces derniers commettraient la faute de conserver leurs titres.

» C'est ainsi que la spéculation jeta, dès l'origine, le discrédit sur les entreprises de chemins de fer, et éloigna les industriels sérieux. Le public, qui n'étudie et n'analyse guère les chances de succès d'une affaire, crut voir, dans la débâcle des actions qui eut lieu dès 1847, une preuve que l'exploitation des voies ferrées était une mauvaise opération, tandis qu'il n'y avait eu positivement de mauvais, dans les concessions, que les conditions d'adjudication acceptées par les administrateurs.

» C'est ainsi que, dès l'origine, l'initiative de l'industrie privée a été éloignée, dégoûtée de l'exploitation des lignes ferrées, et que l'intervention de l'État est devenue plus tard nécessaire pour assurer l'exécution du réseau.....

» Dès le début de l'entreprise, et trois ans avant qu'elle ne donne aucun profit, le capital de 160 millions de la Compagnie du Nord était vendu au public 340 millions; c'était donc 180 millions prélevés par la spéculation sous le prétexte de consolider le crédit de l'entreprise.

» N'était-ce pas porter au contraire la plus grave atteinte à ce crédit que d'imposer à la compagnie, vis-à-vis des acquéreurs d'actions au taux de 860 fr., des charges qu'elle serait dans l'impossibilité de remplir jamais? C'est, en effet, ce qui est arrivé. Plus l'exploitation se développait et rapprochait par conséquent l'époque du *produit réel*, plus le cours des actions aurait dû se consolider. Or, c'est le contraire qui avait lieu, plus les actions baissaient à la Bourse; si bien que de 860 fr. en 1845, elles n'étaient plus qu'à 497 en 1847, pour se relever en 1851, avec les espérances que fit naître la fusion, à 580.

» Les choses étaient en cet état quand les décrets de 1852, dont le but était sans doute fort louable, sont venus stimuler de nouveau la spéculation et lui fournir l'occasion d'exécuter une seconde razzia sur les capitalistes; c'était le beau temps des razzias financières.

» En effet, les concessions de 38, 40 et 45 ans étaient converties en concessions de 99 années à partir de la promulgation desdits décrets; aussi les actions de la Compagnie du Nord, du cours de 575 où elles étaient à la fin de 1852, atteignirent-elles, dès les premiers mois de 1853, le prix de 975 fr., et le public payait à la spéculation un nouveau tribut de 280 millions pour relever le crédit de la compagnie, mais, hélas! sans pouvoir le consolider encore.

» Cette hausse phénoménale fut en réalité le seul résultat produit par les décrets de 1852; car dès 1854, les actions du Nord étaient redescendues à 680 fr., et le crédit de ces compagnies, que ces mêmes décrets avaient eu pour but de maintenir, avait tellement baissé déjà, qu'elles ne trouvaient plus à emprunter sans la garantie de l'État, et qu'elles se trouvaient de nouveau dans l'impossibilité de continuer leurs travaux sans son concours. »

Si, l'agio une fois perçu, l'opération reprenait une marche régulière, telle que l'exige un service public, l'inconvénient serait moindre; on en guérirait, on s'en consolerait. Mais non, la souscription faite entre les mains de l'État n'est que le premier anneau d'une longue série d'opérations agioteuses :

Traités et sous-traités pour les achats de terrains, travaux d'art et de terrassements, pose de rails, construction de machines : agiotage.

Fusions de compagnies, autorisées, provoquées même par

le pouvoir, homologuées par le conseil d'État, mais par lesquelles le principe de libre concurrence est violé, la valeur de l'entreprise exagérée, tous les rapports confondus : agiotage.

Tarifs aggravés, tarifs différentiels défendus, mais tolérés : agiotage.

Émissions, conversions et dédoublements d'actions, dividendes anticipés, exagérés, primes, escompte de l'avenir au profit du présent : agiotage.

Émission d'obligations : agiotage.

Subventions et garanties d'intérêt par l'État pour des motifs dont la discussion est interdite au public : agiotage.

Le pire de tout cela est que, dans les grandes affaires de banque, telles que les emprunts publics, les concessions de chemins de fer, de voitures, de paquebots, de gaz, les banquiers sont toujours assez bien renseignés, le pouvoir assez complaisant, le public assez sot, pour que l'opération se fasse à coup sûr : dans le cas où il y aurait péril pour le banquier, le gouvernement, par une multitude de considérations toutes plus politiques les unes que les autres, n'hésite pas à le relever de son engagement, comme on va le voir.

Les banquiers n'étant, comme nous l'avons dit, que des escompteurs, dès qu'ils ont tiré d'une affaire tout ce qu'elle peut rendre *en profits immédiats* ils se dégagent et courent à une nouvelle proie. Mais s'il y a lieu de combiner des fusions, des augmentations de capital ou de concessions, des avantages quelconques, ils reviennent. C'est ce qui s'est pratiqué et se pratique sur une vaste échelle avec les chemins de fer. Voici quelques échantillons de ce qu'on nomme la foi des contrats en finance.

Le 9 septembre 1845, le chemin de fer du Nord était concédé pour 38 ans. Le 20 décembre suivant, l'embranchement de Creil à Saint-Quentin était adjugé pour 24 ans 335 jours. La ligne d'Amiens à Boulogne avait été donnée le 15 octobre 1844 à bail de 98 ans 11 mois.

Le 19 février 1852, toutes ces concessions étaient prorogées à 99 ans à courir du 10 septembre 1848.

En 1857, l'entrée en jouissance, fixée au 10 septembre 1848, était reportée au 31 décembre 1851.

Chemin de Strasbourg, adjugé le 25 novembre 1845 pour 43 ans 286 jours; prorogé à 99 ans avec report de la date au 25 novembre 1853.

Ligne de Lyon, adjugée le 20 décembre 1845 pour une durée de 42 ans; reprise par l'État le 17 août 1848, l'affaire devenant mauvaise; rendue le 5 janvier 1852, l'affaire redevenant bonne, à une compagnie exploitante : durée, 99 ans.

Ligne de Lyon à Avignon, adjugée le 10 juin 1846 pour 44 ans 298 jours; reprise par l'État en 1848; rendue le 3 janvier 1852 à une compagnie pour une durée de 99 ans.

Ligne de Paris à Orléans, adjugée le 7 juillet 1838 pour 70 ans; prorogée à 99 ans le 15 juillet 1840.

D'Orléans à Bordeaux, adjudication le 9 octobre 1844; durée du bail, 27 ans 278 jours; première prorogation à 50 ans le 6 août 1850.

De Tours à Nantes, adjudication le 25 novembre 1845; concession de 34 ans 15 jours; première prorogation à 50 ans, le 6 août 1850.

Chemin du Centre, concession de 39 ans 11 mois, le 9 octobre 1844.

Enfin, le 27 mars 1852, fusion des lignes de Paris-Orléans, d'Orléans-Bordeaux, de Tours-Nantes, du Centre, nouveau bail de 99 ans à courir de 1852.

Il appert sommairement des faits précités que les augmentations de baux ont été de:

67 ans sur la ligne du Nord;

80 ans sur celle de Creil à Saint-Quentin;

63 ans sur celle de l'Est;

43 ans sur celle d'Orléans;
67 ans sur celle du Centre;
78 ans sur celle de Tours à Nantes;
79 ans sur celle d'Orléans à Bordeaux.

Les lignes de l'Est, du Centre, d'Orléans à Bordeaux, de Tours à Nantes, de Chartres, ont été construites dans le système de la loi de 1842, c'est-à-dire les achats de terrains, les terrassements, les travaux d'art aux frais de l'État; la pose de la voie et le matériel roulant à la charge des adjudicataires. Entre temps, les compagnies ont obtenu du gouvernement des prêts, des subventions, des garanties d'intérêt, la renonciation au partage des bénéfices. Exemples :

9 août 1846, prêt de 3 millions à la compagnie de Montereau à Troyes;

15 juillet 1840, prêt de 12,600,000 fr. à celle de Strasbourg à Bâle;

5 janvier 1852, garantie par l'État à la compagnie de Paris à Lyon, pendant 50 ans, d'un intérêt de 4 0/0 sur un capital de 200 millions.

10 mai 1850, garantie d'un intérêt de 5 0/0 d'un emprunt de 30 millions à contracter par la compagnie d'Avignon à Marseille;

15 juillet 1852, cession gratuite de la ligne de Nîmes à Montpellier, propriété de l'État, à la compagnie de Lyon-Méditerranée; garantie à la même société d'une somme annuelle de 2,735,000 fr.; de 4 0/0 d'un capital de 31 millions; de 5 0/0 d'un emprunt de 30 millions.

Août 1848, délai accordé à la compagnie du Nord pour remboursement des sommes dues à l'État; moyennant quoi les actions sont libérées à 400 fr. au lieu de 500, soit 40 millions qui ne seront pas versés par les actionnaires et qui leur seront remboursés à l'amortissement.

15 juillet 1840, garantie de 4 0/0 à la compagnie d'Orléans.

27 mars 1852, extension à 150 millions de la garantie précédente.

16 juin 1855, garantie à la compagnie de l'Ouest d'un revenu annuel de 19,624,000 fr.

Parlerons-nous des fusions, des cessions, des remaniements de compagnies, des délimitations de réseau? Citons un exemple :

Le Grand-Central est concédé le 21 avril 1853.

Le 26 décembre suivant, il achète les chemins de Rhône-et-Loire.

Le 31 janvier 1855, il les revend à la compagnie de Lyon-Bourbonnais.

Le 15 décembre 1855, il obtient l'embranchement de Firminy.

Le 28 juin 1855, il achète la ligne de Moulins,

Même année, il achète les mines d'Aubin, les fameuses mines dont nous avons dit l'histoire page 108.

31 janvier 1855, il entre dans le syndicat de Lyon-Bourbonnais.

Même date, il achète à la compagnie d'Orléans la section de Saint-Germain-des-Fossés.

1857, le Grand-Central est démembré, liquidé, partagé, actif et passif, entre les compagnies d'Orléans et de Paris-Méditerranée.

Et les actionnaires, comment peuvent-ils se reconnaître dans cette perpétuelle ébullition de traités? Les actionnaires sont, comme le reste, soumis au régime de la grâce, traités selon le plaisir des hauts et puissants seigneurs. Heureux les élus! Ainsi :

Les actionnaires de Montereau à Troyes sont remboursés au pair, en espèces.

Ceux de Saint-Dizier à Gray, à raison d'une obligation de 500 fr. (25 fr. d'intérêt, remboursement à 650) contre 2 actions libérées de 250 fr.

Ceux de Strasbourg à Bâle, par 3 obligations et un solde de 31 fr. 50 c. pour 4 actions.

Ceux de Mulhouse à Thann, par une obligation contre une action.

Les actionnaires d'Amiens à Boulogne, de Dijon à Besançon, d'Avignon à Marseille, du Grand-Central, de Dieppe et Fécamp, de Versailles (rive gauche), etc., reçoivent des obligations *à revenu fixe* en échange d'actions susceptibles de *plus* ou *moins value*.

Les actionnaires! cela compte comme cochon à l'engrais, quand ce n'est pas gibier, dans les contrats.

Dans la fusion de l'Ouest :

Chartres reçoit une action nouvelle pour une ancienne;

Rouen, 19 pour 12;

Le Havre, 6 contre 7;

Caen et Cherbourg, 6 contre 7, après libération;

Saint-Germain, pour une action dédoublée, une demi-action, plus une demi-obligation au capital nominal de 1,250 fr., produisant 50 fr. d'intérêt.

Dans la fusion d'Orléans, il a été délivré 8 actions nouvelles contre :

5 anciennes d'Orléans, tout payé;
10 du Centre tout payé;
15 d'Orléans à Bordeaux, libérées de 275 fr.;
20 de Tours à Nantes, libérées de 425 fr.

Fusion des lignes de Paris à Lyon et de Lyon à la Méditerranée :

La compagnie de Lyon-Méditerranée reçoit :

2 actions nouvelles contre une ancienne;

Paris-Lyon, 3 nouvelles contre 2 anciennes.

En sorte que le capital des deux compagnies, représenté par 355,000 actions de 500 fr., se trouve porté à 577,500 actions, soit un boni de 222,500 actions qui n'ont pas versé un sou.

Comme l'idée d'agiotage a grandi !

Afin d'édifier nos lecteurs sur ces métamorphoses, nous allons leur conter en détail une histoire complète de cette espèce d'opérations, la fusion la plus honnête, ou du moins la plus consciencieusement faite.

CHAPITRE III

HISTOIRE D'UNE FUSION

(L'ORLÉANS.)

Les parties contractantes sont les compagnies : 1° de Paris à Orléans; 2° d'Orléans à Bordeaux; 3° de Tours à Nantes; 4° du Centre.

Les conventions du 18 mars 1852 pour les compagnies du Centre et de Nantes, du 20 mars pour celle de Bordeaux, furent consenties par quelques administrateurs agissant en vertu de pleins pouvoirs à eux conférés, non par une assemblée générale, mais simplement par le conseil d'administration. Les cessions de baux s'effectuèrent aux conditions suivantes :

La compagnie du Centre recevait une action nouvelle contre deux anciennes libérées à 500 fr., soit 33,000 au lieu de 66,000; pour un

capital versé de.	33,000,000
on lui en reconnaissait un de.	16,500,000
DÉFICIT.	16,500,000

La compagnie de Bordeaux recevait une action nouvelle contre trois anciennes, libérées à 275 fr., soit 43,334 au lieu de 130,000; pour un

capital versé de.	35,750,000
c'était un capital reconnu de.	21,666,666
DÉFICIT.	14,083,334

La compagnie de Tours à Nantes, échangeait contre une action nouvelle, quatre anciennes, libérées à 425 fr., soit 20,000 au lieu de 80,000, et pour un capital versé de 34,000,000
une reconnaissance de. 10,000,000

Déficit.	24,000,000

En un mot, suivant les chiffres du rapport :

« L'actionnaire du Centre, pour qui la nouvelle action d'Orléans représentait un versement de 1000 fr.; — l'actionnaire de Bordeaux, pour qui elle représentait un versement de 825 fr.; — l'actionnaire de Nantes, pour qui elle représentait un versement de 1,700 fr., n'avaient droit, par le tirage annuel, qu'à un remboursement de 500 fr. »

Pourquoi ces sacrifices? C'est que la compagnie acquéreur, en exploitation depuis dix ans, avait, outre son trafic propre, le transit des autres lignes; que ses actions se cotaient à 1,200 fr.; que le chemin de Bordeaux et celui du Centre n'étaient exploités qu'à l'état de tronçons; que la ligne de Nantes venait d'ouvrir et n'avait encore point réalisé de dividendes. S'il se fût agi d'un rachat par le gouvernement, on n'eût pas eu de termes assez hyperboliques pour flétrir une lacération des contrats, une véritable spoliation, une atteinte à la propriété. Le rapporteur de la compagnie de Paris à Strasbourg disait, en 1848, à propos du projet de reprise des chemins par l'État :

« Nous comprenons, jusqu'à un certain point, que lorsqu'un chemin de fer est en exploitation depuis plusieurs années, et alors que les actions sont définitivement classées, les dividendes distribués puissent servir de base à la valeur des actions en temps ordinaire. Mais lorsque, comme le nôtre, un chemin de fer est en voie de construction, il n'y a pas de dividendes qui puissent servir de régulateur au prix de rachat. »

Les compagnies venderesses, qui avaient fait aussi leur protestation en 1848, pouvaient invoquer l'avenir que leur réserveraient le prolongement et l'achèvement des voies commencées; l'importance que donnerait à la ligne de Nantes le bassin de Saint-Nazaire, appelé peut-être à supplanter le Havre. Mais il s'agissait de financiers traitant avec des financiers : la confiance des actionnaires était de droit. Puis, lorsque l'approbation fut soumise aux assemblées générales, la fusion était déjà un fait accompli : le conseil d'État avait approuvé, sauf acceptation par les actionnaires; la compagnie nouvelle avait obtenu des prorogations de baux, des prolongements, des garanties d'intérêt; il était difficile aux intéressés d'échapper à ce réseau d'influences; puis il était inouï jusque-là qu'une assemblée générale eût voté contre les propositions du conseil. Cependant, il y eut d'âpres contradicteurs, s'il faut en croire le compte-rendu d'un journal; mais le vote en fit justice. La fusion obtint 889 voix contre 7 à l'assemblée du Centre; 1,034 contre 43 à celle de Nantes, et l'unanimité moins 2 à celle de Bordeaux. Les opposants, en dépit *de la foi des contrats*, durent subir les conditions de la majorité.

Ces premières conventions furent améliorées par celles du 25 mai 1852; il fut décidé que l'échange des titres se ferait dans les proportions de :

8 actions nouvelles contre	8 anciennes d'Orléans.
	10 du Centre.
	15 de Bordeaux.
	20 de Nantes.

Ce qui diminuait le déficit des compagnies venderesses comme suit :

	CAPITAL VERSÉ.	CAPITAL RECONNU.	DÉFICIT.
Centre.	33,00,0000	26,400,000	6,600,000
Bordeaux.	35,750,000	34,667,000	1,083,880
Nantes.	34,000,000	16,000,000	18,000,000

Était-ce une concession faite à de justes réclamations? Ce qu'il y a de certain, c'est qu'on avait réclamé; car le rapport parle « d'objections soulevées au point de vue spécial de » l'amortissement. » Mais il y avait au fond une considération que nous n'avons pas encore examinée.

Le capital de la compagnie nouvelle se trouvait ainsi constitué :

Actions de Paris-Orléans.	40,000,000
Acquisition de la ligne du Centre.	16,500,000
— — de Bordeaux.	21,666.666
— — de Nantes.	10,000,000
Total.	88,166,666 fr.

représenté par 176,334 actions. L'administration proposa d'augmenter de trois cinquièmes le fonds social, soit de 52,900,000 fr. : ce qui l'élevait à 141,067,000 fr. en nombre rond.

Qu'était-ce que cette augmentation *sans versement nouveau ?* Une opération assez anodine à première vue. Il plait à un propriétaire d'évaluer son immeuble à 800,000 fr. au lieu de 500,000 : permis à lui; c'est une forfanterie; il se dit plus riche qu'il n'est; seulement, s'il s'agit de trouver acquéreur, il faudra débattre le prix réel. Or, ici, l'acquéreur est tout prêt; chaque jour les actions de la compagnie se vendent et s'achètent en Bourse. Celles de Paris à Orléans étaient à 1,200 fr. avant la fusion; c'était une plus-value *éventuelle*, à laquelle l'augmentation ci-dessus indiquée a donné un *corps*.

Le rapporteur l'avait si bien senti qu'il est allé au-devant de l'objection :

« Le capital versé par les actionnaires des quatre compagnies, dit-il, est de :

40,000,000	par les actionnaires d'Orléans,
33,000,000	par ceux du Centre,
35,750,000	par ceux de Bordeaux,
34,000,000	par ceux de Nantes.
« Ensemble : 142,750,000	

« Quelle est la différence entre ce chiffre de 142 millions et celui de 88 millions auquel avait d'abord été fixé le capital de la Société nouvelle? La différence est, à très-peu de chose près, des trois cinquièmes en plus.

» Si donc dans l'échange des titres on donnait 8 actions pour 5, c'est-à-dire les trois cinquièmes en plus, on arriverait, aussi approximativement que possible, à représentér entre les mains des actionnaires le capital engagé dans l'ensemble des travaux exécutés. Par là, en effet, le nombre des actions serait élevé à 282,134, soit, à raison de 500 fr. chacune, 141,067,000 fr. Pour arrondir le chiffre, on n'aurait qu'à créer 17,866 actions nouvelles représentant, à raison de 500 fr. l'une, 8,933,000 fr. : ce qui donnerait en tout 300,000 actions représentant 150 millions.

» Cette amélioration n'aurait rien de forcé, rien d'artificiel, car elle naîtrait de ce seul fait : qu'au lieu de représenter un capital en partie déprécié, c'est-à-dire *une circonstance accidentelle du marché,* les nouvelles actions représenteraient le capital versé, c'est-à-dire la vérité même des choses. »

Fort bien pour l'ensemble ; voyons pour les détails.

Les compagnies cédantes perdront toujours à l'amortissement :

Le Centre.	6,600,000
Bordeaux.	1,083,000
Nantes.	18,000,000
ENSEMBLE, *en moins*.	25,683,000

Au contraire, la compagnie d'Orléans, recevant 8 actions contre 5, a eu pour sa part :

128,000 actions, représentant un versement de. .	64,000,000
tandis qu'elle n'a déboursé que.	40,000,000
DIFFÉRENCE, *en plus*.	24,000,000

Cette plus-value, « circonstance *accidentelle* du marché, » prend une réalité qui se traduira à l'amortissement par une somme de 24 millions de gratification.

Cette question de l'amortissement n'était point entrée à l'origine dans les combinaisons du Conseil; ce sont quelques capitalistes sérieux qui l'auront soulevée : les administrateurs n'étaient préoccupés sans doute que de l'autre côté de la question : l'agiotage. C'est en effet le plus important.

Les actions de la société nouvelle n'ont pas tardé de se coter, comme les anciennes, à 1,200 fr. Les actionnaires de Nantes, ayant reçu 8 actions pour 20, libérées à 425, ont pu réaliser 9,600 fr. contre 8,500 fr. qu'ils avaient déboursés; — ceux du Centre, avec 8 actions contre 10, libérées à 500, gagnaient 9,600 pour 5,000; — ceux de Bordeaux, avec 15 actions libérées à 275, ayant coûté 4,125 fr., en pouvaient vendre 8 au prix de 9,600; — quant à la compagnie acquéreur, avec ses 5 actions, du coût de 2,500, elle gagnait aussi 9,600 fr., et quadruplait presque sa première mise. C'est toute la moralité de l'histoire.

Les boursiers vulgaires, quand il s'agit d'un projet à l'étude, épient avec anxiété le moment où il passera à l'état de réalisation, comptant avoir la primeur des profits. La plupart du temps, c'est un mécompte : la fusion était escomptée, rien de plus facile à expliquer. Les administrateurs connaissent longtemps à l'avance les conditions de la concession nouvelle; comme il est inouï qu'une assemblée générale ait jamais amendé ou rejeté une proposition du conseil, ils n'ont pas besoin d'attendre le vote pour être renseignés, comme le *vulgum pecus*; ils peuvent, en conséquence, commencer leurs opérations deux ou trois mois avant le public. A la fin de février, les actions des compagnies fusionnées étaient :

L'Orléans	à	1145
Le Centre	à	528
Bordeaux	à	425
Nantes	à	300

Les séries d'actions qui devaient produire, après la fusion, et la convention rectifiée du 25 mai, 9,600 fr., pouvaient s'acheter aux prix de :

5,725	pour Orléans.
5,280	pour le Centre.
6,375	pour Bordeaux.
6,000	pour Nantes.

Mais qui pouvait prévoir l'élévation des cours ? Ceux encore qui font à eux seuls la pluie et le beau temps, la hausse et la baisse ; ceux qui ont la faculté de distribuer le produit brut, afin de faire monter les valeurs, sauf à grever l'avenir d'emprunts capables d'amener plus qu'une dégringolade, à savoir une liquidation, une banqueroute.

Tous les remaniements de traités dont nous avons cité quelques exemples sont escomptés il y a beau jour. Les fameuses conventions de 1859, dont nous réservons l'historique et l'appréciation pour une publication ultérieure, n'ont pas défrayé deux ans l'agiotage; aussi les cours sont en baisse, et ne se soutiennent plus que par l'espoir de nouvelles faveurs. Le jour où les écumeurs déclareront qu'il n'y a plus rien à tirer de la position, ce sera un *sauve qui peut*, comme dans les affaires frauduleuses citées au commencement de ce livre : l'agiotage domine tout. Notre chapitre *de la Comptabilité* jettera un grand jour sur l'avenir. Mais parlons d'abord des assemblées générales.

CHAPITRE IV

STRATÉGIE DES ASSEMBLÉES GÉNÉRALES

La finance a sa jurisprudence, ou, plus modestement, ses usages. Elle prétend qu'une assemblée générale d'actionnaires est souveraine pour supprimer, changer, bouleverser les bases du contrat; elle n'admet pas, comme la politique, une charte, des déclarations de principes, des droits *antérieurs et supérieurs*. Quoi de plus immoral qu'une telle prétention !

Ainsi, en ce qui concerne les tiers, une société, au capital-actions de 100 millions émet 50 millions d'obligations. Les prêteurs, trouvant l'hypothèque suffisante, affluent à la souscription; quelques années après, sans augmenter le chiffre des actions, l'assemblée émet un nouvel emprunt de 100 millions, soit une hypothèque de 100 contre une dette de 150 : c'est le cas de tous les chemins de fer; eh bien! en jurisprudence financière, les premiers prêteurs n'ont rien à reprendre à l'affaiblissement de leur gage.

Entre actionnaires, c'est mieux. Pour assister à l'assemblée générale, il faut être porteur de 20 ou 10 actions, suivant les statuts : c'est le cens électoral transféré de la politique aux affaires, les voix se comptent à raison d'une par chaque série de 20 ou 40 actions, jusqu'à concurrence de 5 ou 10 suffrages. D'où il résulte qu'une décision d'assemblée engage, ainsi que nous l'avons dit déjà dans l'Introduction :

1° Ceux qui y sont venus et qui ont voté *pour*;

2° Ceux qui ont voté *contre*;

3° Ceux qui ne sont pas venus;

4° Ceux qui n'avaient pas le droit de venir, possédant moins de 20 ou 40 actions.

Une doctrine d'absolutisme aussi monstrueuse ne pouvait se produire devant la justice sans provoquer une répression. C'est ce qui ne manqua pas d'arriver.

La Cour de Paris avait jugé que l'assemblée générale des actionnaires ayant voté, à la majorité voulue par l'acte social, la non-exécution de la ligne de Fécamp, cette décision liait tous les actionnaires. La Cour de cassation n'hésita pas à casser l'arrêt précité par le motif que les deux lignes de Dieppe et de Fécamp constituaient la base essentielle de l'acte social, et que *l'unanimité seule* pouvait modifier une clause de ce genre. L'affaire fut renvoyée devant la Cour d'Orléans, qui, adoptant les principes de la Cour suprême, prononça la résolution de l'acte de société, si mieux n'aimait la compagnie exécuter l'embranchement de Fécamp dans le délai de deux ans et demi.

Autrefois, dans les assemblées générales, on discutait et l'on croyait au droit. Les actionnaires étaient des gens aisés et éclairés; il était permis d'espérer que les affaires prendraient des allures honnêtes. Il y avait des intéressés qui se rendaient aux assemblées, non pour la parade, mais avec l'intention de vérifier les comptes, de scruter les mystères administratifs, de discuter les propositions du conseil et d'y introduire des amendements.

Dans la réunion des actionnaires d'Orléans, du 30 mars 1844, M. Boudousquié « se plaint de ce que l'ordre du jour distribué aux actionnaires est rédigé en termes beaucoup trop laconiques. Du moins faudrait-il, lorsque l'on doit consulter l'assemblée sur des questions si nombreuses et si complexes, indiquer sommairement les points qui s'y rattachent, dans l'ordre du jour imprimé. »

M. Teisserenc. « Les actionnaires ne sont pas réunis seulement pour statuer sur les propositions accessoires qui leur sont soumises : ils doivent approuver les comptes. L'usage de ce droit, qui est en même temps pour eux un devoir, ne peut être sérieux qu'autant que l'examen des comptes sera possible. Quel que soit l'ordre et le soin apportés dans la rédaction des rapports qui viennent d'être lus, une audition rapide de ces documents surchargés de chiffres ne peut suffire pour former les convictions des actionnaires. Il faut qu'on leur donne le temps et les moyens d'envisager l'état de leur entreprise à tête reposée. Cette demande n'a d'ailleurs rien de blessant pour MM. les administrateurs. » (*Journal des Chemins de fer* du 6 avril 1844).

Un autre actionnaire proteste dans une lettre contre l'influence du conseil d'administration dans les assemblées générales; il rappelle à ses coassociés qu'ils ne sont pas appelés seulement à voter telles quelles les propositions des administrateurs; qu'ils ont le droit de les discuter et de les modifier, même de les rejeter.

Les organes de la publicité préviennent les spéculateurs que ce n'est pas seulement à la Bourse qu'ils doivent consulter la valeur des titres, mais encore et surtout dans les comptes-rendus; que c'est un devoir d'assister aux réunions générales, sans quoi les administrations, agissant sans contrôle, peuvent laisser péricliter les intérêts des souscripteurs.

Un journaliste s'étonne qu'on lui ait refusé l'entrée d'une assemblée comme publiciste, attendu que la presse a le droit de rendre compte des débats et des votes. Une foule d'intéressés trouvent la prétention du journaliste parfaitement fondée. Le grand jour, la publicité, la lumière, que serait devenue la féodalité sous un pareil système?

Alors, comme nous le disions, il y avait des actionnaires sérieux, décidés à surveiller consciencieusement les entreprises : c'eût été la sauvegarde des intérêts de tous, de l'État, du public et des porteurs de titres. Il y avait lutte; mais la prépondérance restait toujours aux directeurs; il n'eût pas moins fallu que le concours éclairé de tous pour la combattre. Au lieu de cela, la bêtise du vulgaire, la presse vénale et les faiblesses du pouvoir ont conspiré d'un commun accord l'instauration du régime bancocratique.

Citons un dernier trait, assez édifiant, de cette lutte du droit contre le privilége :

« Paris, le 23 mars 1845.

« A M. le rédacteur du *Journal des Chemins de fer*.

» Monsieur,

» En prenant lecture du compte-rendu, pour l'année 1844, du chemin de fer de Saint-Germain, je me suis demandé pourquoi la répartion des bénéfices n'était point faite conformément aux statuts (*Bulletin des lois*, 2e section, 2e semestre 1845 page 846), dont l'article 12 dit formellement que les bénéfices seront répartis, après le payement de 25 francs aux actions :

» Moitié aux actionnaires;

» Un quart aux 2,000 coupons de fondation attribués à M. Péreire;

» Un quart à la réserve.

» D'après le compte-rendu, l'excédant de bénéfice étant, après le prélèvement de 25 francs pour intérêt aux actions,

de.	255,074 fr.	60 c.
» La moitié revenant aux actionnaires était de.	127,537	30
» Le quart aux 2,000 actions de fondation.	63,768	65
» Le quart à la réserve.	63,768	65
» Au lieu de cela on distribue :		
» Aux actionnaires.	150,000	»
» Aux actions de fondation.	75,000	»
» A la réserve, seulement.	30,074	60

» Quel motif donner à cette atteinte portée aux statuts? En vain dira-t-on que les actionnaires participent, comme les actions de fondation, à cet accroissement dans le dividende; il est évident qu'il est peu sensible lorsqu'il est réparti sur 12,000 actions, tandis que pour MM. les fondateurs, l'accroissement est de près de 12,000 francs.

» Mais ce qui en souffre surtout, c'est le fonds de réserve, qui n'a que 30,074 fr. 60 c., au lieu de 63,768 fr. 65 c. qu'il devrait avoir, aux termes des statuts, et le fonds de réverve qui doit servir à rembourser aux actionnaires le capital de 500 fr., n'atteindra jamais, avec de pareilles répartitions, les 2,900,000 fr. auxquels il doit s'élever pour la première distribution à faire.

» Et qui profite de ce retard, qui ne peut être qu'un préjudice pour les actionnaires? Évidemment les fondateurs.

» *N'est-ce point d'ailleurs un moyen de donner aux actions un cours plus élevé qu'il ne devrait être, en attribuant aux actions un dividende plus fort qu'il ne devrait être légalement.*

» Or, qui est-ce qui profite de cette élévation de cours? *Ceux qui agiotent sur les actions*, et non ceux qui les ont comme placement sérieux.

» N'y a-t-il donc pas de commissaire du roi ou de surveillance administrative quelconque pour obliger l'administration à s'en tenir à l'exécution exacte des statuts, qui forment la condition de l'existence des sociétés.

» UN ABONNÉ DE PARIS. »

M. Émile Péreire, répondant à cette accusation, alléguait à sa décharge :

« *S'il est dit* dans nos statuts qu'un quart doit être mis en réserve, *il est également dit* que cette réserve est destinée, entre autres choses, à pourvoir aux intérêts et à l'amortissement des emprunts, en conservant une somme égale à demi pour cent par an du capital des actions émises. C'est ce qui a lieu, etc. »

Articles à double entente et faculté d'interprétation laissée aux administrateurs qui veulent augmenter de 12,000 fr. leur annuité, c'est ce que des capitalistes avisés ne voulaient pas permettre et qu'il importait aux premiers de maintenir. L'invasion de la Bourse et des affaires par une cohue de laquais, de portiers, de commissionnaires, — *la vile multitude*, dirait M. Thiers, — est venue refouler dans l'ombre les gens capables d'éclairer la discussion. L'introduction de ce nouvel élément dans le personnel de la spéculation a été pour la haute banque l'équivalent d'un coup d'État dans le sens le plus absolutiste.

Voici un aperçu de ce qu'on appelle rendre des comptes. Il s'agit du Crédit mobilier :

Assemblée du 29 avril 1854 :

« *Souscription aux obligations du Crédit foncier.* — Nous avons, dès notre origine, prêté notre concours à un établissement au succès duquel le gouvernement attachait avec raison une grande importance : nous voulons parler du Crédit foncier. Nous avons souscrit à ses obligations dans une *forte* proportion. Cette opération est aujourd'hui entièrement liquidée pour notre société. »

Y a-t-il eu perte ou profit ?

« *Fusion des chemins de fer de Rhône et Loire.* — Un peu plus tard nous avons pris une part *considérable* à la fusion des chemins de fer de Saint-Étienne à Lyon, d'Andrezieux à Roanne et de Saint-Étienne à la Loire, qui, réunis entre les mains d'une seule compagnie, avec le consentement et sous la garantie de l'État, ont été depuis cédés par cette société à la compagnie du Grand-Central, à laquelle cette ligne apportait le complément indispensable du vaste réseau qui lui est concédé. »

Est-ce une simple intervention officieuse?

Assemblée du 30 avril 1855 :

« *Plusieurs* entreprises importantes nous ont demandé, pendant l'exercice qui vient de finir, le concours de nos capitaux et surtout l'aide de notre crédit.

» *Société des Immeubles de la rue de Rivoli.* — C'est ainsi que se sont créées, sous notre patronage : la Société des Immeubles de la rue de Rivoli, fondée au capital de 24 millions, et la Société maritime qui, dans quelques jours, aura reçu la sanction officielle du gouvernement, et dont le capital de 30 millions, entièrement souscrit, est déjà en partie réalisé. »

Qu'a produit aux actionnaires ce patronage ?

« *Mines de la Loire.* — Nous avons aussi prêté notre aide à la Compagnie des Mines de la Loire pour la solution d'une difficulté économique et industrielle qui préoccupait depuis plusieurs années le gouvernement. Notre intervention a permis d'opérer sans secousse la subdivision en quatre groupes des exploitations dont la réunion avait pu exciter des ombrages. »

Ne dirait-on pas un rapport de juge de paix qui vient de concilier une affaire litigieuse?

« *Entreprises des voitures et omnibus.* — L'approche de l'exposition universelle et les besoins tous les jours croissants de la circulation avaient fait naître la pensée d'une organisation nouvelle pour les voitures-omnibus qui desservent Paris. Deux intérêts rivaux étaient en présence. Notre Société a pu, *par une heureuse intervention*, sauvegarder des droits justement acquis, concilier les prétentions et faciliter la constitution d'une Société anonyme dans laquelle sont venues se réunir et se fondre les diverses entreprises qui se partageaient cette industrie. »

Encore des interventions d'arbitrage; mais des comptes de profits et pertes ! C'est à des actionnaires que nous parlons.

« *D'autres* industries moins importantes ont aussi trouvé chez nous des moyens de crédit qui leur ont permis de se développer, etc. »

En un mot, l'auteur du rapport fait de la Société un panégyrique pour le public, un *boniment* comme on en fait tous les jours dans les annonces des journaux; seulement, dans le langage des administrateurs du Crédit mobilier, cela s'appelle rendre des comptes aux actionnaires. Ceux-ci votent toutes les propositions *à l'unanimité !*

Comment des actionnaires sérieux se laissent-ils étrangler ainsi entre la porte et le mur? Ah! c'est que les actionnaires sérieux n'ont pas la parole dans les assemblées. Nous avons cité, dans notre Revue judiciaire, nombre de fraudes. Était-ce l'exception? Qu'on en juge par l'article suivant emprunté au *Messager de la Bourse* du 16 janvier 1858 :

« Nous avons mis en scène, pour les rendre plus saisissantes, les intrigues qui se nouent autour de toute affaire industrielle. Nous avons fait manœuvrer des personnages dont les masques pourraient être facilement reconnus sur la scène qu'ils remplissent de leurs succès scandaleux. Nous avons promené nos lecteurs dans les coulisses où se préparent des dénouements prévus; nous avons montré comment s'organise un conseil de surveillance, comment s'improvise un rapport, et comment se charpente cette comédie des assemblées générales. Nous avons signalé la composition des majorités factices dont les administrateurs de société tirent les bills d'indemnité, les suppléments d'émission, les modifications de statuts, les appels de fonds, confirmations ou extensions de pouvoir dont ils ont besoin.

» Nous avons indiqué comment, à l'aide des actions de fondation ou d'apport, l'administration ouvrait au dernier de ses commis ou de ses salariés les portes d'une réunion d'où sont exclus les porteurs sérieux de moins de 40 ou 50 actions; comment, à l'aide de ce public complaisant, ayant le mot d'ordre, exercé au besoin par des répétitions *ad hoc*, on parvenait à étouffer les justes plaintes, les protestations timorées d'actionnaires réels, quand on ne parvenait pas à les étourdir par des rapports pleins d'assertions mensongères ou d'aperçus brillants de chiffres adroitement groupés, de balances incomplètes, d'attributions et de reports de comptes les uns sur les autres.

» Nous avons montré comment l'armée des comparses était flanquée de chefs d'attaque habiles, avocats, hommes d'affaires, courtiers, journalistes, attachés à l'entreprise; comment s'organisaient les interruptions ou les applaudissements notés; comment on dénaturait une proposition en l'exagérant ou en la présentant comme une injure directe à des personnes honorables; comment on enlevait d'enthousiasme les modifications les plus graves; comment on faisait sanctionner, en profitant d'une surprise, des actes portant les plus sérieuses atteintes aux statuts des sociétés et aux garanties des actionnaires.

» Nos tableaux n'étaient point des créations de fantaisie, mais des études prises sur le vif, au cœur même de ces réunions de mystificateurs et de mystifiés, de fripons et de dupes. La pratique de ces manœuvres est devenue tellement générale dans les sociétés par actions, qu'on a mis souvent vingt noms à la fois sur les masques que nous avons placés en scène. »

Quand nous ajouterions à ce témoignage des renseignements à nous personnels, quand nous affirmerions avoir tenu en main une carte de 9 voix au nom d'un chef de bureau qui n'avait pas un sou dans la compagnie; quand nous jurerions, sur notre âme et conscience, que nous avons rencontré une escouade de commis, ingénieur en tête, allant voter comme actionnaires à la salle Sainte-Cécile; quand nous citerions les noms d'une demi-douzaine d'honnêtes employés qui ont préféré la destitution à la honte et nous ont autorisé à produire leur témoignage, que ferions-nous de plus pour entraîner la conviction de nos lecteurs? Ils ont lu le procès des Ports de Marseille et ses turpitudes. Jusque-là, le faux en matière d'assemblée était seulement de notoriété publique; il n'y avait pas de preuves judiciaires: ou du moins, avec l'excessive bienveillance du parquet, on ne voulait pas en chercher. Aujourd'hui les preuves sont surabondantes : MM. les avocats-généraux sont forcés de faire leurs réserves, comme dans le procès Mirès, contre l'*horreur des financiers pour la légalité*.....

La loi voulait que les actionnaires s'occupassent de leurs

affaires, au moins une fois l'an ; elle faisait de leur réunion annuelle une condition impérative, dirimante. La juiverie a créé à son usage cet axiome : Pour que les affaires marchent, il ne faut pas que les actionnaires s'en occupent. Forcée de passer par la formalité des assemblées générales, elle a fait de cette prescription ce que chacun sait et apprécie maintenant.

Pourquoi ne pas supprimer tout simplement cette condition des assemblées? — Sans doute ce serait simplifier le mécanisme de la dictature; ce serait épargner aux soudards de l'agio le tracas de composer une réunion de coquins chargés de jouer un rôle d'honnêtes gens. Mais, d'autre part, quelle école d'abjection! que de ressources dans cette mesure pour déprimer les caractères, avilir la dignité, broyer es consciences! Nous l'avons tous entendu : pour l'employé scrupuleux, il n'y a ni place ni moyen de vivre; quiconque se refuse à devenir faussaire sur l'ordre du chef est chassé comme insoumis, indocile, mauvais serviteur et citoyen mal pensant. Grâce à ce système, l'épuration se fait; on arrivera à ne conserver que des bandits faméliques, dignes janissaires de pareils pachas. Il faut rabaisser la plèbe au niveau de la bourgeoisie et mettre toutes les âmes à l'unisson. Veut-on un échantillon du travail qui s'est accompli dans les classes moyennes en ce sens? Voici une anecdote caractéristique.

Un provincial vient me trouver un jour, muni d'une recommandation, et m'expose en ces termes l'objet de sa visite : Je désirerais faire partie du conseil de surveillance de la société X; c'est le comité de direction qui propose les candidats, et comme vous y connaissez M. Z, si vous vouliez me donner une lettre pour lui, il me ferait certainement élire. — Mais les fonctions de membre du comité de surveillance sont gratuites. — Pardon, il y a des jetons de présence, plus l'initiation aux secrets des opérations de la Société, et rien que par ce dernier moyen, je serais sûr de gagner une quarantaine de mille francs par an. Au surplus,

M. Z ne saurait trouver un surveillant plus accommodant que moi; je signerais et approuverais tout les yeux fermés. — Vous me semblez bien connaître votre époque. — Bah ! je ne suis pas ambitieux; ces messieurs de la direction gagnent de cent cinquante à deux cent mille francs par an; je les laisserais parfaitement libres et me contenterais de grapiller mes petits quarante mille francs. Ce sont les bénéfices de la surveillance; ils doivent aller à quelqu'un, pourquoi ne serait-ce pas à moi ?

Je déclinai l'honneur ou l'indignité d'une pareille immixtion : — Je ne vous ai pas parlé de la part que je vous ferais dans mes bénéfices; mais il y en aura une : c'est de plein droit; voulez-vous en fixer la quotité? — Merci, je ne fais pas de ces affaires-là. — Mon Dieu, vous voyez en ceci un abus, moi de même; seulement votre abstention ne le fera pas cesser. L'abus subsistera, et nous n'en profiterons pas, voilà tout; c'est de la vertu bien inutile.

Comme dernier argument, notre homme invoqua sa qualité de démocrate : — Ne vaut-il pas mieux que les bénéfices du système viennent à notre parti? nous nous créons par là des moyens d'influence; c'est de meilleure guerre que de les laisser à l'ennemi. — Je répondis que participer aux abus, c'était s'interdire le droit de les dénoncer... Le solliciteur se retira, et je ne jurerais pas qu'en son âme et conscience, il ne me tint pour un déserteur de la démocratie militante.

Cette anecdote m'en rappelle une autre d'un caractère bien différent, et qui cependant concourt au même but, comme on va voir.

Un professeur de Paris reçoit d'un ami de province une somme de 8,000 francs, avec mission d'en opérer le placement comme il le jugera convenable. Complétement étranger aux finances, le dépositaire consulte des amis, qui opéraient à la Bourse, sur le meilleur emploi à faire de son fidéicommis. — Parbleu, lui dit l'un d'eux, tu es prédestiné; nous fondons une compagnie d'assurances, une entreprise superbe, apporte-nous tes fonds; en qualité de principal actionnaire, nous te ferons nommer membre du conseil de surveillance; tu y seras avec nous. — L'honnête et confiant professeur accepta avec empressement. On surveillait et contrôlait l'état de l'entreprise sur des bordereaux fournis par la caisse; c'est-à-dire qu'on se contentait de vérifier l'exactitude des totaux, et les additions ne présentaient jamais d'erreur. Aux objections du nouveau-venu on répondait : — Les choses se passent toujours ainsi; rien de plus sincère que la comptabilité. D'ailleurs, tu ne te défies pas de nous ?

A la fin d'une séance, le professeur reçoit de ses collègues cet avis : Nous primons : il faut vendre. — Vendre quoi? — Tes actions; elles ne monteront pas davantage. — Je m'en garderai bien, puisque le placement est sûr. Je n'entends pas faire de l'agiotage. — Laisse-toi conduire; tu n'y comprends rien.

A la séance suivante : — Eh bien, as-tu vendu? nous avons tous liquidé. — Point; je reste fidèle à l'entreprise. — Imprudent, mais on a décroché le pair, les actions sont à la baisse, et elle ne s'arrêtera pas. — Qu'importent des oscillations de quinzaine, que je ne comprends pas. La Société est-elle sérieuse, oui ou non? — Mais non, mais non ; il n'y a rien dessous. Profite du reste d'illusion qui entoure encore notre entreprise, et vends à n'importe quel prix, si tu ne veux pas perdre. Et on lui montra, pour le décider, la situation vraie de la compagnie. Le malheureux était atterré. Il répondit stoïquement : — Vous m'avez entraîné dans un guet-apens. Je suis coupable envers les actionnaires de n'avoir pas mieux rempli mon mandat de surveillant et d'avoir eu foi à votre probité. Je ne puis en conscience vendre à des tiers des chiffons de papier que je sais n'avoir aucune valeur. Je perdrai tout, et je rembourserai mon ami sur ma fortune personnelle. Adieu. — Les faiseurs restèrent stupéfaits. Il ne leur vint pas un instant à l'idée qu'ils eussent commis une escroquerie ou s'en fussent rendus complices, et devant ce trait d'héroïque probité du professeur, ils ne trouvèrent qu'un mot : — C'est un imbécile !...

CHAPITRE V

DE LA COMPTABILITÉ EN HAUTE FINANCE

L'alinéa qu'on va lire est textuellement extrait du *Rapport* de 1856 aux actionnaires du chemin de fer du Nord :

« La Compagnie ne recule pas devant les sacrifices nécessaires à l'entretien du matériel roulant, lequel a donné lieu, en 1855, à une dépense de 4,067,812 fr. 85 c., exclusivement prélevée sur les produits de l'exploitation. L'entretien comprend non-seulement les menues réparations ordinaires, mais encore les grosses réparations qui peuvent devenir nécessaires en toute espèce de cas; de telle sorte que le matériel est, autant que possible, *constamment maintenu à l'état neuf*.

» Il n'y a que les commandes importantes de locomotives, de tenders, de voitures ou wagons et d'outillage complet pour les nouveaux ateliers destinés au service des nouvelles lignes, qui puissent donner lieu à des imputations, que vous autorisez d'ailleurs, sur le compte de premier établissement.

« Les dépenses faites à ce titre mettent donc toujours entre les mains de la compagnie *une richesse* QUI S'ACCROIT *en propor-*

inventaires annuels, et *qui se déprécie d'autant moins* qu'il est donné plus de soins à l'entretien. »

C'est-à-dire, pour nous servir d'une comparaison triviale, mais juste, que des bottes achetées 30 francs, *constamment maintenues à l'état neuf* par une série de ressemelages et de remontages, représenteraient, au bout de six mois, *une richesse* QUI SE SERAIT ACCRUE *en proportion même de ces dépenses,* quelque chose comme 45 francs.

Après une pareille profession de foi en matière de comptabilité, le lecteur n'aura plus à s'étonner de rien.

Les dividendes pris sur le capital ou sur le produit brut, condamnés et réprimés par les tribunaux toutes les fois que la justice a été saisie de la question, sont de droit et de principe chez les fondateurs de sociétés. Pour les entreprises abandonnées à leurs seules ressources, le sinistre ne se fait pas attendre. Celles qui, comme les chemins de fer, sont en remaniement perpétuel, avec subventions et garanties de l'État, peuvent prolonger plus longtemps leur existence tout artificielle. Le sujet vaut qu'on s'y arrête.

La moyenne du coût kilométrique des chemins de fer en France est de 474,000 francs; en Belgique, elle n'est que de 270,000 francs. La Belgique a la houille et le fer sous la main, à 40 p. 100 moins cher que nous; sa population est plus dense; son trafic spécifique plus considérable. Et les revenus des chemins belges varient de 2 à 5 1/2 p. 100, tandis que ceux de nos lignes sont de 7 à 20 p. 100. Que les panégyristes du système attribuent à l'habileté de nos administrateurs cette différence de rendement, qu'ils les recommandent de ce chef à l'admiration et à la reconnaissance de leurs concitoyens, c'est leur métier. Mais la comptabilité ne se balance pas par des dithyrambes. Le *Journal des chemins de fer*, qu'on ne suspectera pas d'hostilité contre les financiers, puisqu'il était dirigé par Mirès, écrivait le 18 juillet 1857 :

« Depuis la création des chemins de fer, il s'est révélé une tendance générale dans toutes les compagnies : c'est d'*exagérer les dividendes* par un système de comptabilité qui avait bien un caractère équitable, mais qui avait aussi les graves inconvénients d'attirer sur les porteurs d'actions les jalousies de la propriété immobilière, par la grande prospérité apparente des compagnies, et d'aggraver ensuite leur situation dès qu'une crise financière éclatait. Ce système a fait son temps, et il a été si funeste à l'industrie que personne n'a été tenté de le continuer.

» Dans les cours actuels, le chiffre des recettes permet de largement rémunérer les actions, tout en consacrant une partie des revenus de l'exploitation à l'entretien de la voie et du matériel, *même au renouvellement de l'un et de l'autre.*

» Il est utile que le compte d'établissement se ferme définitivement pour chaque section livrée à la circulation. Jusqu'à ce jour, on a si facilement appliqué à ce compte des dépenses qui, *en bonne conscience*, auraient dû figurer au compte d'exploitation, que nous avons vu se produire ce fait étrange, d'un chemin produisant 20 0/0 de moins aux actionnaires que l'année précédente, quoique les recettes aient été plus considérables. »

Un financier, M. Grosjean-Bérard (de Genève), disait, à propos de l'emprunt de 1855 :

« Les chemins de fer, quelque bien entretenus qu'ils soient, se détériorent ; les locomotives et le matériel, malgré les réparations, s'affaiblissent, et il vient un moment où des dépenses capitales sont nécessaires. Si alors on n'a pas eu le soin de constituer de fortes réserves, *comme ce n'est que trop ordinairement le cas*, on est forcé d'avoir recours à un procédé *qui a déjà plusieurs antécédents :* ON EMPRUNTE. On porte la moitié de la dépense au compte général de construction, et il faut pourvoir pendant toute la durée de la concession à l'intérêt et à l'amortissement de cette moitié. L'autre moitié est portée à un compte spécial que l'on éteint en dix ou douze ans au moyen d'un prélèvement sur les bénéfices.

» Les *bénéfices futurs* se trouvent donc grevés d'une partie de la dépense tant que dure la concession, et d'une autre partie pendant un certain nombre d'années.

» Mais cette dernière charge ne sera pas arrivée à son terme, que *d'autres, ayant la même origine,* viendront s'y ajouter ; car il faudra successivement renouveler les lignes entières, en commençant par les parties les plus anciennes et les plus fatiguées.

» Tout ce que nous venons de dire a été dit et prévu par les gens sérieux. Mais la spéculation et le public en général ne se préoccupent pas d'un avenir qui leur semble éloigné, *et que chacun se promet bien de ne pas attendre pour réaliser ses actions.* »

Le fait est si connu, l'anomalie si patente, elle a été tant de fois et de si bonne heure dénoncée qu'il est impossible aux compagnies de prétexter d'omission ou d'ignorance. Force est donc d'en rechercher la cause dans une pensée arrêtée, mais qu'on n'avoue pas.

Le système de comptabilité adopté en vue de l'exagération des dividendes, observe M. Mirès, avait bien *un caractère d'équité*. Il veut dire, et tel est en effet le motif allégué par les administrations, qu'il n'eût pas été juste de laisser le fardeau de ces entreprises peser de tout son poids sur le présent seul ; qu'il convenait d'en rejeter une partie sur l'avenir ; qu'agir autrement eût été d'une mauvaise politique ; que les souscripteurs d'actions, la plupart peu riches et comptant sur leur revenu, eussent été découragés ; qu'on pouvait en conséquence, puisque d'ailleurs le produit des chemins de fer était certain, se permettre une anticipation qui satisferait des besoins respectables, sans compromettre aucun interêt.

Voilà ce qui a été dit et imprimé avec une grande ostentation de prévoyance et de tendresse pour les souscripteurs pauvres. Si vous voulez faire un bon coup, adressez-vous au sentiment. Le père qui bâtit pour ses enfants un palais couchera-t-il à la belle étoile?...

Mais, — c'est M. Mirès qui nous l'apprend, — cette prétendue *équité* n'était qu'une abominable rouerie. Rien n'empêchait, puisqu'on y tenait, d'anticiper de quelques années sur le produit des lignes; on avait un précédent, l'intérêt à 4 p. 0/0 payé pendant la construction. Mais pourquoi fausser les écritures? pourquoi porter au compte d'établissement ce qui devrait figurer au compte d'exploitation? Pourquoi ne pas indiquer dès la première année, par ce simple mot, *mémoire*, la place du fonds de réserve nécessaire à l'entretien des voies? Pourquoi ne pas annoncer à chaque assemblée générale, dans les comptes-rendus, et faire répéter par les journaux, que la formation de ce fonds de réserve commencerait à telle époque, qu'elle suivrait telle progression, de manière que l'anticipation irait d'abord en diminuant, puis cesserait tout à fait, pour faire ensuite place à une retenue de plus en plus forte? Pourquoi encore une fois aucune de ces précautions n'a-t-elle été prise? Pourquoi, au contraire, la malversation a-t-elle été soigneusement dissimulée, dérobée à la connaissance du public, tenue sous le boisseau, écartée comme une critique de la malveillance?

Ah! c'est qu'on voulait de la hausse, on voulait des primes : il y avait des fortunes à faire, des existences à refaire, une aristocratie de satisfaits à constituer. C'est pour cela qu'on a fait taire la conscience, la *bonne conscience*, dit M. Mirès, et que pendant quinze ans, vingt ans, on a porté au compte d'établissement des dépenses qui devaient figurer au compte d'exploitation.

Les chemins belges, qui ne donnent que 2 à 3 1/2, s'administrent tout différemment, comme en témoignent les passages suivants que nous empruntons au compte-rendu de 1856 :

« Il convient de rappeler que l'administration a pris à tâche de n'imputer sur les emprunts que les dépenses de construction et d'extension proprement dites; les dépenses *de renouvellement, de remplacement et même d'amélioration* ont été imputées sur l'*entretien*, c'est-à-dire sur le budget annuel.

» Il est à remarquer que ce mode d'opérer, conforme à la loi et aux prescriptions de la cour des comptes, *est le seul vrai,* puisqu'il a pour conséquence de ne pas majorer indéfiniment le compte de capital ou de premier établissement.

» C'est ainsi que les budgets annuels ont pourvu au remplacement d'une quantité de rails faibles par des rails forts, et aux améliorations considérables apportées au matériel roulant. »

Citons encore sur cet important sujet une autorité que personne ne récusera. M. Ad. Jullien, l'ingénieur et le directeur de nos lignes les plus importantes, adressait dès 1845, alors que le réseau était à peine ébauché, l'avertissement suivant aux compagnies :

« Il nous reste à traiter une question qu'on a peut-être un peu négligée jusqu'à ce jour, et qui cependant est d'une grand importance : nous voulons parler de la dépréciation du chemin, et notamment du dépérissement des traverses, dont le renouvellement, au bout d'un petit nombre d'années, viendra augmenter d'une manière notable les frais annuels relatifs à l'entretien de la voie.

» Tous les rapports que nous avons consultés se taisent ou à peu près sur cet objet. Le comité des chemins de fer anglais signale l'importance de la question, mais déclare ne pouvoir y répondre par aucun document précis ; il admet, comme une hypothèse qu'il ne cherche point à expliquer, une somme de 0 fr. 00585 par voyageur et kilomètre pour couvrir cette dépréciation.

» M. Perrot établit, par des considérations qui nous paraissent incontestables, que le renouvellement seul des traverses de chêne exigera sur les chemins belges, avant peu d'années, une dépense annuelle de 1 million. Or la dépense totale annuelle sur ces mêmes chemins n'est aujourd'hui que d'environ 5,400,000 fr. Le renouvellement des traverses occasionnera donc une dépense de 19 0/0 par an ; et si la circulation n'augmente pas, ce renouvellement produira, sur le prix de transport moyen d'un voyageur à 1 kilomètre, une augmentation de 0 fr. 00513, et portera le prix actuel de 0 fr. 027 à 0 fr. 032.

» Mais il n'y aura pas seulement des traverses à remplacer; il y aura en outre dans la voie des rails, des sabots, des coins, des chevillettes; dans les ouvrages d'art des charpentes; dans le matériel roulant des machines et des voitures à renouveler. Nous croirions être plutôt au-dessous qu'au-dessus de la vérité en portant, pour cette dépréciation, un chiffre de 1 centime par voyageur transporté à 1 kilomètre.

» Mais il nous semble que c'est là un article de dépense à peu près indépendant de la circulation qui s'établit sur chaque chemin. C'est le temps surtout qui amène peu à peu le dépérissement des traverses, et qui oblige à les renouveler. Or, le temps agira sensiblement de la même manière sur les chemins très-fréquentés et sur ceux qui le sont moins; et si l'on portait, pour couvrir cette dépense, un supplément au prix moyen de transport d'un voyageur à 1 kilomètre, on risquerait d'arriver à un chiffre trop élevé pour les chemins où la circulation est active, trop bas pour ceux où la circulation est faible.

» Nous croyons qu'il conviendrait, pour couvrir cet article
» de dépense, de faire un fonds de réserve que l'on compose-
» rait au moyen d'une retenue opérée chaque année sur les
» produits nets de l'entreprise : retenue qui diminuerait, il
» est vrai, les dividendes à répartir annuellement aux action-
» naires, mais qui n'exposerait pas une compagnie à se trouver,
» au bout d'un certain temps, grevée d'une dépense d'entre-
» tien tout à fait extraordinaire, dépense qui pourrait être
» assez forte pour absorber la totalité des revenus de son en-
» treprise pendant les trois ou quatre années durant lesquelles
» devra s'opérer le renouvellement des matériaux entrant dans
» la composition des voies.

» Ce fonds de réserve, que j'estime ici un peu arbitrairement, me semblerait devoir être fixé annuellement à environ

ans on paierait ainsi une somme représentant le prix de la double voie, estimé à 80,000 fr. par kilomètre.

» Or, si les rails durent plus de vingt ans, ce qui est douteux, les traverses ne dureront guère, d'après M. Perrot, — et nous partageons à cet égard l'opinion qu'il a émise dans son écrit, — que dix à douze ans; et les 4,000 fr. que nous portons, par kilomètre de double voie et par an, seront *plutôt faibles que forts* quand il s'agira de couvrir toutes les dépenses que nécessitera le renouvellement des voies et de leurs accessoires, des charpentes des ouvrages d'art et d'une partie du matériel roulant; car ce matériel, malgré les dépenses annuelles affectées à son entretien et à sa conservation, exigera de temps en temps que certaines de ses parties soient refaites à neuf. » (*Notes diverses sur les chemins de fer*, par AD. JULLIEN.)

Les appréciations de M. Jullien en 1845 ont subi depuis le contrôle de l'expérience. La voie de Paris à Orléans, ouverte le 1er mars 1843, était complétement renouvelée en 1856. Elle avait duré 13 ans, non pas 20. Que durera la nouvelle, sous l'influence de l'énorme trafic qu'y font affluer les lignes du Centre, de Nantes et de Bordeaux? Il faut compter sur une réfection décennale, malgré l'augmentation de 7 kilogs par mètre courant du poids des rails.

La voie du Nord a duré bien moins encore; car en 1856, il avait été refait déjà 509 kilomètres de simple voie. L'administration prétend, il est vrai, que ce n'est pas là une condition normale; qu'il s'agissait de remplacer des rails insuffisants plutôt qu'usés, et d'en porter le poids de 30 à 37 kilogs par mètre. Mais elle oublie de dire qu'en même temps qu'elle augmentait ses rails de 7 kilogs, un peu plus du quart, elle portait la charge des wagons de 6 tonnes à 10, et celle des locomotives de 18 et 20 tonnes à 64, le triple. Le Nord a des machines qui chargent 15,000 kilogs par essieu et des convois de 45 wagons, à 10 tonnes chacun. En sorte que les rails de 37 kilogs se trouvent dans des conditions de dépréciation bien plus considérables que les anciens à 30 kilogs, qui n'ont pas duré neuf ans, sans préjudice de la détérioration progressive des travaux d'art sous l'effet de ces convois écrasants.

L'opération du renouvellement a coûté.....	24,450,268 fr.
A déduire, valeur des anciens matériaux...	11,870,268
Reste........	12,580,000 fr.

Les anciens matériaux, évalués 11,870,000 fr., sont employés pour voies de garage et de terrassement sur les embranchements en construction, — un débouché qu'on n'aura pas toujours ; ce qui ne peut permettre de considérer comme normale cette estimation à 5/12ᵉ de leur valeur des pièces de rebut.

Quoi qu'il en soit, la somme de 12,580,000 fr. a été imputée :

« 1o Sur cinq annuités de 360,000 fr. prélevés sur l'exploitation, soit 1,800,000 fr.

» 2o Sur les réserves de l'amortissement tel qu'il avait été constitué avant la prorogation à 99 ans, soit 4,600,000 fr.

» 3o Le supplément, soit 6 millions, au compte de premier établissement. » (Rapport de 1857.)

Voilà bien l'application des errements que nous avons signalés. De réserve sur les exercices antérieurs à 1856, *néant*. — Charge de 1,800,000 fr. sur cinq exercices d'exploitation, grevés au profit du passé. — Bonification éventuelle de 4,600,000 fr. provenant de la prorogation, laquelle permet de répartir sur 99 ans l'amortissement qui devait s'effectuer en 38 annuités : preuve que l'augmentation de bail avait pour but immédiat de pallier les mécomptes du passé. La compagnie espère-t-elle une nouvelle prorogation tous les dix ans? — Enfin, imputation au compte de premier établissement d'une somme de 6 millions : l'emprunt.

D'après les évaluations de MM. Perdonnet, de Billy, Polonceau, Jullien, la durée du matériel roulant ne peut être évaluée à plus de quatorze ans.

Un auteur que nous avons déjà cité, M. Raoul Boudon, a fait sur la compagnie du Nord, à propos du sujet qui nous occupe, le travail suivant :

TABLEAU DES BÉNÉFICES ANNUELS DISTRIBUABLES ET DES BÉNÉFICES ANNUELS DISTRIBUÉS DEPUIS 1845 JUSQU'EN 1863 (*ancien réseau*)

ANNÉES	RECETTES	DÉPENSES	BÉNÉFICES Distribuables	BÉNÉFICES Distribués	PRÉLÈVEMENTS Sur le capital
1843	»	»	»	»	»
1844	»	»	»	»	»
1845	»	»	»	»	»
1846	6,154,381	9,239,590	»	4,000,000	4,000,000
1847	16,826,308	13,083,839	3,742,469	7,580,000	3,837,531
1848	17,328,352	14,715,954	2,612,398	4,400,000	1,787,602
1849	19,442,788	15,048,762	4,394,026	7,400,000	3,005,974
1850	24,111,690	16,631,794	7,459,896	9,600,000	2,140,104
1851	27,374,827	19,740,861	7,633,966	14,400,000	6,766,034
1852	30,112,946	21,468,060	8,644,886	16,600,000	7,955,114
1853	35,047,710	23,356,308	11,691,402	18,400,000	6,708,598
1854	40,194,145	28,782,583	11,411,562	20,200,000	8,789,438
1855	48,615,671	32,233,256	16,382,415	24,400,000	8,017,585
1856	47,337,970	34,474,658	12,863,312	22,400,000	9,536,688
1857	50,291,167	35,816,885	14,474,282	24,000,000	9,525,718
1858	54,235,900	40,178,503	14,057,397	24,400,000	10,342,603
1859	56,735,855	41,251,480	15,484,375	26,200,000	10,715,625
1860	60,607,112	44,046,778	16,560,334	31,200,000	14,639,666
1861	64,122,428	44,893,782	19,228,646	31,125,000	11,896,354
1862	65,810,425	47,618,592	18,191,833	29,675,000	11,483,167
1863	66,827,576	48,018,592	16,308,914	26,200,000	9,391,086
	731,177,251	532,834,728	198,342,523	342,180,000	143,837,477

« On voit, d'après le tableau des situations annuelles de l'ancien réseau de la Compagnie du Nord, qu'il y a un déficit de 143,837,477 fr. dans son actif, et que ce déficit provient principalement aussi de ce qu'elle a porté à son compte d'établissement une partie de la réfection de ses voies et du renouvellement de son matériel au lieu d'en débiter son compte d'exploitation, ce qui a fait ressortir de ce compte un produit net distribuable d'autant plus considérable. Quelques sommes dépensées en réfection des voies figurent, du reste, à son compte d'établissement, mais ces sommes sont bien loin d'atteindre le chiffre de 143,837,477 fr., et ce n'est que par une étude assez approfondie de ses situations annuelles qu'il est possible de retrouver quelques traces de la différence.

» Ainsi, par exemple, en 1852, après sa fusion avec la Compagnie d'Amiens à Boulogne, la Compagnie du Nord avait en exploitation 707 kilomètres, et ses frais d'établissement s'élevaient cette même année à 236,716,737 fr. Pendant les trois années 1852, 53 et 54, elle n'a pas mis en exploitation un seul kilomètre; par conséquent ses dépenses d'établissement n'auraient pas dû augmenter, ou du moins fort peu augmenter; cependant on a porté pendant ces trois années au compte d'établissement une somme de 42,147,669 fr. Mais ce n'est pas tout, on trouve encore dans les situations annuelles des anomalies qui ne peuvent provenir évidemment que de l'application au compte d'établissemennt de dépenses qui devaient être portées au compte d'exploitation. Ce qui semble justifier cette manière de voir, c'est que les 707 premiers kilomètres, avec leur matériel d'exploitation, l'établissement des gares, des ateliers, etc., ne figurent à l'actif de la Société que pour une somme de 236,716,737 fr., comme nous l'avons déjà dit, tandis que les 217 kilomètres construits de 1851 à 1859 figurent, avec leur matériel, etc., à ce même actif, pour 182,215,008 fr. Or, en admettant qu'ils aient coûté à établir le même prix par kilomètre que les 707 autres, et il est certain qu'ils ont coûté moins, ils ne devraient représenter dans le compte d'établissement qu'une somme de 75 millions au lieu de 182,215,008 fr.; différence en plus, 107 millions.

» Pendant les années 1859-60 et 61, la Compagnie du Nord a mis en exploitation 90 kilomètres, et elle n'a augmenté son capital d'établissement que de 11 millions 500,000 fr. pour ces 90 kilomètres; mais aussi le compte rendu de 1859 annonçait aux actionnaires que le renouvellement des voies pour les deux réseaux belge et français était complètement ter-

deux années suivantes pour cet objet, et c'est pour cela sans doute que ces 90 kilomètres ne figurent dans le compte d'établissement que pour 11 millions 500,000 fr., c'est-à-dire pour une somme proportionnellement trois fois moindre que celle représentée par leurs prédécesseurs, alors que la réfection des voies n'était pas terminée.

« Si l'on ajoute maintenant à cette différence de 107 millions, celle de 30 millions environ qui figure au compte d'établissement, dans les comptes rendus, nous retrouvons, à quelques millions près, le déficit de 143 millions indiqué dans notre tableau. » (*La Vérité sur les Chemins de fer.*)

La compagnie du Nord a été sensible à cet avis et en a tenu compte, non pour en profiter, mais pour les déclarer absurdes. Nous lisons en effet dans le rapport de 1865 :

« Il est une question qui préoccupe beaucoup d'actionnaires et qui a été soulevée et répandue par certains agents de la publicité : c'est celle des réserves pour le renouvellement, dans un avenir plus ou moins éloigné, du matériel roulant et du matériel des voies. En considérant les sommes très-importantes employées à la construction de ces matériels, et qui forment près de moitié de la valeur des chemins, on s'est demandé si, à une certaine époque, les dividendes ne seraient pas notablement diminués, si ce n'est totalement absorbés par les dépenses nécessitées par ces renouvellements. Dans ces prévisions, on s'est demandé s'il n'était pas sage et même nécessaire de faire d'importantes réserves sur les bénéfices annuels.

» Votre commission a cru qu'il était de son devoir de s'éclairer sur ces questions; elle a réuni le plus de renseignements qu'il lui a été possible en s'adressant aux *hommes spéciaux*, et enfin elle a cru devoir soumettre ces questions à MM. les administrateurs de votre Compagnie qui, autant que nous, sont intéressés à ne pas se laisser surprendre par de fâcheuses éventualités.

» Il a été répondu à votre commission que les réserves ne

question n'avaient pas de raison d'être, attendu que RIEN *n'en ferait prévoir l'emploi*; que le matériel était entretenu de telle manière qu'il pouvait être considéré comme étant toujours *à l'état neuf*,... que jamais on n'aurait à procéder à un renouvellement, soit complet, soit pour une forte partie, de ce matériel. » — *Item* pour les voies.

Il nous semble que les opinions contraires par nous citées émanent aussi *d'hommes spéciaux*. Or, entre *spécialistes* qui se contredisent, il y a un arbitre souverain, irréfutable, indiscutable : l'EXPÉRIENCE. Voici ce qu'elle constate par l'organe du rapporteur de la compagnie d'Orléans (1864) :

« Nous avons pu retirer du service et remplacer, savoir :
» 120 locomotives et 95 tenders;
» 323 voitures des trains de grande vitesse ;
» 718 wagons des trains de petite vitesse.
» Ce matériel a été réformé, tant *à cause de son état de vétusté*, que parce que ses dispositions n'étaient plus en rapport avec les besoins de notre exploitation. »

Le matériel, malgré son entretien constant *à l'état neuf*, finit donc pourtant par disparaître *pour cause de vétusté*.

Mais à tout cela la compagnie du Nord a répondu par son axiome transcendant cité en tête de ce chapitre, et qui revient à ceci :

« Lorsque la société aura renouvelé dix fois ses voies et » son matériel, elle aura décuplé son actif et possédera la » valeur de dix voies. »

A l'origine, les affaires étaient conduites d'une façon plus conforme aux prescriptions de la *bonne conscience*, ainsi que nous l'avons déjà remarqué :

« Nous aimons à espérer que l'époque où nous aurons à opérer un renouvellement, même partiel de la voie, est encore éloignée. Il nous a semblé cependant qu'une administration prévoyante ne devait pas se laisser surprendre par les événements, *et qu'il n'était pas juste de laisser peser sur nos successeurs* la charge entière d'une dépense provenant d'un trafic *dont nous recueillons les fruits.* Mais en raison même de l'incertitude qui règne encore sur la durée probable de la voie, nous avons dû nous montrer très-circonspects, et nous n'avons porté en réserve, au budget de 1845, qu'une somme de 150,000 fr., qui représente à peine 1 pour 100 du capital employé à la construction de la voie. L'avenir nous fera connaître dans quelle proportion cette allocation devra être continuée. » (Assemblée des actionnaires d'Orléans du 29 mars 1845.)

Cette sage mesure fut modifiée l'année suivante par suite de considérations qui montrent ce que des capitalistes sérieux eussent fait dans l'intérêt général. Aux termes de la loi de concession du 15 juillet 1840, la compagnie devait amortir son capital en 46 ans 324 jours, à partir du 1er janvier 1844.

« La durée de l'exploitation se trouvait divisée en deux périodes : la première, de 46 ans 324 jours, chargée de supporter l'intérêt et l'amortissement du capital de premier établissement; la seconde, de 46 ans 228 jours, déchargée de l'intérêt et de l'amortissement.

» Il suit de là, ajoute le rapporteur, que nous sommes obligés de supporter aujourd'hui, en atténuation du dividende à distribuer, un prélèvement annuel de 2,128,350 fr., tandis que si l'amortissement s'était réparti, d'après les règles ordinaires, sur toutes les années de la concession, ce prélèvement aurait été réduit à 1,736,350 fr. C'est donc une charge additionnelle de 392,000 fr. par an qui pèse sur les actionnaires pendant la première période de la concession. »

En conséquence l'assemblée du 8 mars 1847 décida que :

« Pour égaliser entre toutes les années de la concession les charges résultant de l'amortissement du fonds social et de l'emprunt de 1842, lesquelles pèsent exclusivement sur une période de 46 ans 324 jours, commençant le 1er janvier 1844 et finissant le 20 novembre 1890, il serait bonifié une somme de 391,552 fr. à chaque année de cette première période, au moyen d'emprunts dont le principal et les intérêts, calculés à 3,2227 dix millièmes pour 100 par an, seraient reportés à la charge exclusive de la deuxième période, commençant le 21 novembre 1890 et finissant le 8 juillet 1937; — que ces 391,552 fr. formeraient la dotation du fonds de réserve, ainsi que les intérêts à 3,2227 dix millièmes; — que ce compte aurait en conséquence à supporter les charges des emprunts nécessaires à la réalisation des annuités. »

Aujourd'hui nous avons changé tout cela.

La théorie et l'application des dividendes exagérés s'est généralisée; si les chemins de fer seuls y avaient trempé, le fait eût été trop aperçu. C'est encore l'organe de M. Mirès, le *Journal des chemins de fer* du 6 juin 1857, qui nous révèle les faits suivants :

« Les grandes compagnies financières ou industrielles ne se mettent pas, à notre avis, assez en garde contre les conséquences des dividendes élevés lorsqu'ils s'appliquent à des entreprises qui ont la faveur publique, et pour lesquelles le moindre attrait nouveau devient un élément de hausse exagérée...

» N'est-il pas vrai que les dividendes si élevés distribués sur les actions de la Banque de France ont déterminé une hausse qui va obliger le commerce à satisfaire, par le produit des escomptes, les nouveaux cours de ces actions? On eût évité ce péril en mettant à la réserve le revenu des escomptes dépassant 4 pour 100, considérant que ce revenu était le résultat des calamités qui momentanément avaient arrêté notre prospérité, et qu'il fallait éviter de mettre l'intérêt des actionnaires de la Banque en opposition avec l'intérêt public.

» Le Crédit mobilier a distribué 203 fr. de revenu en 1855. N'est-ce pas là la cause de la hausse qui a élevé cette valeur à 1,800 fr., coupon détaché? Or le cours actuel est de 1,200 fr.;

la perte pour les acheteurs et les spéculateurs est donc considérable.

» La Compagnie des Messageries a distribué, en 1855, 120 fr. par action, et le cours a atteint 1,600 fr. En 1856, le revenu n'a été que de 50 fr., et le cours est descendu à 790.

» Sur le chemin de l'Ouest, le revenu a été, en 1855, de 50 fr. par action, et le cours a atteint près de 1,000 fr.; en 1856, le revenu, avec un accroissement de recettes, est descendu à 42 fr., et les cours sont tombés à 780.

» En faisant, sous ce rapport, une revue rétrospective, on trouve dans cet ordre de faits une des principales causes du découragement que montrent actuellement les capitaux à l'égard de l'industrie. Le public n'est pas assez expert pour s'apercevoir que le dividende du Crédit mobilier, en 1855, était la conséquence de très-grosses affaires faites pendant cette année, et qui ne pouvaient également se reproduire tous les ans. Pour les Messageries, il était évident qu'un revenu qui atteignait 120 fr. par action, soit 24 pour 100, était le résultat de traités temporaires faits à l'occasion des transports occasionnés par la guerre d'Orient. Il était certain, pour tous les hommes expérimentés, que des revenus semblables ne pouvaient se reproduire. Mais la foule, qui ne sait ni réfléchir ni raisonner, et qui ne voit les faits que dans leur expression la plus crue, comme le paiement en espèces d'un dividende, s'empresse au contraire de capitaliser dans ses calculs les sommes qu'elle reçoit, et se trouve victime de sa propre légèreté. »

L'année 1858 a réalisé de bien plus graves mécomptes : le revenu du Crédit mobilier est tombé à 25 fr., et les actions ont descendu au-dessous de 600 ; la compagnie de l'Est, qui avait distribué 74 fr. sur l'exercice 1856, ne donna que 40 fr. 65 sur celui de 1857, etc. On sait où en sont aujourd'hui toutes les valeurs.

Ce mode d'administrer a fait ériger en système un moyen

financier qui ne devait être, par sa nature, qu'un expédient, une ressource éventuelle, nous voulons parler des emprunts par obligations.

La philosophie du procédé a été mise à la portée de toutes les intelligences par une *Note explicative aux actionnaires d'Orléans*.

« Etant donné par exemple un capital de 100 millions, un produit de 10 pour 100, soit 10 millions ; tout le monde comprend que si ce produit doit être partagé entre 200,000 actions de 500 fr., chaque action recevra 10 pour 100 ou 50 fr. ; mais si la moitié de ce capital, soit 50 millions, était fournie par des prêteurs sur obligations au taux de 5 pour 100, ces prêteurs prélevant sur les.. . . . . 10,000,000 fr.
seulement.. 2,500,000

il resterait aux actionnaires.. 7,500,000
c'est-à-dire 75 fr. par action ou 15 pour 100.

» C'est ce qui arrive pour le chemin d'Orléans : la compagnie, avec un capital de 60 millions, a non pas 120,000 actions, mais 80,000 seulement, le surplus, soit 20 millions, étant fourni par des prêteurs sur obligations.

» Si le produit net, qui a été, en 1851, de 6,295,865 fr., avait dû se partager entre 120,000 actions, chacune d'elles n'aurait eu que 52 fr. 46 c. Mais les 20 millions empruntés ne prélevant que 1,217,450 fr., il est resté aux 80,000 actions 5,078,415 fr., soit pour chaque action 63 fr. 50 c.

» Entre ces deux situations, la différence a été, sur le dernier exercice, et pour chaque action, de 11 fr. 04 c. »

C'est on ne peut plus clair. L'exposé serait incomplet cependant, si nous n'y ajoutions quelques mots de commentaires.

Pourquoi, devant la raison supérieure qui nous mène, cette division de la gent capitaliste en deux catégories, les porteurs d'actions et les porteurs d'obligations? On nous dit bien que tel est l'intérêt, au moins apparent, des premiers ;

mais il doit exister, dans le système, une raison plus générale, et c'est celle qu'il nous importe surtout de connaître. Pourquoi ce privilége dans le privilége, si toutefois il y a privilége?

Il est prouvé par les chiffres que les chemins de fer, s'ils avaient été entrepris par les compagnies seules, formées d'une seule classe de capitalistes, les actionnaires, produiraient en moyenne au plus 3 %. Ce n'était pas assez pour le but à atteindre : l'État s'est chargé en conséquence d'une partie des travaux, qu'il a livrés aux compagnies gratuitement. Moyennant quoi on a pu tenter l'entreprise.

Mais le bénéfice offert par le gouvernement, sous forme de travaux et de terrains, a été pris presque tout entier par les agioteurs concessionnaires ; puis on s'est vu forcé de servir, par anticipation, une rente aux souscripteurs : deux causes qui allaient rendre les opérations ultérieures difficiles. L'anticipation eût été trop forte, impraticable par conséquent, s'il avait fallu la faire pour 200,000 actionnaires dans la même proportion que pour 100,000 ; — elle eût été trop faible, partant insuffisante, si l'on eût dû se contenter de celle que procurait la suppression du fonds de réserve pour le renouvellement des voies. Force fut donc au capitalisme de se former en deux bandes, inégalement partagées en apparence, au fond jouissant d'avantages à peu près équivalents. C'est d'après ce même principe que l'État, pour arriver à la perception de l'impôt, est obligé de le diviser, de l'établir sur plusieurs catégories d'objets. Il serait impossible de demander deux milliards à la propriété foncière, bien moins encore à l'enregistrement, à la douane, au sucre, aux boissons ou au tabac.

On comprend très-bien, en administration régulière, qu'une compagnie au capital de 2 à 400 millions fasse un emprunt de 20 à 50 millions pour parer à des éventualités imprévues, telles qu'un sinistre de force majeure, les inondations de 1856 et 1866, par exemple, détruisant 100 kilomètres de chemin ; ou bien encore un développement de trafic imprévu, nécessitant une construction de matériel supplémentaire. La charge, en bonne comptabilité, doit être répartie sur une série d'exercices, au lieu d'absorber le produit net de plusieurs années et de ruiner les porteurs actuels au profit de ceux de l'avenir. Mais il ne s'agit pas ici d'administration et de comptabilité; c'est l'agiotage qui prime tout; aussi faut-il s'attendre aux plus fantastiques extravagances.

La condition de privilége ou de bénéfice des actions au détriment comparatif des obligations réside tout entière dans le principe de la division : des actionnaires qui deviendraient en même temps leurs propres prêteurs feraient, à première vue, preuve d'ineptie : le cumul des deux qualités établirait une compensation. Du compte de A, actionnaire, à celui de B, prêteur sur obligations, il peut y avoir inégalité; mais le même A, prêteur et emprunteur tout ensemble, ne peut établir à son grand livre que deux comptes qui, à la balance des profits et pertes, se solderont, l'un par *plus*, l'autre par *moins*, et, par conséquent, avantage zéro.

Cependant il est de principe que chaque émission d'obligations soit réservée spécialement aux actionnaires; les titres ne passeront aux mains des prêteurs sérieux qu'après avoir laissé entre celles des premiers la prime inévitable.

« Une première série de 150,000 obligations a été émise. Les actionnaires *seuls* ont été admis à les souscrire au prix de 340 fr. pour un intérêt annuel de 15 fr., avec remboursement à 500 fr. pendant la durée de la concession. Pour les souscripteurs, c'était du 3 pour 100 à 68; pour la compagnie, c'était une dette constituée à 4 fr. 67 c., intérêts et amortissement compris. Le mode adopté paraissait donc réunir toutes les convenances, et c'est ce qui a assuré le succès de l'opération. » (Rapport de la Compagnie d'Orléans du 31 mars 1853.)

» Nous avons créé 80,000 obligations au porteur, produisant 50 fr. d'intérêts, remboursables à 1,250 fr. pendant la période de la garantie de l'État. Le taux d'émission a été fixé à 1,050 fr. Si nous avions voulu admettre à la souscription d'autres personnes que les actionnaires, le chiffre intégral de l'emprunt de 80 millions aurait été promptement dépassé. 68,160 obligations ont été émises. Nous avons renoncé à négocier, avant le 1er mai 1853, les 11,840 obligations non souscrites par les actionnaires, si ce n'est au prix de 1,125 fr. » (Rapport de la Compagnie de Lyon, du 30 juin 1852.)

1,050 fr. pour les intimes, 1,125 pour les profanes, différence au profit des premiers, 75 fr. par titre, et pour les 68,160 obligations souscrites, 5,112,000 fr. Ce sont des gens qui se volent eux-mêmes, penseront quelques honnêtes industriels. Mais point : ce sont des spéculateurs avisés que n'atteindra jamais la liquidation ; la plupart ont déjà réalisé. L'opération prouve seulement qu'en dépit de 89, la dîme continue d'être le droit caractéristique du régime féodal.

Les financiers sous ce rapport sont d'une franchise qui touche au cynisme; exemple :

« Nous aurions pu faire l'appel des 250 fr. qui restent à verser sur les actions nouvelles. Nous avons préféré demander à M. le ministre des travaux public l'autorisation d'émettre 125,000 obligations.

» Nous y trouvions un double avantage. D'une part les actionnaires n'étaient appelés à verser la seconde moitié de la valeur des actions nouvelles qu'à un moment moins éloigné de celui où ces actions devaient entrer en partage avec les actions anciennes; d'autre part, nous pouvions offrir aux porteurs des actions, tant anciennes que nouvelles, *le droit exclusif* de souscrire des obligations, et de s'assurer ainsi un placement dont ils pouvaient apprécier la solidité. L'autorisation que nous demandions nous a été accordée. » (Rapport de la Compagnie de Paris à Strasbourg, du 28 avril 1855.)

Le moyen de refuser une pareille combinaison! au lieu de verser 250 fr. sur des titres déjà cotés, déflorés, où il n'y a plus à faire que du grapillage, il s'agit de créer 125,000 titres nouveaux, complètement vierges, qui primeront à la Bourse aussitôt souscrits, même avant; car les demandes ont été de 237,521 obligations, quand il n'y en avait que 125,000 d'offertes.

En 1851, il y avait des banquiers assez sottement scrupuleux pour voir dans ce procédé un abus, une illégalité, presque une indélicatesse :

« Le droit donné par les statuts de contracter des emprunts est une faculté qui ne peut être exercée qu'en cas d'insuffisance du fonds social, et *le capital doit* TOUJOURS *avoir été préalablement complété.* Il ne doit être ni transformé ni modifié. Les engagements de la compagnie sont formels, et l'ensemble de l'esprit des statuts ne laisse *aucun doute* à cet égard.

» Or le conseil d'administration ne peut faire des propositions qu'aux termes des statuts, et de son côté, l'assemblée générale ne peut engager l'universalité des actionnaires que dans les limites prescrites par les statuts. »

Qui repoussait en termes si sages la proposition d'émettre un emprunt avant la réalisation du capital d'actions? — Le rapporteur du même conseil d'administration du chemin de Paris à Strasbourg. Mais c'était en 1851. Comme nous avons marché depuis !

Cependant la confusion des écritures administratives, l'absence de réserves, l'attribution au compte d'établissement des dépenses incombant au compte d'exploitation, pourraient bien avant peu, comme le prévoyait M. Grosjean-Bérard, faire des emprunts une véritable *bouteille à l'encre.* Voici un avertissement qui part de haut :

« Tout le monde sait que les obligations de chemins de fer ne peuvent se négocier qu'à deux conditions : la première, d'être *privilégiées sur les actions;* la seconde, d'offrir un avantage certain au prêteur, soit sous forme d'augmentation de capital, soit sous forme d'accroissement d'intérêts.

» *Le capital à amortir* est plus considérable que le *capital reçu* : il s'ensuit rigoureusement que le fonds social est augmenté au profit des prêteurs et au détriment des actionnaires.

» Il y a deux titres sur place, les obligations et les actions. Les obligations *priment les actions*, et sont privilégiées tout le temps de la concession; elles reçoivent un intérêt fixe *et sont affranchies de tous risques*; les actions, au contraire, ne reçoivent qu'un intérêt éventuel et courent toutes les chances de l'entreprise. » (Rapport de la Compagnie de Paris à Strasbourg, du 29 avril 1851.)

Traduisons tout cela en chiffres, d'après des états récents. Nous avons établi dans l'Introduction le compte du capital actions des six grandes compagnies de chemins de fer; il ressortit à 1 milliard 477 millions. Sur ce total il y a des réductions à faire : par suite des fusions et des dédoublements de titres, les actions remboursables au pair, sur l'ensemble des compagnies, recevront, à l'amortissement, beaucoup plus qu'elles n'ont versé. Mais ceci n'est qu'un incident dont nous aurons à tenir compte ailleurs. Acceptons le chiffre tel que le donnent les compagnies, même en l'arrondissant à *un milliard et demi* : Voilà le gage, la garantie, la propriété. Voyons maintenant la dette.

D'après les comptes rendus de 1866, le capital obligations, au 31 décembre 1865, était établi comme suit, pour les deux réseaux :

Orléans	728,976,808 fr.
Nord	332,120,322
Ouest	664,803,386
Paris-Lyon-Méditerranée	1,496,594,583
Est	736,499,854
Midi	431,000,000
TOTAL	4,389,994,953 fr.

Les obligations, émises au taux moyen de 300 fr., plutôt au-dessous qu'au-dessus, sont remboursables à 500 fr., soit une majoration de deux cinquièmes, soit un milliard et demi de bonification à l'amortissement. Nous n'insistons pas sur ce détail, parce qu'en revanche, l'intérêt est à peu près partout de 15 fr. par obligation, soit 3 % du prix nominal. Mais une autre considération, c'est que l'achèvement du réseau sera parfait exclusivement au moyen des emprunts : en sorte que la dette de 4 milliards 390 millions ira grandissant chaque année, sans qu'il soit possible de prévoir à quel chiffre elle s'arrêtera.

Clôturons cette partie de l'enquête sur ce prodige de comptabilité : *un milliard et demi* d'actions, *quatre milliards et demi* d'obligations, sans préjudice du courant et de l'avenir ; en un mot, UN de gage, QUATRE d'hypothèques !...

CHAPITRE VI

LA PRESSE ET LA FINANCE

Si un journal populaire, investi de la confiance des classes ouvrières et bourgeoises, le *Siècle*, par exemple, avait dénoncé ce mode de tenue de livres et tous les autres abus, avec autant d'insistance que l'enlèvement du p tit Mortara ou les mandements surannés de certains évêqu s, il aurait épargné au pays, à l'État et aux porteurs de titres, de graves mécomptes. Mais, toujours chauvins, chevaleresques et quelque peu Don Quichottes, nous nous passionnons à signaler la paille dans l'œil du voisin. Qu'on parle aux Français d'excès commis en Pologne, en Vénétie, dans les États romains ou à Constantinople : l'esprit guerrier se réveille, les souscriptions s'organisent, les pétitions pleuvent; c'est la guerre sainte, la croisade. Des excès chez nous ! bah ! ne sommes-nous pas le premier peuple du monde, et n'y a-t-il pas trahison à désigner la France comme tributaire de la nation de Juda ?

Nous avons cherché jusqu'ici à expliquer, au point de vue de la féodalité capitaliste, les mécomptes, les errements, les actes subversifs de la haute banque. Nous ne voyons qu'une interprétation possible à ses comptes rendus et à sa compta bilité : On peut les considérer comme l'expédient d'une puissance aux abois, tenant encore à donner une ombre de raison à ses manœuvres, sous condition de parler seule au milieu du silence des indifférents et sous l'approbation des complices de la presse. Combien compte-t-on de récalcitrants? Nous, dans le *Manuel du spéculateur*, en 1857; M. Raoul Boudon, au dans ses bulletins financiers et dans son excellent livre *la Vérité sur les chemins de fer*. Que la clameur grossisse; la juiverie n'a plus qu'une chose à faire : exiger du pouvoir politique la déportation des indiscrets.

L'Indépendance belge contenait, en novembre 1858, un article déclarant que, sur la plainte des hauts seigneurs de la banque, patrons des chemins de fer et de toutes les compagnies possibles, une délibération avait eu lieu aux Tuileries, en conseil des ministres, afin d'empêcher les critiques malveillantes, nuisibles au crédit public, qui se produisaient par la voie de la presse. L'article n'a pas été démenti.

La sourdine mise par le journalisme sur les scandales dont ont retenti les tribunaux correctionnels, civils et de commerce est également de notoriété publique. Qui a jamais entendu parler des monstruosités dénoncées dans la première partie de ce livre ?

M. Mirès faisait publier, dans le *Siècle* du 30 novembre 1858, la lettre suivante adressée au directeur du journal *le Nord :*

« Monsieur, vous annoncez dans votre numéro du 8 novembre que le tribunal de commerce de la Seine a condamné M. Mirès à payer la somme de 2 millions à MM. Roblin et Janty, et que, par le même jugement, M. Mirès a été condamné à payer 200,000 fr. à M. Larpent, ingénieur, auquel il a fait perdre la position qu'il occupait au chemin de fer de l'Ouest.

» Le tribunal n'a prononcé aucune condamnation contre M. Mirès dans l'affaire Roblin et Janty. Quant à M. Larpent, son nom nous est révélé pour la première fois par votre article.

» Il est fâcheux que des assertions aussi formelles soient aussi complétement dénuées de fondement. »

Il y avait donc eu, aux environs du 8 novembre 1858, une affaire Roblin-Janty-Mirès, et un débat devant le tribunal de commerce de la Seine. C'est la lettre précitée qui nous l'apprend, aucun journal politique de Paris n'en ayant parlé. D'où vient ce silence? Pourquoi n'avoir pas répondu à l'assertion du *Nord* et à tous les bruits répandus sur le procès par la publication même des débats et de la sentence consulaire? Et puis on accuse les *on dit* de calomnie! Est-ce la faute des *on dit* si, dans ces impénétrables ténèbres, on a prêté à M. Mirès d'ardentes démarches pour obtenir du gouvernement le silence de la presse sur son affaire; si l'on raconte qu'à l'audience, ledit Mirès, reprochant à Roblin-Janty qu'un marché de 48 millions était exagéré d'au moins 18, l'agréé de ces derniers répliqua que Mirès lui-même avait gaspillé 40 millions; qu'effrayé du scandale, Mirès aurait couru chez le nonce du pape pour le prier de solliciter auprès de M. le ministre de l'intérieur l'interdiction aux journaux de rendre compte d'un débat si compromettant pour la dignité du Saint-Siége, la probité des concessionnaires, entrepreneurs et sous-traitants; et que de là venait le mutisme du journalisme français et l'incertitude des versions étrangères?...

La presse périodique a quelquefois signalé l'effet des avertissements officieux. Dans le *Siècle* du 1er avril 1864, M. Jourdan proteste contre le *pacte de mutisme* établi entre les journalistes et les grandes compagnies, pacte dénoncé à la tribune par des députés conservateurs et des mieux pensants. Il fait remonter plus haut la responsabilité du silence.... Comment ne pas obtempérer à une invitation formulée en ces termes : « Il déplairait au gouvernement qu'on parlât de la spéculation de M. X. ou du procès de M. Z. ? » Un avis de ce genre me fut apporté en 1854 pour le compte de l'*Estafette*, je pourrais dire par qui...

En 1858, je présentai à trois éditeurs français le manuscrit d'une brochure sur les nouveaux traités entre les compagnies de chemins de fer et l'État. J'éprouvai un refus unanime et motivé.

C'est que tout se tient dans la société. L'indiscutabilité des actes du gouvernement a pour corrollaire l'indiscutabilité des faits et gestes du privilége; la pression que les grandes compagnies exercent sur les journaux, et jusque sur l'industrie typographique, découle du régime d'avertissements officieux et officiels auxquels le pouvoir a soumis la presse.

Un mot d'abord sur la position faite par l'administration aux imprimeurs.

Le titre Ier de la loi du 21 octobre 1814 établissait la censure sur les manuscrits destinés à l'impression. Ses dispositions ont été abrogées, et pas plus la constitution du 16 janvier 1852 que le décret organique du 17 février et le sénatus-consulte du 7 novembre de la même année ne les ont rétablies. Il est à notre connaissance qu'en 1854, un imprimeur, ayant déféré au parquet les épreuves d'un ouvrage qui devait se tirer chez lui, reçut pour réponse : Nous ne pouvons vous donner d'avis préalable; ce serait inconstitutionnel : il n'y a pas de censure. En 1858, la direction de la librairie crut devoir saisir le manuscrit d'un ouvrage en cours de publication. L'auteur réclama, au nom de la Constitution et des lois organiques, contre cet excès de pouvoir, et il fut immédiatement fait droit à sa requête.

Voilà qui est entendu : il n'y a pas de censure.

Mais, d'une part, la même loi de 1814, maintenue quant au reste, dit :

« Art. 11. Nul ne sera imprimeur ni libraire s'il n'est breveté et assermenté.

» Art. 12. Le brevet pourra être retiré à tout imprimeur ou libraire qui aura été convaincu, par un jugement, de *contravention* aux lois et réglements. »

Existe-t-il en France un imprimeur ou libraire qui n'ait encouru, par oubli de quelque formalité, une condamnation pour *contravention?* Le fait est que tous, ou à peu près, se trouvent sous le coup d'un retrait de brevet, c'est-à-dire d'une ruine complète.

D'autre part, la saisie d'un ouvrage incriminé n'a jamais manqué d'amener devant les tribunaux les imprimeurs et éditeurs chargés de la partie industrielle et commerciale de l'œuvre, même lorsque l'auteur était un répondant sérieux. D'après l'arrêt de la Cour rendu dans l'affaire Montalembert et d'après vingt autres depuis, le véritable répondant d'un écrit ne serait pas même l'écrivain, qui, en fournissant le manuscrit, a réclamé le service de l'imprimeur; c'est l'imprimeur même : l'AUTEUR n'est considéré que comme complice.

Les priviléges d'imprimerie et de librairie ont été maintenus par des considérations d'ordre public que nous n'avons pas à discuter ici. Les notaires, les avoués, les huissiers, les agents de change, sont soumis au même régime. En ce qui concerne ces derniers, la loi déclare leur ministère *forcé*, c'est-à dire qu'ils ne peuvent refuser leur concours à quiconque le réclame, moyennant payement, s'entend. Le législateur a voulu prévoir le cas, peu probable d'ailleurs, où une coalition d'officiers ministériels empêcherait un citoyen de demander justice, de passer un contrat ou de faire une transaction.

Mais les imprimeurs et libraires, par la responsabilité judiciaire (amende et prison), par le risque administratif (retrait de brevet) qu'ils encourent, ne peuvent être sommés de prêter leur concours à une publication, qu'à tort ou à raison, ils considèrent comme dangereuse. Et le pouvoir, naturellement peu ami de la presse, au lieu de prêter main-forte aux citoyens qui réclament la publicité de leurs opinions, applaudit au refus. Tout concourt donc, la police et l'industrie, à refréner cette manie d'écrire que Salomon, roi des Juifs par la grâce de Dieu, dénonçait mille ans avant Jésus-Christ.

Nous pourrions citer d'honorables industriels qui ont refusé des ouvrages dont la circulation, grâce à de moins timorés, n'a jamais été entravée. Quand il est connu qu'un libraire et un imprimeur ont, par prudence, repoussé un livre, c'est un mot d'ordre. La coalition de la peur produit l'effet de la coaliton de malveillance, que la loi a voulu prévenir chez les officiers ministériels : l'auteur est interdit de la presse et de la publicité. Devant la constitution il n'y a pas de censure; en fait, il y a, dans certains cas dont les industriels se font juges, et juges sans appel, suppression du droit constitutionnel de publier.

Nous venons de parler de la librairie et de l'imprimerie. La presse périodique est encore mieux gardée. D'abord c'est le cautionnement de 50,000 fr. à Paris. Nul n'a le droit de parler quotidiennement des affaires publiques s'il n'a 50,000 fr. à consigner. Silence au pauvre! — Ensuite c'est l'autorisation préalable. Qui consentira jamais à déposer un cautionnement sans espoir de bénéfices privilégiés? Aussi voyons-nous la haute banque faire main-basse sur le journalisme.

Lorsque M. de Girardin se retira de la *Presse*, il céda sa part et le titre de rédacteur en chef à M. Millaud, un ancien associé de Mirès, faisant alors des affaires, soit en son nom personnel, soit en participation. A peine installé, le nouveau directeur prétendit bourrer ses colonnes, même en première page, de réclames en faveur de ses entreprises. Il fit intercaler sous les bandes ses annonces, devenues proverbiales : « Achetez du Midi! » M. Rouy, gérant statutaire, intervint et supprima les trop dithyrambiques réclames de son nouveau chef de file. De là procès. M. Millaud se prétendit le maître de la maison parce qu'il était le plus gros actionnaire; et il fallut un arrêt savamment et sévèrement motivé pour lui rappeler qu'un gérant statutaire, responsable civilement, commercialement et politiquement, n'était pas un valet que l'on congédie en huit jours.

Plus tard, M. Millaud, poursuivi correctionnellement et acquitté, mais repris par la partie civile et condamné à rembourser aux actionnaires des chemins de fer de Nassau les sommes par eux versées, et ce pour cause de prospectus mensongers (voir page 176), dut vendre la *Presse*.

Le même Millaud, ex-associé de Mirès, s'est trouvé encore en nom collectif dans la société intitulée Caisse et *Journal des actionnaires*, en compagnie de MM. Jourdan, du *Siècle*, Amail et Duveyrier. Enfin dans ces derniers temps, M. Millaud, qui a encore des prospectus financiers à lancer, a obtenu d'emblée de fonder son *Journal politique hebdomadaire*.

Dans un procès correctionnel que nous avons rapporté, page 89, M. Ducreux, substitut, reproche à l'accusé d'avoir dévoré, en moins de deux ans, 8 millions. Le délinquant s'appelait Prost; il avait fondé des caisses d'escompte à Paris et dans les départements. Afin d'appuyer ses spéculations et de faire mûrir la prime, il avait créé un journal politico-financier intitulé *Journal du Crédit public;* puis il était devenu principal actionnaire du *Messager de Paris*, politique et quotidien, entraîné dans sa déconfiture.

Dans le procès des Petites-Voitures, l'acte d'accusation impute aux gérants Crémieu et d'Auriol un détournement de 53,000 fr. consacrés à l'achat du *Courrier de Paris*, politique et quotidien.

Lorsque M. Millaud dut vendre la *Presse*, il trouva pour acquéreur M. Solar, de la maison, illustre entre toutes, Mirès, Solar et Cᵒ. Tandis que M. Solar achetait un journal d'opposition, — d'opposition assez ardente pour encourir la pénalité de la suspension pendant deux mois, — son collègue en banque et en raison sociale, Mirès, dirigeait, en qualité de principal propriétaire, le *Pays* et le *Constitutionnel*, dévoués au gouvernement jusqu'à la compromission, plus un journal financier, le *Journal des Chemins de fer*. Le désastre financier de la maison Mirès-Solar a nécessité la vente de tous ces journaux. Depuis, M. Mirès seul (sans Solar) est devenu acquéreur de la *Presse*.

Les débats du procès Mirès ont révélé encore que la maison de banque Mirès, Solar et Cie avait fourni le cautionnement (30,000 fr.) du *Courrier du Dimanche*. Un bailleur de cautionnement qui peut dire : « Je retire mes fonds sous vingt-quatre heures, et vous ne paraîtrez pas dimanche prochain, » est certainement le pacha de la maison.

La banque Mirès-Solar tenait donc : 1° les spéculateurs purs par le *Journal des chemins de fer*; 2° les conservateurs par le *Pays* et le *Constitutionnel*; 3° les opposants dynastiques par la *Presse*; 4° les orléano-démocrates par le *Courrier du Dimanche*.

Aujourd'hui M. Mirès seul n'a plus qu'un journal; et voilà tout le secret de la différence, suivant les époques, des cours en Bourse de certaines valeurs.

Or, considérez la filière : tandis que les journaux dits conservateurs trouvent que le pays a assez de liberté, les journaux soi-disant libéraux réclament le couronnement de l'édifice. Que nous veulent ces hableurs politiques, non moins convaincus les uns que les autres? Conscience ou inconscience, ils remplissent le rôle de Bilboquet à la parade. L'important, c'est que, — les bagatelles de la porte épuisées, — impérialistes et démagogues lisent le bulletin financier de MM. Mirès, Millaud, Solar et consorts, dans des journaux de toutes nuances.

Dans les feuilles qui ne sont pas complétement appropriées, il y a le panégyrique, non pas l'annonce industrielle, que chacun sait discerner et placer en dehors de la responsabilité de la rédaction, non pas même la réclame entremêlée aux faits divers, mais l'article de fond, des considérations économiques, politiques, sociales, mises au service d'une entreprise de trafiquants, et signées d'un nom d'écrivain.

Lorsque M. Mirès, après ses procès, reparut sur la scène avec un projet de Banque des États, au capital de 100 millions, la presse entière s'émut. Le *Constitutionnel* du 17 novembre 1864 lui souhaita la bienvenue, à sa première page, dans un article signé VITU. L'*Opinion nationale* du 18, à la première page également, sous la signature MALESPINE, dit au peuple souverain :

« Si le fondateur de la Banque des États peut contribuer, comme c'est son but, à restituer au marché français la prépotence qu'il avait en 1856, en attirant les capitaux étrangers à sa combinaison, il aura bien mérité du pays (pas le journal) comme de ses anciens et nouveaux actionnaires. Nos vœux et nos sympathies le suivront dans son œuvre. »

Le *Siècle* du 21 novembre lui consacra deux colonnes de sa seconde page, en neuf interligné, ni plus ni moins que lorsque M. Havin parle du haut de ses échasses; les autres organes de la publicité emboîtèrent le pas. Malheureusement pour l'auteur et ses thuriféraires, le ministère jugea que la dénomination de Banque des États, au moment où nul gouvernement ne demandait d'emprunt, était trop vague, laissait trop à l'arbitraire, et il refusa d'autoriser l'émission des 100 millions. Sous une autre forme, M. Mirès redevint martyr; et la presse lui en exprima ses condoléances.

Le journalisme financier ne connaît ni loi ni convenances. Combien d'écrivains se sont exposés aux avertissements et aux poursuites du pouvoir, et n'ont jamais osé refuser à un traitant une complaisance criminelle. Nombre de feuilles, dociles jusqu'à la platitude avec le gouvernement, n'ont point hésité à violer la loi, pour une question de Bourse. Le 10 novembre 1857, M. le ministre de l'intérieur adressait à la *Patrie* un avertissement ainsi motivé :

« Vu l'artcile sur la situation financière de la France et demandant, entre autres mesures, le cours forcé des billets de la Banque de France; considérant que cet article est de nature à propager des alarmes mal fondées et à porter atteinte au crédit public. »

Le 11 avril 1858, le *Moniteur* adressait cet avis collectif à toute la presse en général :

« Quelques journaux ont annoncé prématurément la fixation du dividende des actions de certaines compagnies de chemins de fer ou d'autres sociétés industrielles, et ils ont attribué à ce dividende un chiffre inférieur à celui qui a été déterminé plus tard par les conseils d'administration. Ce sont là des manœuvres contre lesquelles l'industrie et les capitaux du pays doivent être protégés. Les gérants ont été appelés au parquet et avertis que les faits de cette nature seront désormais déférés aux tribunaux comme publication de fausse nouvelle.

« *Le rôle de la presse est d'*ÉCLAIRER *le public, non de le tromper.* »

Quand on songe que chaque fausse nouvelle, en matière de finance, couvre une spéculation, c'est le cas de répéter : « Le bon billet qu'a la Châtre ! »

C'est toujours à la *Gazette des Tribunaux* qu'il faut revenir quand il s'agit d'étudier les mœurs de ce monde. Nous avons cité, au procès de la Société de navigation à vapeur, page 93, et au procès des Petites-Voitures, page 136, des exemples de réclames. Les journalistes, payés en actions, jugent la position perdue et prennent leurs précautions en conséquence. Ils n'en continuent pas moins de promettre aux lecteurs des revenus de 30 à 50 du cent.

Dans les ministères, les cendres de bois sont le profit des garçons de bureau : c'est dire que s'ils n'étaient rationnés, ils brûleraient en un hiver la forêt des Ardennes, histoire de se faire chacun un boni de cent écus de potasse. Ainsi les journalistes se rendent complices de razzias par milliards, simple question de se réserver quelques mille francs de gratification.

Le procès Fontaine-Spinelli, page 101, nous a montré le journal l'*Union* exploitant, en commandite, les produits plus ou moins probables de son bulletin de Bourse. Dans le procès Serres, page 102, c'est la *Gazette de France*, l'*Ami de la religion*, le *Journal des villes et des campagnes* qui afferment leur bulletin financier à un aventurier revendiqué plus tard par la police correctionnelle.

« Ces journaux de politique ardente, dit M. l'avocat impérial Hémard, sont beaucoup lus; la publicité donnée par eux à l'entreprise Serres devait être considérable et porter ses fruits. Ainsi en a-t-il été. Nous voulions appeler votre attention sur ces marchés honteux qui rendent pour ainsi dire complices des fraudes commises ceux qui ont, par une odieuse publicité, aidé à les commettre. »

Bien que nous ne parlions pas politique dans ce livre, nous ne pouvons passer sous silence des révélations d'une autre nature qui se sont récemment produites contre le journalisme contemporain, révélations qui ne vont pas à moins qu'une accusation de haute trahison.

Tous les actes de la politique étrangère, même les plus hostiles à la France ou les plus répulsifs à notre caractère national, ont trouvé dans la presse parisienne des apologistes et des enthousiastes. Ça été un étonnement général de voir des feuilles soi-disant démocratiques défendre, par exemple, le coup d'État du prince Couza, ou les obstacles apportés par le gouvernement égyptien à l'entreprise du canal de Suez. Qu'y avait-il là-dessous?...

Deux nations ont eu surtout d'ardents zélateurs en France : la Prusse et l'Italie. Il n'est pas jusqu'aux exactions de Francfort qui n'aient trouvé, à l'*Opinion nationale*, des apologistes et des admirateurs.

Le mystère n'est pas encore dévoilé, et ne le sera jamais complétement. Cependant il y a de graves commencements de preuves. Un sénateur, M. de la Rochejaquelein, a formellement accusé de vénalité certains journaux et journalistes, qui auraient reçu de l'argent de M. de Bismark. Le *Siècle* a répliqué par l'épithète de *calomniateur;* puis, quelques jours après, il a déclaré que l'accusation de *calomnie* ne pouvait être maintenue contre M. de la Rochejaquelein, en présence des *documents* que celui-ci avait présentés.

S'il n'y a pas calomnie, la vénalité est donc avérée. Quels sont les bénéficiaires? Après quelques articles plus ou moins vifs, échangés entre certains organes, la question a été enterrée ; le *pacte de mutisme* a repris le dessus ; l'enquête est étouffée. Il ne nous en reste que des éléments épars.

L'*Union* du 12 juin 1866 imprimait l'extrait suivant d'une correspondance de Naples :

« En France, les journaux libéraux ou soi-disant tels ont créé une Italie idéale, et veulent soutenir leur paradoxe unitaire jusqu'au bout. Ici, les journaux républicains eux-mêmes se moquent de la presse franco-italienne, et surtout des lecteurs bénévoles qui croient vrai ce qui est signé de certains noms. Le *Popolo d'Italia*, notre *Siècle* à nous, écrit dans son numéro 138 de la septième année : « Cavour avait payé la presse » française. Trois journaux de Paris, entre autres, (ils sont dé» nommés dans la feuille italienne) recevaient une subvention » fixe. L'Italie a continué à payer. »

M. Villiaumé écrit, le 1er octobre 1866, à l'*Opinion nationale* une lettre dont le journal saint-simonien refuse l'insertion.

« Dans votre numéro du 24 septembre, dit-il, on a commis deux erreurs : 1° en mentionnant une note de la quatrième édition de mon *Esprit de la guerre*, comme si elle était relative à l'affaire de la Prusse, quoiqu'elle ne mentionne que celle du gouvernement piémontais en 1860. Or, je le désigne sans équivoque comme ayant répandu de l'argent pour corrompre la plupart des organes de l'opinion publique. *Je maintiens ce que j'ai écrit*. Je ne parlerai du gouvernement prussien que lorsque tous les documents me seront parvenus, car je n'écris jamais *sans certitude*. »

Une feuille belge parle d'un journal de Paris, qu'il ne cite pas, dont les fonds auraient été primitivement faits par M. de Cavour, et à qui le gouvernement de Florence payerait chaque année 7,000 abonnements qui ne seraient pas servis.

M. P. Lefranc publie dans le *Phare de la Loire* une lettre dans laquelle il explique les motifs de sa démission de collaborateur au journal l'*Europe*. Est-ce au mercantilisme financier, est-ce à la vénalité politique qu'il fait allusion? Nous ne saurions le dire. Voici son articulation :

« Après les révélations qui m'ont été faites, j'ai jeté ma démission à la tête des propriétaires de l'*Europe* d'un ton assez vif, et qu'ils n'oublieront de longtemps.

» Des faits ! me dit-on. Matière délicate. Mes motifs pourquoi? Je les confierai volontiers à une commission discrète d'amis communs. J'ai quelque lieu de les croire certains, puisque je les tenais :

» 1º De la colonie française de Francfort tout entière, qui m'avait accepté pour son chef naturel et où j'ai laissé en un mois plus de souvenirs et de regrets que d'autres en quatre ans;

» 2º De la rédaction du journal;

» 3º Des imprimeurs du journal;

» 4º Des créanciers du journal, qui ne s'en plaignent pas.

» 5º Du négociateur des opérations secrètes, qui, loin de s'en cacher, s'en est vanté à moi-même, comme de chefs-d'œuvre d'habileté.

» Assez et déjà trop. Une dernière réflexion pour terminer. Si telles doivent être désormais les conditions de la presse périodique, j'essaierai de m'en consoler par le souvenir de temps meilleurs... »

A tous ces éléments de preuves matérielles, la *Finance* du 4 octobre ajoute un élément de preuve morale qui a bien aussi son importance, d'autant que l'auteur conclut à une notoriété publique, qui en effet met verbalement les noms sur les masques et les chiffres dans les traités; *verba volant, scripta manent*; la démonstration se fait, mais par des éléments inégalement authentiques, bien que tous également vrais.

» Certaines questions sont résolues par cela seul qu'on peut les poser. Pour quelle raison les journaux français eussent-ils soutenu la politique de M. de Bismark, s'ils n'avaient pas été payés? On comprend du moins l'homme qui trahit les intérêts de son pays pour de l'argent. On ne comprend nullement celui qui trahit gratuitement son pays et passe à l'ennemi sans y avoir d'intérêt. Le second est-il moins coupable que le premier? Non. Seulement on reconnait que pour qu'il ait agi de la sorte, il fallait qu'il eût perdu l'esprit.

» Rappelez-vous la magnifique épopée populaire d'Erkmann-Chatrian, le *Fou Yégof* : le fou Yégof fait juste ce que vient de faire, en France, la presse autoritaire. Il découvre aux Prussiens abhorrés les frontières de la patrie. Yégof, il est vrai, ne reçoit pas d'argent; aussi Yégof est-il un fou !

» Ou *fous* ou *vendus*. Ceux qui ont soutenu la campagne bismarkienne ne sortiront pas de ce dilemme. Et ce dilemme, ils le retrouvent partout; vainement essaient-ils de paraître jouer à l'innocence; il n'y a pas un individu du vrai Paris qui ne cite les chiffres. Ces chiffres qu'on ne peut pas imprimer, les échos des boulevards, des passages, des foyers de théâtre, des bureaux de rédaction, des cafés, des colonnades de la Bourse, les répercutent en tous sens. Direz-vous que c'est calomnie? Eh! mon Dieu ! entre tous ceux qui vont répétant ces rumeurs, aucun ne s'indigne, — symptôme du temps! Beaucoup envient et tous trouvent la chose parfaitement naturelle.

» Pourquoi donc vos colères? C'est que tout cela se dit, mais que rien de tout cela n'était imprimé. Ce n'est pas pour vous, pour votre conscience, pour moi, pour nous tous que vous déplorez ces indiscrétions. *C'est à cause des bourgeois.* Il ne faut pas plus initier le bourgeois aux mystères sacrés des bureaux de rédaction, qu'aux mystères non moins sacrés du carnet des agents de change. »

Proudhon, qui ne pouvait connaître tous les éléments de démoralisation de la presse que nous venons d'énumérer, puisque la plupart des faits cités en dernier sont postérieurs à sa mort, pouvait déjà écrire, en 1861, sans être suspect d'exagération :

« C'est de nos jours qu'on a appris à tirer parti de la publicité; c'est aussi de notre temps qu'il faut dater le déluge de mensonges qui a perverti la raison publique. Sur tous les sujets, la presse s'est montrée corrompue et vénale. Elle s'est fait une habitude et un métier de parler, *ad libitum*, pour, contre ou sur tous les sujets ; de combattre ou défendre toute espèce de cause; d'annoncer ou démentir toute sorte de nouvelles; de prôner ou dénigrer, moyennant payement, toute idée, toute invention, tout ouvrage, toute marchandise, toute entreprise. La bourse et la banque, la commandite et la boutique, la littérature et l'industrie, le théâtre et les arts, l'Église et l'enseignement, la politique et la guerre, tout lui est devenu matière d'exploitation, moyen d'agitation, de chantage et d'intrigue. La Cour d'assises, pas plus que la tribune, n'a été à l'abri de ses mensonges et de ses fraudes. Tel coupable a été par elle innocenté, tel innocent chargé du crime. Les questions les plus importantes de la politique sont devenues entre ses mains des affaires d'argent : question d'Orient, vendue; question d'Italie, vendue; question polonaise, vendue; question des États-Unis, vendue. Je ne dis pas que la vérité parfois ne lui échappe. soit indifférence, soit qu'elle y ait intérêt, soit qu'en affectant sur certains sujets une attitude sévère, elle se ménage de trafiquer plus avantageusement, en un autre temps, de son opinion..... Mille années de prison et cent millions d'amende n'expieraient pas les crimes de la presse seulement depuis le 2 décembre. » (*De la Capacité politique des classes ouvrières.*)

Après de pareilles épreuves, je conclurai ici, comme au chapitre des agents de change : Si j'avais l'honneur d'être ministre de l'intérieur, je n'oserais assumer la responsabilité de choisir les rédacteurs de journaux : Entre mille qui se présentent, il y a chance d'exclure neuf cent quatre-vingt-dix-neuf honnêtes gens et de donner le privilége à un traitant. L'autorisation préalable engage dans une certaine mesure la responsabilité morale du gouvernement. Il est à désirer qu'il se déprenne d'une accointance aussi compromettante, et cela le plus tôt possible.

Il semble que les honteuses connivences avec les financiers

soient le dernier degré d'abjection où puisse descendre la presse; cependant elle est tombée encore plus bas. Qu'on lise l'article suivant, publié dans le *Figaro* du 16 décembre 1860, et l'on jugera si la mesure est comble :

« Je ne suis pas fâché de parler un peu en toute franchise de nos financiers modernes, et de dire à cœur ouvert tout le bien que je pense d'eux.

» Je ne sache pas qu'autrefois les banquiers éprouvassent le besoin irrésistible, quand ils lançaient une valeur nouvelle, d'y faire participer les gens qu'ils ne connaissaient que de nom. C'est pourtant ce qui a lieu depuis quelques années. Le système de répartition de faveur aux hommes de lettres et aux journalistes, système que Mécène eût adopté si l'on eût créé de son temps les sociétés en commandite, a pour inventeur l'excellent baron de Rothschild; il n'a pas pris de brevet, fort heureusement, car ses confrères en banque peuvent l'imiter, et c'est là une contrefaçon dont ne se plaindra personne.

» A l'époque de la création du chemin de fer du Nord, le baron de Rothschild ne se contenta pas d'émettre de bonnes actions, il en voulut faire; il inscrivit sur son livre de souscription les écrivains du livre et du journal, les poëtes, les auteurs dramatiques, tous les gens d'esprit et de talent, tous ceux dont les œuvres avaient jeté quelque éclat sur leur nom. Il mettait à faire ces gracieusetés toute la délicatesse, tout le tact, toute la gentilhommerie qu'on est en droit d'attendre d'un millionnaire qui, vivant habituellement parmi les hommes les plus spirituels de son temps, a su les apprécier à leur valeur. Il envoyait des actions au pair, que l'on pouvait vendre immédiatement avec prime; mais on pouvait aussi les garder et rester ainsi l'associé du baron; on n'était plus seulement son obligé, on était son actionnaire; les fiertés les plus ombrageuses ne trouvaient pas à s'offenser d'une libéralité faite avec tant de courtoisie.

» Plus tard, quand M. Mirès lança de grandes affaires, il suivit le noble exemple doné par M. de Rothschild, et MM. Péreire contractèrent la même habitude.

» Et voilà comment, de temps en temps, il tombe dans le désert de la littérature une manne bienfaisante sous forme de largesses délicatement présentées et dues à une initiative dont ni l'intention ni les façons de se produire ne sauraient froisser l'orgueil de personne...

» Que résulte-t-il des encouragements donnés aux écrivains par les financiers ? Ceci : que les millionnaires se font pardonner leurs millions par ces princières façons d'agir, et que l'envie cesse de les mordre quand la reconnaissance les protège.

» Je n'ignore pas que les *grincheux* vont me répondre... »

Non, ce ne sont pas les grincheux; c'est M. l'avocat général Sénart qui a répondu, dans le procès Mirès, en s'adressant à l'accusé :

« Ah! vous avez été généreux, dit-on; vous avez eu la main ouverte pour ceux qui venaient vous solliciter. Oui, vous avez répandu des largesses, mais c'était l'argent des malheureux que vous distribuiez de la sorte; c'était celui de cette vieille servante, celui de ce cocher, de ce pauvre commissionnaire devenu fou. De pareils bienfaits peuvent-ils vous être comptés! »

M. l'avocat général a mille fois raison. Mais le journalisme bancocratique enregistre les largesses et ne dit mot des détournements. Qu'est-ce que la plainte des trois ou quatre cents meurt-de-faim exécutés par Mirès? qu'est-ce que le rigorisme des grincheux contre un financier propriétaire du *Pays*, du *Constitutionnel*, bailleur de cautionnement au *Courrier du Dimanche*, tenant la *Presse* par son associé ou en son propre nom, Mécène de la bohême dont on peut, d'après l'extrait du *Figaro*, apprécier la chaleureuse reconnaissance? Silence au pauvre et haro sur les volés qui osent se plaindre! Les valets sont dignes des maîtres, et, du haut en bas, ce monde se tient par une chaîne d'iniquité à laquelle il ne manque pas un maillon.

CONCLUSION

I. — RÉSUMÉ DE LA SITUATION

Nos lecteurs ont déjà dû se poser plusieurs fois la question suivante :

Pourquoi les actionnaires, contre leur intérêt et contre le droit, acceptent-ils la solidarité des actes de leurs administrations ?

Il est clair, si l'on raisonne au point de vue des principes légaux de la commandite et de l'anonyme, que ce ne sont pas les actionnaires qui ont eu intérêt à payer 16 millions les 12 millions de travaux effectifs du Graissessac à Béziers ; 13 millions les mines d'Aubin, vendues quatre ans avant 500,000 fr ; ce ne sont pas les actionnaires qui ont choisi l'emplacement des Docks, ou créé, au capital de 40 millions, l'exploitation de 2,000 fiacres à Paris. Ces simples faits suffisent à montrer aux moins clairvoyants qu'il existe au sein même des compagnies, en dehors de la distinction que nous avons faite des capitalistes co-engagés en actionnaires et prêteurs, une dualité d'un autre ordre, un quasi-conflit d'intérêts. Pourquoi cette dualité? comment les assemblées générales souffrent-elles une semblable compétition? L'Introduction nous en a appris long sur ce chapitre. Mais il y a lieu d'en dire encore un mot.

M. Mirès, défendant sa queue contre M. Oscar de Vallée, qui avait marché dessus, écrivait dans le *Constitutionnel* du 7 septembre 1857 :

« De toutes les actions de chemins de fer, les actions de la Méditerranée sont celles qui ont atteint le prix le plus élevé : on les a vues monter de 500 fr. à 2,200 fr., et cela se comprend, puisqu'elles ont rapporté successivement jusqu'à 110 fr. de dividende en une seule année. Leur cherté n'est qu'apparente. En réalité, une action de 2,200 fr. qui rapporte 110 fr. n'est pas plus chère qu'une action de 500 fr. qui en rapporte 25. C'est toujours du 5 pour 100. Voilà la situation de 1857. »

Réciproquement, dirons-nous, des revenus de 110 fr. achetés 2,200 ne sont pas plus avantageux que des revenus de 25 fr. achetés 500. C'est toujours de la capitalisation à 5 0/0. Or voilà justement la question.

Il y a eu des actions souscrites au pair, à 500 fr., et qui ont quadruplé en bourse; mais le public actionnaire n'en sait rien que par ouï-dire. Qu'on relise les procès des Docks, des Petites-Voitures, l'histoire des fusions, et de n'importe quelle fondation. Pas de compagnies dont les titres ne se soient négociés dans des conditions analogues.

Ainsi, il y a deux classes de capitalistes : l'une qui paye des primes; l'autre qui les encaisse ; une plèbe actionnaire pour laquelle les dividendes de 15 et 20 0/0 ne sont toujours, par suite de l'élévation des cours, qu'un placement à 5 ou 6 0/0; une aristocratie financière qui pousse à la hausse par ses journaux, par ses réclames, par ses prospectus, par ses dividendes surfaits, et qui, une fois l'affaire lancée, se hâte de réaliser, de liquider, escomptant l'avenir aux dépens de qui il appartiendra.

Nous demandons ce que fait là cette aristocratie agioteuse, et comment la plèbe actionnaire ne songe pas à l'éliminer? pourquoi du moins, au lieu d'actions déflorées, elle ne préfère pas prendre des obligations, qui lui assureraient un revenu égal avec moins de chance de dépréciation?

Mais d'abord pour qu'il existe des obligations, il faut, au préalable, que des actions aient été souscrites; il faut par conséquent que quelqu'un se dévoue : c'est ce qu'a l'air de comprendre très-bien la tourbe agioteuse. Après tout, se dit-elle, l'égalité n'est pas de ce monde, pas plus dans l'aristocratie que dans la canaille; tant pis pour les damnés, tant mieux pour les élus!... Puis n'y a-t-il pas la séduction irrésistible du jeu, de cette loterie qui leur fait sentir l'existence, et qui attirera toujours plus de victimes volontaires que les Shylocks de la commandite n'en pourront écorcher?

Après l'attentat du 14 janvier, il y eut baisse sur toutes les valeurs. Il fallait relever le moral du public : alors fut organisé le voyage en Bretagne. Le clergé s'en mêlant, les ovations se multiplient; en six semaines, le Crédit mobilier monte de 540 à 1030. Celui qui possédait une centaine de ces titres doublait sa fortune : le moyen de résister à de tels entraînements!

Tout est anomalie, immoralité dans ce monde des affaires si vous le jugez au point de vue du droit, de la science, du bon sens; tout est dans l'ordre, si vous regardez les choses au point de vue de la hiérarchie et de la raison d'État féodale.

Il s'est produit dans le journalisme boursier une théorie nouvelle autant qu'étrange : c'est que l'augmentation de prix des actions est une augmentation de valeur dont profite la nation. La nation! c'est alors la bande des écumeurs qui, ayant souscrit à 500 fr., a vendu, réalisé, empoché à 800, 1,500 et 2,2000. Calculez l'écart des cours entre le pair et les hautes cotes de 1856-58; comptez les baisses prévues, préméditées, en vue de soubresauts nouveaux; additionnez les centaines de millions « jetés et perdus dans l'abîme de la spéculation coupable, » et vous n'aurez pas moins de trois milliards enlevés à la nation en dix ans par l'aristocratie agioteuse, rien qu'à la Bourse, en différences, sans préjudice des marchés tels que les travaux du Béziers, les mines d'Aubin, les terrassements des Docks, les ateliers des Petites-Voitures, les marchés Massinot, sans préjudice surtout des valeurs étrangères.

Disons TROIS MILLIARDS en nombre rond.

Eh bien! oui, le journalisme boursier a raison : tout cela est richesse dans le sens du monde agioteur; car la richesse ne se compose pas seulement de la création matérielle des valeurs, elle consiste aussi dans leur bonne distribution. Rendre à chacun ce qui lui revient, selon le principe, quel qu'il soit, qui régit la société, c'est de la richesse. De même qu'une société démocratique jouit de plus de bien-être par cela seul que l'instruction, le travail, les produits sont également distribués entre tous, de même une société organisée selon la loi hiérarchique est plus forte, plus puissante, plus riche quand les produits s'y répartissent, non plus d'après le travail, mais d'après le rang. Tout cela, disons-nous, est dans l'ordre : il ne s'agit que de s'entendre.

De cette inégalité de position entre les gros banquiers concessionnaires fondateurs et premiers souscripteurs des compagnies et le commun des actionnaires résulte, dans l'aristocratie financière, une autre distinction : celle des patronats et des clientèles. Sur quinze ou vingt membres composant l'administration d'une société anonyme, il y a un directeur prépondérant, deux au plus; les autres sont des comparses, des créatures du maître, dociles exécuteurs de ses volontés. Que pèsent un Boniface, un Bertrand, un Durand, un bourgeoisillon quelconque dans une administration qui compte cinq Rothschild, trois Péreire ou six Mercadets?

Calculez les milliers de kilomètres et les milliards sur lesquels les grands feudataires ont la main; comptez l'armée innombrable de petits faiseurs gravitant dans leur orbite, d'actionnaires inféodés à leur fortune, de commis, d'entrepreneurs, de manouvriers dont l'existence dépend d'un froncement de leurs sourcils; les cités et les provinces où ils créent à volonté l'abondance et la disette, et dites ce que sont les pouvoirs de l'État devant cette coalition occulte, d'autant plus terrible qu'elle est déchargée de toute responsabilité.

En comptant bien, on trouverait que l'état-major de la finance ne comporte pas plus d'une centaine d'individualités puissantes et quelques centaines de compères. Nous en avons donné un aperçu dans l'Introduction.

Les premiers fonctionnaires de l'État ne sont qu'en second ordre devant les princes de la Banque. Le banc des administrateurs de compagnies, au Corps législatif, est plus assiégé par les solliciteurs que celui des ministres. Dans leurs tournées de province, leur marche est un triomphe. L'arrivée d'Isaac Péreire à Perpignan, au mois d'août 1863, a été digne d'un chef de dynastie.

« M. Isaac Péreire, dit le journal de l'endroit, député des Pyrénées-Orientales, et nouvellement élu membre du conseil-général par le canton ouest de Perpignan, est arrivé dans cette ville, dimanche, à sept heures et demie du soir. M. le préfet s'était rendu à la gare pour recevoir le représentant du département. M. le maire et son adjoint, MM. les membres du comité électoral, réunis dans la salle d'attente, ont complimenté M. Péreire à sa descente de wagon. Immédiatement après, M. Péreire a pris place dans la voiture de M. le préfet pour se rendre à l'hôtel de la préfecture, où il devait assister à un grand dîner. Dans tous les quartiers de la ville qu'il devait traverser, il y avait beaucoup de monde ; mais dans la rue de la Préfecture, il y avait encombrement. La façade des cafés de la place de la Loge était illuminée. Enfin, la seconde réception de l'honorable représentant a été la photographie exacte de la première : même acclamation et même foule. »

Un pareil homme ne peut pas vraiment douter qu'il n'ait une haute mission sociale à remplir. Aussi, avec quelle conviction il parle de ses services rendus au pays, lors de la vérification des pouvoirs au Corps législatif, et avec quel dédain il jette à ses contradicteurs ces mots caractéristiques : « Dans mon élection, l'argent n'a joué qu'un très-faible rôle. »

Nous aurons prochainement, nous l'espérons du moins, l'occasion d'étudier à fond le fonctionnement de ces grandes machines, le sort fait aux employés, ouvriers, hommes d'équipe, commissionnaires et autres serfs de l'anonymat; nous nous arrêtons pour aujourd'hui à cette simple question : — Qu'est-ce qu'un administrateur de grande compagnie, au point de vue d'une société économique démocratiquement organisée? — Et nous répondons avec la franchise de Boileau : — C'est un simple écumeur d'affaires, disposant des milliards sur lesquels il a mis la main comme de sa fortune propre. Une place au conseil d'administration est un fief. Les émoluments, ainsi que nous l'avons dit au commencement de ce livre, se composent de maigres jetons de présence de 10 à 40 fr. Il n'y aurait donc pas lieu d'indemniser les titulaires qu'une fusion élimine. Or, voici ce qui s'est passé à l'assemblée générale des actionnaires de Bordeaux, lors de la fusion de 1852 :

La réunion des quatre compagnies, — de Paris à Orléans, du Centre, d'Orléans à Bordeaux, de Tours à Nantes, — en une seule société, supprimant trois conseils d'administration, il fut demandé aux actionnaires de Bordeaux, 300,000 fr. à titre d'indemnité en faveur des administrateurs évincés comme inutiles, 300,000 fr. pour des gens dont le *salaire légal* n'atteint pas celui d'un domestique de bonne maison. La proposition fut accueillie par un grognement peu sympathique de la part des actionnaires sérieux; 418 voix osèrent opposer leur *veto*, au milieu d'interpellations fort malsonnantes; cependant, 516 voix dociles accédèrent à la demande.

Les séides de la finance rugirent de colère au récit d'une pareille témérité; le *Journal des Chemins de fer* prit la férule. *Quos ego!...*

« Par ce vote, les actionnaires ont prévenu les administrateurs qu'ils n'avaient rien à attendre d'eux; que ceux qui *tenaient à leur position devaient la défendre* et la conserver eux-mêmes, sans compter sur le moindre *témoignage de recon-*

naissance de la part des actionnaires. Dieu veuille que ces derniers n'aient jamais à s'en repentir!... »

Qui se douterait, après cette mercuriale, que les administrateurs sont *éligibles?*

Une méchante compagnie, qui n'était pas à quatre ans de la banqueroute, se trouve rachetée par une plus puissante; les actionnaires perdent moitié de leur capital, mais on alloue 6,000 fr. de rente viagère aux administrateurs évincés. 6,000 fr. de rente contre 1,000 à 1,500 fr. de salaire! Qu'est-ce donc, encore une fois, qu'un conseil d'administration?... Qu'on dise au juste quels sont les profits, *avouables ou non*, pour lesquels on réclame de si grosses indemnités!...

Quant aux assemblées d'actionnaires réputées souveraines, outre les fraudes que nous y avons signalées et qui reçoivent chaque jour une confirmation de plus en plus éclatante, on n'en tient même pas compte.

« On persistait à dire que le rachat des actions du Dauphiné était *un fait accompli,* auquel il ne manquait plus que *la sanction* (l'opposition n'est pas à prévoir) des assemblées générales. » (*Presse*, du 20 juillet 1858.)

Six ou huit mois avant la promulgation des traités de 1859 avec les chemins de fer, le même journal imprimait :

« La hausse n'a pas été aussi rapide sur les actions de chemins de fer que sur la rente; ces valeurs *avaient pris les devants* et avaient obtenu depuis deux mois une amélioration de 50 à 100 fr. sur leurs plus bas cours. »

Mais, nous l'avons dit, au-dessous des princes, les hobereaux de la féodalité trouvent cela tout simple; si, par un côté, ils touchent au peuple, par l'autre ils tiennent à la fleur de la noblesse; ils sont du nombre des *appelés*, qui sait s'ils ne seront pas de celui des *élus*. Quant aux petits actionnaires, ils n'ont plus à se faire d'illusion : il n'y a aucune solidarité entre eux et leurs états-majors. Notre preuve est faite. Mais eux, n'ont-ils plus rien à dire? Sont-ils irrévocablement jetés aux gémonies? Peut-être; l'avenir est encore en leurs mains.

II. — CONSEILS PRATIQUES

Et puisque nous avons surtout écrit ce livre pour leur instruction, nous ne pouvons nous dispenser de leur consacrer un paragraphe consolateur dans notre conclusion, et de leur dire ce qu'il dépend d'eux de faire, dans leur intérêt comme dans celui du public, en vue : 1° d'échapper eux-mêmes aux mains de leurs états-majors, 2° d'affranchir la clientèle des grandes compagnies de l'étreinte des loups-cerviers.

Certes, à considérer le passé, l'actionnaire n'est ni intéressant ni respectable. Il a mordu aux plus grossiers appâts, mais par esprit d'avarice; il a jeté ses capitaux dans des entreprises qui lui promettaient de gros dividendes, et il n'a seulement jamais songé à dresser un devis. Combien de provinciaux, qui regardent à trente sous par mois pour envoyer leurs enfants à l'école primaire, ont englouti les économies familiales, faute de savoir compter, laissant leurs fils dans la même crasse ignorance, si fatale aux pères.

Combien de bourgeois, lettrés, éclairés, savants même, ont péché par négligence, disant, en forme d'acquit : la finance, la banque, les grandes affaires ne sont pas *ma spécialité;* je m'en rapporte aux maîtres du soin de mes intérêts. Le parcellarisme, la division infinitésimale du travail et des fonctions, si abrutissants au dernier échelon social, ont dépravé ainsi jusqu'aux intelligences d'élite

A-t-on compris maintenant qu'il faut être quelque peu encyclopédiste, sous peine de laisser retourner le monde économique à la barbarie? Sous peine d'avoir renouvelé, étendu, centuplé *notre outillage industriel*, suivant l'expression de M. de Persigny, et de n'en recueillir que cherté, misère et ruine? A-t-on compris que le petit capitaliste, obligataire ou actionnaire, ne fait des revenus à son capital qu'à la condition de payer sur son travail et sa consommation des surtaxes insensées? Si ces vérités, claires comme celles de M. de la Palisse, sont entrées dans un nombre respectable de cervelles, le rôle de l'actionnaire n'est pas fini, tant s'en faut. Il a deux choses principales à poursuivre : 1° la sauvegarde de ses intérêts propres; 2° la conciliation de ses intérêts avec ceux du public.

A. — Nous avons là, sous les yeux, une brochure datée du 1er juin 1865, signée des initiales J. D., publiée à Paris sous ce titre : *Union générale des actionnaires, exposé de principes par une nouvelle école industrialiste et anti-saint-simonienne.* L'auteur place son manifeste sous les auspices des paroles suivantes, prononcées en séance du sénat, le 23 mai 1865, par M. Dupin :

« Nous sommes les défenseurs du faible contre le puissant; il faut donner de la force à celui qui nous en demande pour lutter contre les envahissements de ces grands financiers, *pour la rapacité desquels l'avenir trouvera sans doute un nom.* »

Il s'agit d'un projet d'association mutuelle entre les actionnaires de toutes les sociétés industrielles, dans le but de contrôler les actes de gérance et d'administration des compagnies quelconques. Nous détachons quelques feuillets du programme :

« Notre plan d'association a deux précédents notoires : 1° l'*Union des actionnaires des Ports de Marseille;* 2° l'*Union des actionnaires du chemin de fer de Bergerac à Libourne* : deux associations qui, sous des apparences de spécialité et d'intérêt purement privé, n'étaient en réalité que le prélude d'une vaste organisation conçue dans un intérêt public...

» Les plaintes des porteurs de titres sont universelles. Leur capital se déprécie de jour en jour. La fortune de chacun a perdu ce qu'a gagné la fortune de quelques-uns; à tort ou à raison, les administrés s'en prennent à leurs administrateurs, en demandant, par une réaction naturelle, la restitution des capitaux à leurs vrais et légitimes propriétaires...

» Les pères de famille s'inquiètent. L'exagération factice de la fortune mobilière a entraîné le renchérissement de toutes choses, et l'équilibre du budget domestique devient de plus en plus difficile. D'un autre côté, à fur et mesure que les dépenses s'accroissent, les gros revenus tant promis pour certaines entreprises s'évanouissent, et le capital même, le patrimoine des familles s'évanouit avec les dividendes faussement annoncés.

» Le monde moral lui-même est atteint.

» Le vertige des millions que procure un agiotage effronté, l'ingratitude du travail qui refuse le luxe et même lentement à l'aisance, pervertissent les idées du juste et de l'honnête. Vainement un magistrat éminent flagelle les *Manieurs d'argent*, et un poète illustre veut moraliser la *Bourse*. Vainement le souverain lui-même applaudit à leurs efforts et donne à la nation un grand enseignement. L'humble actionnaire reste condamné à l'exploitation et au silence.

» Le puissant financier fait taire ou parler la presse, suivant les secrets de ses spéculations. Grâce à de grands mots invoqués en d'autres temps, tels que la raison d'État, le crédit public, le développement du travail, les traitants d'aujourd'hui, funestes imitateurs du financier Law, troublent les consciences, faussent l'esprit public, surprennent la religion des âmes honnêtes, et obtiennent que la théorie du fait accompli serve d'excuse à la fraude...

» Les pratiques habituelles des fondateurs, gérants ou administrateurs des Sociétés industrielles et de certaines institutions de spéculation, sont devenues un danger public; elles doivent être déjouées par un prompt retour aux vrais principes, rappelés sans cesse et surtout observés par une institution contraire. »

Ainsi parle un capitaliste qui a appris à compter à ses dépens. Tous les témoignages sont unanimes. Quel actionnaire ne vit aujourd'hui sur son capital? dit à son tour M. Crampon dans la *Finance*. Or, ce qui reste, il faut le sauver; ce qui a été surpris indûment, il faut le faire rendre : tel est le problème.

Le moyen ? l'auteur l'a dit : une association mutuelle entre les actionnaires. L'état actuel de la législation offre plusieurs modes de constitution, dont aucun pourtant ne nous semble suffisant. Mais voici venir la loi sur les sociétés coopératives, qui, nous l'espérons bien, sera classée dans nos codes sous quelques mois. D'ici là, c'est aux hommes d'initiative de prendre leurs mesures, de préparer l'esprit public, d'ébaucher des projets de statuts, de donner le branle au mouvement enfin, en sorte que, sitôt la loi promulguée, on se mette à l'œuvre.

N'oublions pas que la lutte doit être légale, constitutionnelle ; sans cela tout croulerait, faute d'un point d'appui.

Le plan de campagne doit commencer par les assemblées générales d'actionnaires. Il faut que les directeurs de la société coopérative, choisis, autant que possible, parmi les intéressés qui ont des loisirs et la connaissance des affaires, s'entremettent pour faire déposer par les ayants droit leurs actions, qu'ils leur épargnent les courses et les dérangements. Si les statuts interdisent l'entrée de la réunion aux porteurs de moins de cinq, dix, vingt ou quarante actions, ils permettent du moins que ces petits se réunissent et se fassent représenter par un des leurs : point important entre tous. La Société formera un fonds commun afin d'indemniser, au moins des frais de route, les actionnaires de province qui demanderont à venir à l'assemblée. Lorsque la Ligue sera maîtresse dans les conseils des chemins de fer, elle votera la gratuité du parcours à tout porteur de province et de l'étranger qui se rendra à une assemblée. Le syndicat ne devra pas surtout oublier l'histoire de la fusion des Ports de Marseille. Chaque assistant signera ou déclarera ses nom, prénoms, adresse et qualités. Les faux actionnaires et leurs complices seront immédiatement déférés à M. le procureur impérial.

Tout membre sortant du conseil d'administration sera cassé à la réélection. A supposer que les circonstances permettent une exception à cette règle, la réélection ne pourra en aucun cas être accordée aux cumulards dont nous avons parlé dans notre Introduction, pages 35 et et suivantes. C'est assez de porter le fardeau d'une grande affaire.

La Ligue une fois maîtresse dans les conseils et les assemblées, le reste ira de soi. Son premier principe sera la publicité des écritures, des délibérations de comité et de réunions générales, ainsi que de tous actes intéressant, soit le public, soit les porteurs de titres.

Devant l'immensité des désastres causés par la féodalité financière, il est impossible aux porteurs lésés de compter sur un remboursement ou une indemnité de quelque valeur. Ce n'est pas une raison de ne rien faire en ce sens. Contre les gérants de commandite, la responsabilité est absolue. Les administrateurs d'anonymats, selon l'article 32 du Code de commerce, *ne sont responsables que du mandat qu'ils ont reçu*. Mais du moins en *sont-ils responsables*. Or, si l'on considère que la jurisprudence a admis la responsabilité pour cause : de promesses et prospectus mensongers, de distribution de dividendes non acquis et pris sur le capital, de violation des statuts et du cahier des charges, d'assemblées frauduleusement composées, de faux rapports et dissimulation de passif ou d'actif, etc., etc., combien existe-t-il de financiers à l'abri d'une revendication?

Il faut que satisfaction soit donnée à la loi, à la morale, aux principes de l'économie méconnus et foulés aux pieds, et même aux intérêts. Le syndicat coopératif se chargera des frais de l'instance, soit à titre d'avances, soit à titre gratuit, et suivra devant telles juridictions que de droit les réclamations des impétrants.

Voilà ce qu'exigent l'intérêt, l'honneur, la dignité, le devoir des actionnaires.

B. — L'auteur de la brochure l'*Union des actionnaires* a compris que le public doit avoir aussi sa part dans la réparation. C'est d'ailleurs le seul moyen d'intéresser la nation entière dans la revendication. La haute banque, après s'être approprié les subventions d'État et le plus clair de la fortune de ses porteurs, a encore imposé aux clients des conditions de prix usuraires.

» La constitution, au moyen de l'anonymat, d'une véritable féodalité financière, est un fait patent aujourd'hui, et qui n'est plus contesté par personne. Chacun sait que cette féodalité exploite à son seul profit toutes les entreprises créées dans l'intérêt général du pays, lesquelles ne peuvent plus profiter au public, quand elles lui profitent, qu'après avoir été écrémées en quelque sorte par les monopoleurs.

» Malheureusement on ne se rend pas plus compte de l'importance de cette espèce de dîme prélevée sur la production des richesses par une spéculation parasite, que de la manière ingénieuse dont elle est imposée à la nation, et au gouvernement lui-même.

» C'est ce côté de la question des monopoles, que nous voulons tâcher d'éclairer aujourd'hui.

» Une nation ne peut s'enrichir qu'en produisant de plus en plus, par rapport à ses besoins de consommation, et du moment où sa production s'accroît par rapport à ces besoins, le prix moyen de consommation de ses produits diminue et son bien-être augmente.

» Il ne peut donc pas y avoir accroissement de la production et de la richesse publique, sans qu'il y ait en même temps abaissement des prix de consommation des produits; cela est incontestable.

» Toutes les entreprises agricoles et financières sans exception ne peuvent avoir qu'un seul but, celui d'augmenter la quantité des denrées produites, et de diminuer par cette augmentation les frais généraux de la production, de façon à pouvoir accroître ainsi les bénéfices du producteur, en même temps que la diminution du prix de consommation, qui résulte de cette augmentation de produits, vient accroître le bien-être des consommateurs.

» A quel résultat positif pouvons-nous donc reconnaître l'utilité matérielle des grands travaux publics? Uniquement à l'abaissement des frais de production et du prix moyen des choses; on chercherait vainement un autre indice sérieux de la véritable utilité des grands travaux publics.

» Eh bien! quel a été le résultat produit, au moins jusqu'à présent, par les quinze milliards dépensés en travaux publics de toute nature, depuis quinze années? Un renchérissement général de toutes les denrées et de la main-d'œuvre, en un mot de tous les éléments de la vie matérielle.

» Pour être conséquent et logique, il faut donc conclure de ce fait réel, reconnu par tout le monde, que jusqu'à ce jour au moins, la nation n'a encore retiré aucun profit de ces travaux publics, et que si ces travaux ont procuré des bénéfices réels, ce n'est pas la généralité des citoyens qui en a profité, puisque, contrairement au résultat qu'ils auraient dû produire, on vit aujourd'hui à moins bon marché en France qu'on n'y vivait avant que ces mêmes travaux y fussent exécutés.

» Si nous jetons maintenant un regard impartial sur la situation de la féodalité financière, nous verrons au contraire qu'elle a accumulé, pendant ces quinze années, des richesses immenses, et que si l'on additionnait seulement ensemble les fortunes réalisées depuis cette époque par certains administrateurs de sociétés anonymes, on obtiendrait un total qui dépasserait certainement *plusieurs milliards*.

» Ce fait économique, connu de tout le monde, n'ayant pas besoin d'être autrement démontré, nous arriverons à poser le dilemme suivant :

» Ou nos grands travaux publics n'ont produit jusqu'à présent aucun résultat sérieusement utile pour la nation, puisqu'elle dépense pour vivre aujourd'hui vingt-cinq pour cent de plus qu'elle ne dépensait il y a quinze ans, avant que ces travaux n'aient été exécutés, résultat qui n'aurait pu avoir lieu évidemment, s'ils lui avaient été profitables.

» Ou ces mêmes travaux ont donné des profits réels, et alors

un dégrèvement d'impôts, ni un abaissement du prix moyen des choses.

» Eh bien! peut-on raisonnablement supposer que c'était-là le but que s'était proposé le gouvernement en provoquant la réalisation de grandes sociétés anonymes? Évidemment non Il est indubitable qu'il en espérait un résultat tout contraire, la réalisation, comme il le disait alors, de la vie à bon marché. La vérité est donc qu'il s'est trompé, ou qu'il a été trompé. »

Ainsi s'exprime M. Raoul Boudon dans le *Journal des Actionnaires* du 22 septembre 1866; et sa plainte n'est que l'écho affaibli de la protestation universelle. Quand la Ligue coopérative aura vaincu la féodalité, son premier acte public devra être un dégrèvement du prix de toutes choses, tarifs de transport, taux d'escompte, loyers, fermages, services quelconques confiés aux différentes compagnies. Le concours de l'opinion est à cette condition seulement.

C. — Tout un monde encore à tirer de l'ilotisme, c'est cette armée d'ouvriers, d'hommes d'équipe, d'employés, de salariés, voués, par le développement des machines et des grands engins de l'industrie moderne, à une subalternisation éternelle. Que fait la féodalité en faveur de ces malheureux serfs? Que ne fait-elle pas plutôt pour rendre leur position de plus en plus intolérable? Elle aggrave le travail et rogne les salaires; nul n'est traité en homme, encore moins en citoyen; ce ne sont qu'ordres du jour comminatoires, espionnage, surveillance, mise à pied, retenues, molestations de tous genres. L'employé n'a même plus le droit d'avoir une conscience. On ordonne au comptable de fausser les écritures, à l'inspecteur de mentir dans ses rapports, au caissier de violer ses dépôts, à tous de venir en assemblée générale jouer un rôle de faussaires que la loi flétrit et punit. La féodalité vole au rédacteur ses comptes-rendus, au chef de service son initiative, à l'administrateur ses réformes, à l'inventeur ses découvertes. Le spolié qui se plaint ou fait l'indocile est chassé et signalé par toute la caste; il est interdit du travail et des conditions de l'existence: la rancune des traitants aurait inventé l'éter-

Est-ce assez de misère et de honte? N'y a-t-il point, dans la perspective de changer tant de souffrance et d'abjection en richesse et dignité, de quoi séduire la classe bourgeoise capitaliste. La tourbe actionnaire va-t-elle se laisser crever de famine, à bout de revenus équivoques? va-t-elle rester dans l'histoire sous cet ignoble aspect, de tous points digne : et du mépris dont l'accablent les traitants, et des quolibets dont la berne la petite presse, et des sarcasmes dont la criblent les vaudevillistes. Nous leur offrons notre programme, le plus gratuitement du monde : c'est la réparation à poursuivre, la ruine à conjurer, la réhabilitation à conquérir.

Actionnaires, n'êtes-vous plus dignes des principes de 89?

Les mécomptes dont nous venons de vous tracer la fidèle peinture vous sont personnels et ne forment que le quart de vos désastres. Dans les trois quarts dont il nous reste à dresser le bilan, vous aurez pour compagnons de misère la nation tout entière : contribuables, clients et salariés.

Patience! nous compléterons l'enquête; et si un jour, laissant là de stériles gémissements sur votre ruine, il vous reste, — à défaut d'épargnes, — du cœur, l'amour du travail et le désir de la rédemption, unis aux classes ouvrières, aux damnés de tous les régimes, groupant, au profit de tous, le faisceau des FORCES COLLECTIVES sur lequel la féodalité a mis une main usurpatrice, vous deviendrez les initiateurs de la transformation économique. En dix ans, vous aurez révolutionné le monde du travail et de l'échange, et créé plus de richesse que la juiverie n'en a dévoré depuis Abraham jusqu'à nos jours. Mais avant tout. hâtez-vous de donner des arrhes!...

Ce sont les écumeurs qui ont crié le plus haut depuis vingt ans : *Toute richesse vient du travail!* Il ne faut que les prendre au mot.

FIN

TABLE DES MATIÈRES

INTRODUCTION

Pages.

La Féodalité financière, exposé de la question. 1

I. — La féodalité, les monopoles : définitions. 7

II. — Considérations générales : que le monopole est, de sa nature, insoucieux des intérêts qui lui sont confiés. 10

III. — La plèbe actionnaire. 16

IV. — Les états-majors. 28

V. — Les cumuls incompatibles. 30

PREMIÈRE PARTIE

La Spéculation devant les tribunaux. 49

Chap. Ier. — Le jeu et la jurisprudence. 63

II. — Intermédiaires de la spéculation : agents de change, coulissiers, chiffonniers. 67

Affaire Giblain. 68

Affaires des Turcaux, Colomyes, etc.. 74

Les coulissiers.. 77

Les chiffonniers. 78

Pages.
CHAP. III. — Les épaves de la spéculation frauduleuse. . . . 83
L'Ancre-Martin. 83
Le Cheptel. 86
Les Mines d'Aix-la-Chapelle. 88
L'Union des gaz et verreries. 89
Affaire Prost. 89
Société préservatrice des pertes commerciales. . . 89
Les Chemins de fer départementaux. 90
Compagnie française de navigation à vapeur. . . 93
L'Union foncière. 95
Affaire de Beaumont-Vassy. 95
Chemin de fer de Graissessac à Béziers. 96
Compagnie des compteurs à gaz. 98
La Vigilante. 99
Mines Sorbier-Beuclas. 99
Faillite Thurneyssen. 99
Comptoir de l'Union. 101
Affaire Serres. 101
Commerce de messes. 104

CHAP. IV. — Les grandes affaires : les fondateurs, les entraîneurs. 107
Les Mines d'Aubin. 108
Affaire Berthomé. 114
Les Docks-Napoléon. 116
Les Ports de Brest. 133
Procès des Petites-Voitures. 134
Affaire Mirès. 137
Les Salines de l'Est. 172
Chemins de fer de Nassau. 176
Caisse des actionnaires. 179
Variétés. 182
Fusion des ports de Marseille. 186

DEUXIÈME PARTIE

Pages.
L'Agiotage. 229
Définitions. 230
Chap. Ier. — Le jeu simple. 236
L'escompte des entreprises de longue haleine. . . 244
II. — Le chapitre des fondations. 248
III. — Histoire d'une fusion (l'Orléans). 257
IV. — Stratégie des assemblées générales. 264
V. — De la comptabilité en matière de finance. . . . 276
VI. — La presse et la finance. 299

CONCLUSION

I. — Résumé de la situation. 317
II. — Conseils pratiques. 324

FIN DE LA TABLE

POISSY. — TYP. ET STÉR. DE AUG. BOURET.

www.ingramcontent.com/pod-product-compliance
Lightning Source LLC
Chambersburg PA
CBHW032326210326
41518CB00041B/1112